当代经济学系列丛书
Contemporary Economics Series

陈昕 主编

当代经济学译库

发展中国家的贸易与就业

[美] 安妮·克鲁格 著

李实 刘小玄 译

尹翔硕 校

格致出版社

上海三联书店

上海人民出版社

主编的话

　　上世纪 80 年代，为了全面地、系统地反映当代经济学的全貌及其进程，总结与挖掘当代经济学已有的和潜在的成果，展示当代经济学新的发展方向，我们决定出版"当代经济学系列丛书"。

　　"当代经济学系列丛书"是大型的、高层次的、综合性的经济学术理论丛书。它包括三个子系列：（1）当代经济学文库；（2）当代经济学译库；（3）当代经济学教学参考书系。本丛书在学科领域方面，不仅着眼于各传统经济学科的新成果，更注重经济学前沿学科、边缘学科和综合学科的新成就；在选题的采择上，广泛联系海内外学者，努力开掘学术功力深厚、思想新颖独到、作品水平拔尖的著作。"文库"力求达到中国经济学界当前的最高水平；"译库"翻译当代经济学的名人名著；"教学参考书系"主要出版国内外著名高等院校最新的经济学通用教材。

　　20 多年过去了，本丛书先后出版了 200 多种著作，在很大程度上推动了中国经济学的现代化和国际标准化。这主要体现在两个方面：一是从研究范围、研究内容、研究方法、分析技术等方面完成了中国经济学从传统向现代的转轨；二是培养了整整一代青年经济学人，如今他们大都成长为中国第一线的经济学家，活跃在国内外的学术舞台上。

为了进一步推动中国经济学的发展，我们将继续引进翻译出版国际上经济学的最新研究成果，加强中国经济学家与世界各国经济学家之间的交流；同时，我们更鼓励中国经济学家创建自己的理论体系，在自主的理论框架内消化和吸收世界上最优秀的理论成果，并把它放到中国经济改革发展的实践中进行筛选和检验，进而寻找属于中国的又面向未来世界的经济制度和经济理论，使中国经济学真正立足于世界经济学之林。

我们渴望经济学家支持我们的追求；我们和经济学家一起瞻望中国经济学的未来。

2014 年 1 月 1 日

译者序

　　安妮·克鲁格(Anne Krueger)教授是当代著名的发展经济学家,长期从事发展中国家的贸易理论和贸易政策研究并在这一领域中作出了突出的贡献。她的主要贡献体现在两个方面:一是对发展中国家中寻租活动的研究,二是对发展中国家贸易战略的选择与经济增长、就业增长之间关系的研究。

　　克鲁格教授成名于其 1978 年出版的《外贸体制与经济发展:自由化的尝试与后果》一书。在该书中,她提出了自由开放的贸易战略和政策更有利于发展中国家的经济增长和发展。但是这样一种观点提出后不久却受到一些反对,其反对的理由是自由开放贸易,特别是出口促进型的贸易政策虽然可以促进经济增长,但是这种增长有可能是以牺牲本国的就业为代价的。为了说明自由开放贸易战略与就业之间的关系,克鲁格教授在以后的几年中作了大量的研究,包括主持了贸易与就业这一大型的研究项目。参加这个研究项目的学者多达数十人,被作为经验研究的国家和地区有 15 个之多。该研究项目的主要研究成果体现在克鲁格教授所主编和撰写的《发展中国家的贸易与就业》一书。该书共有三卷,我们所翻译的本书是其中的第三卷。第一卷《发展中国家的贸易与就业:个案研究》收录了对 10 个国家和地区的案例研究成果。第二卷《发展中国家的贸易与就业：要素供给和替代》主要是专题研究成果，涉及发展中国家的生产要素投入和贸易战略的选择和贸易保护与就业等方面的问题。在第三卷中，克鲁格教授除了对前两卷的研究成果作了系统的综述外，进一步从理论和经验上分析发展中国家的贸易与就业的关系，并且提出了明确的贸易政策结论。

对于发展中国家来说，伴随经济增长和发展的同时，保持国内就业和对外贸易的较快增长可以说是两大战略主题。而它们之间又是相互关联的，特别是贸易模式或贸易战略的选择会直接或间接地影响到就业的增长。从理论上对二者之间的关系进行分析涉及两个层次的问题。第一个层次是为什么不同的贸易战略会影响到就业的问题；第二个层次是不同的贸易战略对就业产生不同效应的比较的问题。

对于第一个问题，克鲁格教授认为可以从三个方面来考虑。第一，不同的贸易战略会对一国经济的增长速度产生不同的影响。好的贸易战略会带动一国经济较快地增长，从而也就会更大幅度地提高该国的就业水平。第二，不同的贸易战略会导致不同的产业结构。如果一种贸易战略能够促进劳动密集型产业较快地增长，那么它就会有助于整个社会的就业机会的增加。第三，与不同的贸易战略相配合的不同贸易政策会直接影响到所有产业的技术选择，从而影响到产业的资本/劳动的比率。因此，当一种贸易战略能够促使所有产业和企业选择那些劳动密集型的技术的同时，也就相应地提高了整个经济的就业水平。

为了说明发展中国家的贸易与就业的关系，克鲁格教授认为已有的贸易理论是无能为力的。因此她在理论上对赫克歇尔—俄林—萨缪尔逊的要素禀赋模型作了进一步扩展，把两个国家、两种商品和两种生产要素的模型扩展为 M 个国家、$N+1$ 种商品和三种生产要素的贸易模型。根据这种扩展的要素禀赋模型，国际贸易和国际生产的专业化分工是密不可分的。而专业化分工是由各个国家的资本、劳动和土地资源的禀赋程度决定的。在这样一种国际分工体系下，各个国家根据各自的生产要素比例，特别是资本/劳动的比率，建立与此相对应的产业和生产相应的产品并进行出口，与此同时进口那些资本/劳动比例更高或更低的商品。其结果不仅会形成各个国家的生产要素的最优配置，也会达到国际经济的最优化。发展中国家都具有丰富的劳动力资源这一特点,因此在最优的国际分工下,可以专门生产和出口那些资本/劳动比率较低的商品,这自然会提高本国的就业水平。

在上述的理论框架中,克鲁格教授认为,与进口替代的贸易战略相比,选择开放的贸易战略会更有助于发展中国家的就业增长。按照克鲁格的解释,开放的贸易战略是指以出口促进为主的贸易战略,与此相配合的是政府采取较为自由的贸易政策,也就是减少出口方面的限制和降低出口产品的关税。在促进本国产品出口的同时,政府也要开放本国市场,减少对外国产品的进口控制。这样一种贸易发展战略除了内容上与进口替代的发展战略不尽相同,而且在政策含义上也相差甚远。按照进口替代的发展战略,政府保护本国民族产业或幼稚工业是不可避免的。这样一种保护是与提高外国进口产品的关税、增加进口产品的非关税限制,以及对本国进口替代产业实行补贴等一系列政策措施相伴随的。

那么,对于发展中国家来说,从一种较为封闭,即以进口替代为主导的贸易战略向一种开放的,以出口促进为主导的贸易战略的转变是否会导致本国就业的下降呢?对于这个问题的回答涉及对贸易与就业之间的机制的考察。在本书中,克鲁格教授提出两种主要影响机制。第一种影响机制取决于影响出口产品和进口替代产品生产的劳动密集程度。如果进口替代产业转变为出口产品的产业,其生产具有更高的劳动密集性质,那么,这些产业会增加对劳动力的需求,从而会提高就业水平。而且,从经验研究上也可以发现,在本书所涉及的国别研究案例中,大多数实行了出口促进为主要贸易战略的国家,要比那些实行进口替代的国家具有较高的劳动密集程度。

第二种影响机制涉及发展中国家国内生产要素市场的扭曲问题。克鲁格教授认为,在实行进口替代发展战略的国家中,汇率一般都是高估的,这会导致对进口资本品(如机器设备)的无形补贴。这也就等于对本国资本的使用实行暗补,其结果是刺激本国企业更多地使用资本,而不是更多地使用劳动。然而,一旦采取了开放贸易战略以后,资本市场的扭曲程度会相应地降低,资本品的价格会接近国际价格,劳动力的价格会更加便宜,从而会刺激企业使用更多的劳动。结果,这会相应地提高本国的劳动力的就业水平。

然而,出口促进的贸易战略的有效性在很大程度上取决于发展中国家的国内市场的竞争程度。显而易见,上述对出口促进战略有助于就业增长的解释都是建立在一种完全竞争的假定前提下的。完全竞争不仅存在于国际市场上,也存在于各国的国内市场中。不难想象,这种假定前提对大多数发展中国家来说都是不现实的。在发展中国家中,一个普遍存在的特征是市场扭曲问题。市场扭曲既会发生在商品市场中,也会发生在生产要素市场中。市场扭曲会改变一个国家的贸易形式,会致使一个本身劳动力资源丰富的国家转而出口那些资本密集型的商品。而导致一个国家市场扭曲的原因则主要在于政府的一些不适应的经济政策和贸易政策,它们包括进出口关税政策、出口补贴政策、最低工资政策等。由此不难得出结论,对于发展中国家来说,在采取出口促进的贸易战略的同时,还要降低国内市场的扭曲程度,特别是减少政府对市场的过多干预,这样才能在贸易战略和就业增长之间建立起一种有效的传递机制。

在我国经济处在改革、开放的今天,本书所提供的一些理论分析和经验研究成果无疑是有借鉴作用的。作者所推崇和论证的出口促进的贸易战略对于我国贸易战略的思考和设计也是不无可取的。它在某些方面是与我国过去十几年中所推行的一些贸易发展战略,特别是与乡镇企业的外向型的发展战略相吻合的。但是,应该指出的是,本书的许多理论假说和政策含义都体现了新古典经济学的基本价值判断。这是我们在阅读本书时应该加以注意的。

本书中译本的面世是与樊纲先生的推荐和陈昕先生的热情支持分不开的。在此对他们表示感谢。

译　者

1995 年春于瑞典哥德堡

前 言

　　这本著作是（美国）国家经济研究局关于不同的贸易战略与就业项目研究成果的第三卷，也是它最后的一卷。该项目原计划将贸易战略—就业关系的理论基础和项目研究中得出的经验、例证融为一体。

　　整个研究项目致力于分析就业和收入分配，它们在何种程度上受到贸易战略选择、贸易政策和国内政策以及市场扭曲之间相互作用的影响。所谓贸易战略当然是指进口替代和出口促进战略。这些战略是鼓励国内工业发展的可供选择的手段。在早期的研究中，包括国家经济研究局关于外贸体制和经济发展的研究项目〔详见 Bhagwati(1978) 和 Krueger(1978)〕，已经提供了大量的证据，这些证据表明，凡实施出口导向型贸易战略的发展中国家，其经济增长明显地要高于那些实施进口替代型贸易战略的国家，但在这个研究项目之前，却很少有人注意到贸易战略的选择和国内劳动力市场条件之间的关系。

　　贸易理论，特别是赫克歇尔—俄林—萨缪尔逊（HOS）的模型指出，贫穷国家一般在劳动相对密集型商品的生产方面具有比较优势。按照这种理论，我们过去对贸易战略—经济增长之间的关系理解上的重大缺陷就在于没有对不同贸易战略下的不同就业增长率和实际工资增长率之间的可能的联系一起考察。

关于不同的贸易战略和就业的研究项目的第一阶段,包括了提供一个可用以识别贸易战略和就业之间联系的理论框架。这项工作已由克鲁格于1977年完成,我们将它在本书的第4章中部分地重述。本研究项目的第二阶段是组织一批愿意对这种联系经验方面进行考察的研究人员。许多该项目的参加者已对单个国家的经历作了经验性和分析性研究。对10个国家所作的研究主要体现在这套丛书(Krueger,1981)的第一卷中,该卷还包括了旨在说明在所有国别研究中所运用的共同概念和方法一章。

本研究项目在开始时就清楚地表明:国别研究将对贸易战略—就业关系提出大量的真知灼见;但是,该项研究包括了一些有意义的问题,就这些问题而言,比较分析法和对联系的单一方面的强调都产生了富有成效的结果。除了国别研究外,这些问题也作为该研究项目的一个组成部分而得到了研究。丛书的第二卷(Krueger,1982)正显示了那些努力的成果。

本卷包含了对贸易战略—就业间关系的分析,尤其集中于发展中国家的要素市场方面。前4章主要致力于论述以下几个问题的基础理论:要素市场,特别是劳动力市场;不同的贸易战略;贸易战略、增长和就业之间所预料到的联系。接下来的两章是对出口产业和进口竞争产业中观察到的劳动力使用方面的一些调查结果进行分析。要素市场的不完全影响系数的方式在第7章和第8章中分析。最后一章概述几点主要的结论。

如此大的规模和范围的研究项目,如果没有许多人的帮助是不可能进行的。我非常感谢哈尔·拉里,他对本书的原稿以及整个研究项目提出的细致而富有思想性的评论是非常宝贵的。所有的项目参加者都阅读和评论了关于他们自己本国的论述和前几稿中的一些专题。此外,感谢朱利奥·诺格斯对阿根廷论述的评论,他阅读了全部文稿并对之提出了一些严密细致的建议。保罗·舒尔茨对第2章的评论特别有用。美国国际开发署的康斯坦丁·米哈洛波罗斯和基思、杰伊对整个研究项目提出了有价值的评论和建议。德尔梅·伯恩斯不但帮助打印了两遍书稿,而且发现了一些前后矛盾的内容和语法上的漏洞。在此,我谨对以上所有人员表示感谢。

整个研究项目得到了国家经济研究局从国际开发署获得的项目资金的资助。

2

CONTENTS

目　录

2

不发达国家的贸易和就业:问题的提出

国家经济研究局关于不同的贸易战略和就业的研究项目,把理解不同贸易战略对于发展中国家就业的含义当作自己的目标,强调进口替代决策还是强调出口促进决策,这个抉择事实上对于经济活动的每一个方面都会产生重大的不同结果。这些在下文简单讨论的结果将在第 3 章中更为充分地加以讨论。它们已在一系列研究中,包括较早的国家经济研究局关于外贸体制和经济发展的研究项目中,得到了拓展性的分析。早期研究中对就业效应和不同贸易战略的含义,以及实施这些战略的方式缺乏研究是个明显的疏忽。

令人啼笑皆非的是,正当出现大量的迹象表明,在出口导向型贸易战略和较高的经济增长率之间存在着一种显著的联系时,往常对经济增长结果的幻想破灭了。于是人们对较高的增长率的期望开始表示怀疑,因为他们注意到,在许多情况下,尤其是在发展中国家的工业部门中,就业机会总是不能随产量同步增长。

"就业问题"已成为发展中国家的政策制定者和关心

增进大多数贫困者的福利问题的人们所关注的焦点。有趣的是大多数
关于"就业问题"的研究,以及关于对劳动需求增长率的增长方式的研
究,都假定为一个封闭经济,却没有意识到贸易战略或许会有一个促成
显著差异的可能性。的确,许多发展经济学家都相信,构成发展中国家
居民大部分支出的商品和劳务,很可能要比可出口产品具有更高的劳动
密集度。因而其结论是,一个包含较少贸易性质的政策——即进口替代
战略——要比出口导向型战略会更有利于就业(Edwards,1974)。①

为了分析贸易战略—就业关系,有必要对争论的问题以及它们的相
互关系提出相当仔细的分析,还要对有关数量进行实际调查。本卷提供
了该项研究成果的综合,其中包括分析工作和经验研究。这一章对该项
目和必须提出的问题作了一般的观察,并提供了一个简单的分析框架。
在这个框架内,把贸易战略和就业之间的联系加以分类。第 2 章和第 3
章进行更详尽的分析,对发展中国家的劳动市场、对贸易战略的可选择
性进行了分析。第 4 章则包含了一个贸易和发展的模型,该模型提供了
人们主要集中注意的、工业化计划中的贸易和就业的基本原理,并提出
了能够详尽考察贸易战略和就业关系的可检验的假设。

本书的下半部分专门致力于经验的研究。第 5 章涉及商品和产业的
分类问题,它们是按照第 4 章所阐明的分析框架进行的,并为这些类型
的产业直接提供了劳动系数的估计值,而这些类型的经验是在所包含的
国家中得到的。第 6 章分析了某些主要的研究发现,它们涉及不同的贸
易战略下不同产业的劳动系数。第 7 章和第 8 章的重点放在国内的要
素市场、有助于资本利用而不是有助于劳动力利用的刺激因素,以及其
他影响这些系数的因素。最后一章概括主要的研究成果并作出结论。

1.1　总体研究项目

总体研究项目分成三个阶段。第一阶段是预备阶段,我们展开了能

揭示贸易战略和就业之间关系的理论,并系统地阐述了进行经验研究的方法。在第二阶段,研究项目的参与者着手对各个国家进行经验研究,并把研究项目作为一个整体,对一些有利害关系的特定题目进行经验研究。这是以第一阶段所准备的论文为基础的。第三阶段是对理论和全部个案研究所发现的调查结果进行分析。目的是弄清经验中所得出的规律性在多大范围内能够适用,以及在研究项目中学到了哪些教训。这一阶段也是本卷的基础。

从第一阶段得到的许多成果都被集中在本卷中。其中基本理论和方法已得到了展开。因而,第 4 章中的理论阐述是为经验检验提供基础的,它提出了一个具有许多国家和许多商品的贸易模型。为了便于分析,假定在经济中只存在两个不同的部门:城市和农村。农村部门以使用劳动力和土地为特征,而城市部门则以使用资本和土地为特征。为了当前的目的,关键性的成果中包含了下述理论预测:各国会倾向于在整个工业产品范围内实行反映它们各自资本/劳动禀赋的专业化,并且它们生产加工的劳动密集度与进出口方向有一种联系。

第一阶段所发展的方法论形成了以后经验研究的基础,并在所有研究项目参加者的磋商下得到系统的阐述。它第一次出现在研究项目的第 1 号工作论文中,它的许多内容,后来成为这个系列丛书的第一卷,即《发展中国家的贸易和就业:个案研究》(*Trade and Employment in Developing Countries:Individual Studies*)。该书由安妮·克鲁格、哈尔·拉里、特里·蒙森和纳龙查·艾卡拉塞尼编著。商品分类的重要方面和该方法论的其他关键要素都在本卷概述,特别在第 5 章中。

分析的第二阶段是对就业—贸易关系经验方面的研究。这都是由那些早已熟悉个体经济功能的经济学家们所进行的,一共包括对十五个国家和地区的研究和四个专题分析。

现在我们首先着手于国别研究,其中有十个是由国家经济研究局研究项目直接发起的。此外,亚洲人力研究中心(CAMS)一直在分析贸易战略—就业关系的某些方面。亚洲人力研究中心研究项目的参加者也同意参加国家经济研究局研究项目的许多方面的工作。最后,明尼苏达大学的两位博士也承担了在同一框架内进行的研究。

15个国家和地区的发起者和作者列举如下:

阿根廷:朱利奥·诺格斯,阿根廷中央银行。他在明尼苏达大学的博士论文是关于阿根廷经济的研究(Nogues,1980)。

巴西:约瑟·卡瓦尔豪和克劳迪奥·哈达德,瓦尔加斯基金会。在国家经济研究局发起下从事巴西的研究。

智利:维托里奥·科博,智利大学;帕特里西奥·米勒,波士顿大学,拉丁美洲发展研究中心。在国家经济研究局发起下从事对智利的研究。

哥伦比亚:弗朗西斯科·索米,泛美发展银行。在国家经济研究局发起下从事哥伦比亚的研究。

中国香港:孙云文,香港中文大学。他把香港经济的经验分析作为其在明尼苏达大学的博士论文(Sung,1979)。

印度:T.N.斯里尼瓦桑,耶鲁大学;V.R.潘查穆卡伊,印度贸易发展局。两人开始在国家经济研究局倡导下从事印度经济研究,遗憾的是,斯里尼瓦桑后来去世界银行任职,潘查穆卡伊到印度贸易发展局任职,所以印度研究工作未能完成。

印度尼西亚:明尼苏达大学的马克·比特和在加德雅·梅达大学的塞里斯特约,他们在国家经济研究局倡导下开始了印尼经济研究。塞里斯特约后来迫于其他任务,由比特完成了这项工作。

科特迪瓦:特里·蒙森,密歇根理工大学;杰奎斯·佩加蒂南,科特迪瓦经济和社会研究中心。在国家经济研究局倡导下开始了该项目的研究。佩加蒂南由于其他任务而妨碍了他继续参加该研究项目,蒙森完成了科特迪瓦的研究。

肯尼亚:彼得·霍普克拉夫特和利奥波德·穆尔西,肯尼亚发展研究中心工作。他们在国家经济研究局倡导下开始对肯尼亚的研究。由于资料困难,使得研究时间大大超过了计划期限,故这项研究未能完成。

巴基斯坦:史蒂夫·吉辛格,达拉斯的得克萨斯大学。在国家经济研究局倡导下进行巴基斯坦的研究。

韩国:旺达克·洪,汉城国立大学。在亚洲人力研究中心的发起下从事对朝鲜的研究。

中国台湾:梁国树,台湾"中央银行"。在亚洲人力研究中心发起下参加了第一批工作,由于他后来被任命为台湾"中央银行"的副总裁而未能完成这项研究。

泰国:纳龙查·艾卡拉塞尼,联合国亚洲和太平洋发展局。在亚洲人力研究中心发起下从事泰国的研究。

突尼斯:马斯塔帕·K.纳布里,突尼斯大学。在国家经济研究局倡导下从事突尼斯的研究。

乌拉圭:艾尔伯塔·本森和乔治·考芒特,蒙得维特亚的共和大学,在国家经济研究局发起下从事乌拉圭经济的研究。

这样,原来开展的 15 个研究项目中已有 12 个完成,其中 10 项已包括在克鲁格编著的书中(Krueger,1981),另外 2 项因完成较晚来不及收入该书,而被当作博士论文。本书主要依赖于那 10 项成果,尽管也从其他 5 项成果中收集了可用的数据,尤其是中国香港和阿根廷的数据,从而把手边的主题阐述得更为清楚。

在这个计划下所完成的专题研究,包括了以下几方面:一个具有可变要素投入的最优化贸易模型,这是由明尼苏达大学的詹姆斯·亨德森承担;对于有效贸易保护率和工人与雇主的收入之间的联系的分析,由耶鲁大学的保罗·舒尔茨承担;以多国抽样数据为基础的生产函数的估计,由宾夕法尼亚大学的贾雷·贝尔曼承担;对多国公司所常用的要素比例的分析,由国家经济研究局的罗伯特·利普西以及宾夕法尼亚大学的欧文·克拉维斯和罗米尔多·罗尔登承担。此外,有两个超出个别国家研究含义的国别研究产生了足以引起人们普遍兴趣的结果而被列为本卷的专题研究,它们是:约瑟·卡瓦尔豪和克劳迪奥·哈达德关于巴西出口供应反应的新的估计值;维托里奥·科博和帕特里西奥·米勒关于智利的 44 个样本产业的生产函数。

本卷还试图提供以上面的分析和经验工作为基础的贸易战略—就业关系的分析,它包括了国别研究和专题研究,以及其他有关的研究成果。虽然这并不是该领域知识的一个综述(尤其是它并未试图考察其他有关贸易战略—就业关系的经验结果),但它试图提供关于贸易战略和就业之间的理论和经验关系的说明。

1.2 贸易战略和就业之间的可能联系

从以下几个层次人们可以想象贸易体制对就业及其增长速度的影响。

(1)一种战略,由于有较好的资源配置,可能会导致整个经济出现较高的增长速度,快速增长可能需要更高的就业增长。

(2)不同的贸易战略意味着每一时点上会有不同的产出构成。在出口促进战略下,出口产业增长较快,而在进口替代战略下,则反之。如果每单位产出量(或每单位附加值)的就业在某一组产业中大于另一组,则某一组产业的就业量就比另一组产业为高。因而,在劳动密集型产业相对较快增长的战略下,就会有较快的就业增长。

(3)不同的贸易政策(例如,对资本货物进口暗中实行补贴)会影响全部产业中的技术和资本/劳动比率的选择。如果这种政策导致在所有经济活动中的单位产量中有较大的资本密集度和较少的工作岗位,那么就业机会的增长将较慢,因为存在有一个持续的资本深化过程。

很明显,这三种效应并不一定会向同一方向发展。尤其是第一种效应——由于产出增长较快而导致较高的就业增长速度——可能会向某个方向发展,而第二种效应却向另一方向发展。

其实,较高的增长速度和出口促进战略之间的联系,在现行研究项目开始之前,早就确立了,虽然后来才有更多的证据证实了这种结果。国家经济研究局早期的关于外贸体制和经济发展的研究项目,特别把贸易战略和经济发展之间的联系作为其中心议题(Bhagwati, 1978;

Krueger，1978）。②但现在看来，再把这个领域的研究包括进去，既无必要也不理想。

相反，不同贸易战略和就业的研究项目是旨在调查，由于受第二种和第三种效应的影响，出口促进战略较快的全面增长速度是否与较慢的劳动需求增长速度相联系的可能性。限于现有的知识，可能存在以下三种不同的、相互不一致的假设：

（1）所产生的就业量相对独立于贸易战略。

（2）进口替代的战略比出口促进战略会明显地产生较小的就业增长。

（3）出口促进战略未必可能比进口替代战略带来明显更多的就业增长。事实上，它可能与扩大就业的努力相抵触。

第一种可能性——贸易战略对就业并没有很大的影响——的产生可能由于以下几个原因。首先，人们能够确立生产的劳动密集度存在差异的方面，但却会发现，在可见的相对增长率的范围内，这种差异即使存在也是极微小的，其对就业量的影响也是次要的。其次，人们或许会发现：对于贸易战略并不真正重要的一项特定的政策（例如对资本货物进口的补贴）对就业具有不利影响，而另一组辅助相同贸易战略的政策却没有这种不利的就业效应。最后，决定出口和进口替代产业构成的影响因素可能是与要素密集度无关的，两组产业不同的相对增长率也并非必然会影响到就业增长速度。

第二种可能性——进口替代产业对每个单位产出和每个单位资本所要求的劳动要少得多——是一种直接来自赫克歇尔—俄林两要素贸易模型的预言。发展中国家可能在出口劳动密集型产品和进口资本要求较高的产品（或许还有技术性劳动产品）方面会有他们的比较优势，至少在早期的发展阶段是这样。

最后，有一些人认为，出口促进和就业增长是相互冲突的目标。这里可能有几种原因。一种看法认为，如果发展中国家认真地采用出口促进战略，那么发达国家本身已建立的或者可能建立的对劳动密集型产品进口的高壁垒足以使发展中国家只能在资本密集型产品出口方面进行竞争。这一论点的另一基础是草率的经验主义。他们认为某些发展中国家的出口,特别是哥伦比亚和巴西是资本密集型的。然而,另一些人则宣称,来自发展中国家的大部分出口制成品,都是由多国公司的分公司和子公司所制造的,据说还是使用了母公司所在国的资本密集型技术。

如果出口促进型增长是资本密集型的,那么问题就在为什么会如此。对这个问题的回答,可能部分地归因于发展中国家所实行的对各种出口刺激和影响不同产业的相对盈利水平的国内政策。如果相反,发展中国家潜在的制成品出口是资本密集型,其原因不在于扭曲,而在于与比较优势相联系的生产要素,那么,弄清楚这一点并对其经验范围和该现象的重要性有所了解是很重要的。

1.3 贸易战略论战史

第3章致力于不同的贸易战略的分析。这一节的目的是为了提供与讨论有关的一些背景。

竞争机制下资源配置和比较利益的基本理论早已提出了主张相对自由贸易的理论原则。它对进口替代和出口促进实行同等的刺激,以便使获得外汇的边际成本和节省外汇的边际成本相等(Bhagwati, 1968)。

早期的进口替代战略的拥护者对出口收入增长的前景抱着某种悲观的态度。他们认为,初级商品的贸易条件具有长期下降趋势,从而需要"工业化"(Prebisch, 1959)。在这些观点的影响下,加上过于雄心勃勃的发展规划和政府的其他支出引起的外汇危机,以及朝鲜战争经济高涨结束后随之而来的出口收入的下降,大多数发展中国家采取了进口替代作为发展战略。

这种战略的实际缺陷在所有的观察家看来都是极其明显的。这在威廉姆斯学院关于进口替代的研究和国家经济研究局关于外贸体制和经济发展的研究项目中已被详尽地分析。③ 简而言之,最初强调进口替代战略导致了以下结果:

(1) 汇率的高估,随之而来的是对潜在出口的抑制,外汇收益不能增长,从而产生日益严厉的汇率管制体制。

(2) 一系列特定的、局部的对出口的刺激,伴随着日益复杂的,内部经常不协调的官僚主义规章制度,以及繁琐、拖拉的公文程序,这些都是由于感到外汇短缺后所引出的后果。其结果是官僚主义日益严重,甚至刺激更多的人去逃避管制,引起企业界和政府部门之间的相互更多的猜疑。

(3) 高成本产业被作为"轻松的"进口替代活动优先建立起来。这使得在其他情况下可来自工厂的有效规模和规模经济等的收益被损失掉。

(4) 在新建立的企业中缺乏竞争。由于市场容量小,允许许多企业在一个行业中存在是很难行得通的,机器的进口许可证制度排除了贸易货物的自由进入,其结果是,那些进口许可机制、资本货物许可程序,以及其他不可避免的汇率控制手段,导致了那些"懒惰"的企业家生长起来。这些企业家虽然不具有成本意识,不注意质量控制和有效管理,但并不由此而受到惩罚,因为他们可以从他们的垄断地位和得到许可证的权力中获得利润。

(5) 资本货物进口的暗中补贴。虽然人们可能认为,进口替代政策会适用于一切方面,但几乎所有的汇率高估的国家都不愿意对机器和设备的进口征收额外费用和高额关税,以避免影响投资。进口替代政策以及随之而来的通货高估的效应之一,就是为那些能够得到投资许可的企业提供进口资本货物的暗中补贴。④

(6) 对许可的进口货物的日益增长的依赖主要限于"必需品"。当消费水平在较早阶段依赖于进口货物时,进口替代在生产、就业和消费领域中却引起了对原料和中间产品进口的更多依赖。"外汇短缺"又导致了对生产能力的利用不足,因为经济对生产和消费水平所需的外汇收入的波动是敏感的。

此外,进口替代政策经常以理论不可能预见到的方式与国内经济政策相互影响。国家经济研究局关于外贸体制和经济发展的研究项目中已提供了有关这方面相互作用的文献,其中包括进口许可制度和投资许可制度之间的相互作用、国内农业政策和导致额外出口的有效汇率的效应之间的相互作用,以及对产业选择的影响等。这种研究的一个主要成果已成为分析各种政策总体上对某个特定问题影响的重要说明。

相反,出口促进政策的优越性似乎超出了微观经济学中最优资源配置理论所提出的范围。当然,尽管这与进口替代一样,可能是一种过分的强调。简言之,这些额外的优越性包括如下几方面:(1)国际市场提供了竞争,因而这会鼓励企业对质量控制、对新技术和新产品,以及对有效的管理实践加以注意。(2)由于为了促进出口一般会以各种不同的形式提供补贴,因此,额外成本就比进口替代中的成本更为明显。同时,在政府中尤其是财政部中存在某些势力,这股势力会对不平衡的刺激机制施加很大的压力。(3)有效益的企业和产业能够迅速增长,而不会受到国内需求增长率的限制。不管存在何种规模经济或经济不可分性,它们都会尽量得到发展。(4)当政府鼓励出口增长,从而必须创造对于出口的刺激时,它们不可能通过依赖于数量限制来达到目的。⑤

因此,外向型的出口促进战略比进口替代战略更有利于经济发展,这个论点是强有力的。此外,强调出口的战略比进口替代战略更有可能与国内政策及经济变量较好地协调。当然,不管哪一种战略,在执行过程中都会有较好的或较差的执行方式。不仅如此,在过去十年里,发展中国家的战略重点出现了一次重大的转变,那就是对进口替代战略的强调已逐渐削弱,而对出口的发展,尤其是对非传统产品的出口的鼓励已经开始。因此,研究这个政策的转变将会怎样影响就业的问题是极端重要的。

注释

① 这本论文集是由福特基金会发起的一项重要的研究成果。尤其可以参阅爱德华兹（Edwards，1974，p.29）的总结。从逻辑上讲，除非由于某种贸易体制使本国产品收入的份额发生了变化，否则分析应该集中于出口产品相对于进口竞争产品的劳动密集度上。

② 这两卷著作是那个研究项目的综合成果。参见李特尔、西托夫斯基和斯科特（Little，Scitovsky and Scott，1970）。

③ 参见经济合作与发展组织所做的一系列研究。综合卷是李特尔、西托夫斯基和斯科特（Little，Scitovsky and Scott，1970）。它包括了有关个例研究的参考文献。

④ 对资本货物进口暗中进行补贴长期以来已被人们所认识，但是很少有人试图对这种补贴的重要性和它对发展中国家技术选择产生的效应进行详细描述和估计。两个有趣的例外是：麦凯布和米凯莱波洛斯（McCabe and Michalopoulos，1971），以及翁古特（Öngut，1970）。见本书第 7 章和第 8 章的进一步讨论。

⑤ 这些结论来自国家经济研究局的研究项目。最初版本被收录在巴格瓦蒂和克鲁格（Bhagwati and Krueger，1973），其更全面的记述已收录在克鲁格（Krueger，1978）。

2

不发达国家的就业和劳动力市场

　　本章的目的是要给读者提供有关发展中国家的劳动力市场一些特征的总的看法。这些特征对说明有关贸易战略和就业关系的数据是重要的。另一目的是指明,包括在研究项目中的有关国家,它们的就业增长、劳动力和实际工资的进展情况。为了深入了解贸易战略转变后对就业会有怎样的效应,以及这些效应的重要程度可能有多高,国别研究者必然要依靠这些劳动系数、平均工资率资料和其他可观察到的以产业部门为依据的就业工人的特征。在本章中,将着重于发展中国家的劳动力市场的运行方式,以及不同的制度特征是以何种方式影响所观察到的系数的。中心问题是:(1)我们所谈到的就业的决定因素是指什么;(2)劳动力与产出比率是怎样被解释的;(3)劳动力市场的"扭曲"是怎样影响贸易战略与就业关系的;(4)技能的作用是怎样被分析的。

　　在不发达国家,就业和实际工资的决定因素是复杂的,实际上它涉及发展进程的各个方面。在农村经济中可能存在着一定程度的隐蔽的失业问题,有关平均劳动生产率和边际劳动生产率以及实际收入的决定因素的问题。在城市经济中，存在关于实际工资的结构、"正规的"和"非正规的"部门之间的联系、影响城市就业水平和就业率增长的要素等一些极其困难的问题。还有一系列有关农村和城市地区之间移居的决定因素的问题，以及这两部分之间的经济联系的决定因素的问题。最后，所有影响人口增长率的因素对于分析劳动力市场也都是重要的，大部分原因在于，正是这种人口的迅速增长，构成了大多数发展中国家对于"就业问题"关切的基础。

对于发展中国家劳动力市场的所有这些因素的认识和理解，在过去十年中已有迅速的进展，但是仍然远远不够。至少还需要若干组国别研究，其复杂程度至少相当于本研究项目中的一些国别研究，才能对所涉及的经验数据提供一般可信的估计值。的确，许多从事国别研究的作者发现，有必要深入研究各该国家的劳动力市场，以便在贸易战略和就业之间的联系方面能够得到即使是初步的近似描述。①因此在本章中，我们的注意力放在说明统计资料所需要的基础理论上。此外，我们还提供了研究项目中包括国家中的人口和劳动力增长在经验上的量值、就业—产出弹性以及有关变量的估计值。第 7 章仍将考察这些国别研究作者有关劳动力市场不完全性的存在及其量值的研究成果。第 8 章将分析那些不完全性对于贸易战略—就业关系的可观察系数产生的效应。

第 2.1 节将评价发展中国家"就业问题"的性质。第 2.2 节考察分析与不同的贸易战略的效应相关的劳动力市场行为的某些关键方面。第 2.3 节将集中研究城市劳动力市场的某些相关方面。第 2.4 节将总结这些项目中所涉及国家的经验上的某些突出的问题。

2.1 不发达国家的"就业问题"

众所周知，失业是一个"问题"，而增加就业机会是大多数不发达国家的一个"目标"。就业和就业增长是他们实际关心的最主要问题。但对于这个问题的性质和起因,在为什么创造就业机会是人们所追求的问题上,却很少有一致的看法。

这部分是因为其所涉及的理由在国与国之间有所不同。这些理由包括:(1)在农业部门之外不断增加生产率较高的就业机会以吸收低收入的农业人口;(2)在城市部门不断增加就业机会,以减少城市失业的数量;(3)为穷人提供就业机会,以增加他们的实际收入并改进收入分配。

第一个问题即增加非农业就业机会,一直是自从阿瑟·刘易斯的经典文章"Economic Development with Unlimited Supplies of Labour"(Lewis,1954)发表以来发展经济学所关注的焦点。由于劳动力的很大一部分在发展早期阶段是从事平均劳动生产率很低的农业劳动,因而刘易斯把这个发展过程的特征描述为创造劳动生产率水平较高的产品的非农业就业机会的过程。这个过程的发展速度首先要足以增加非农业活动的劳动力份额,然后要使从事农业的人口数量绝对地减少。

虽然刘易斯的分析导致了以下观点,认为在农业中存在着"伪装失业",并断定农业劳动的边际产品为零,但是这实际上并不是他分析的真正核心。核心的思想在于通过把人员从低工资—低产出的部门转移到高工资—高产出的就业,额外的非农业就业机会必然会提高他们的实际收入。以这样的观点来看,刘易斯所关心的就业问题,就成为提高与人口就业活动相关联的生产率的问题。

虽然后来的发展已经有力地表明,在农业中存在着许多增加实际产出和收入的机会,但是迄今为止,对于发展中国家创造就业机会的问题,人们仍然主要关心提高全部劳动力的平均产品和边际产品。把重点放在非农业的就业机会上,这多半是由于人们确信,在给定的人口增长对土地的压力下,非农业的就业机会(与农业部门的产量增长相联系)将是提供增加实际收入,从而也是提高人均收入增长率的最好方式。[2]

第二个是吸收城市失业人口的问题,它更具体地集中在与发展中国家城市失业相联系的社会苦难问题上。众所周知,在过去几十年中大多数发展中国家的城市人口一直在迅速增长(见表2.1)。在许多国家中,人口增长是伴随着城市失业人数的日益增长而增长的,但就业机会的增长率,至少在经济的"正规"部门,却一直是缓慢的。[③]关心城市失业问题的人们已把创造城市就业机会看作是一个理想的政策目标,因为他们相信,创造就业机会将会减少城市失业及其相伴随的苦难。在第2.2节中,我们将看到,在一个城市的部门中,增加工作机会并不总是会减少失业的。

表 2.1 人口、城市人口和劳动力增长率

(1960—1970 年和 1970—1975 年)(年均百分比)

国　别	人　口		城市人口		总劳动力	
	1960—1970 年	1970—1975 年	1960—1970 年	1970—1975 年	1960—1970 年	1970—1975 年
巴西	2.9	2.9	5.0	4.5	2.8	2.9
智利	2.1	1.8	3.7	2.7	1.4	2.5
哥伦比亚	2.9	2.8	5.4	4.9	2.7	2.9
印度尼西亚	2.2	2.4	4.4	4.7	2.2	2.2
科特迪瓦	3.4	4.2	7.3	6.5	1.9	1.9
巴基斯坦	2.8	3.9	2.9	5.3	1.9	2.6
韩国	2.6	1.8	6.2	4.9	2.9	2.9
泰国	3.1	2.9	4.8	5.3	2.1	2.9
突尼斯	2.1[a]	2.3	4.9[a]	4.2	0.7[a]	2.3
乌拉圭	0.6	0.4	1.9	1.7	0.8	1.0

注:a:纳布里指出,突尼斯的劳动力数字,尤其是 1960—1970 年的数字似乎太低了。

资料来源:国际复兴开发银行,《世界发展报告》(1978)。

第三个是为穷人提供就业机会的问题,它多少有点不同的起因。出于这个动机而关心创造就业机会的人们一直相信,减轻贫穷的一个有成效的办法就是为穷人提供就业机会。不像刘易斯所集中关心的那样,认为就业创造与经济增长和提高人均实际收入相联系,这里所关心的目标一直是收入再分配问题,而不是经济增长问题。这个关注的中心明确提出,"就业创造"在多大程度上是与经济增长相协调的问题,或者提供更多的工作机会是否会降低经济增长率的问题。

当然,只有当创造就业意味着减少实际产出时,或者在既定的可投入资源下创造更多的工作,与在同样的资源下创造较少的工作相比,前者增加的实际产出量反而低于后者时,冲突才会产生。若要详尽地分析这些问题将会超出本卷的范围。在一种允许就业(尤其是非熟练劳动的就业)更快增长而且资源又能有效地配置的政策范围内,每个人都会同意,那样的工作机会要比那些减少实际收入和产量的工作机会更加可取。因此,可以充分有把握地得出以下结论:从资源配置的角度来看,如果最优的贸易战略也能创造(在以下被定义的意义上)出与非最优的贸易战略同样多或较多的新工作机会,那么实际收入和就业之间的"冲突"问题就不会产生了。

从国别研究来说,作者们一般都将其研究的重点放在城市或工业的就业问题上,表2.1中提供了1960—1970年和1970—1975年期间的人口增长率、城市人口和劳动力增长率的有关资料。从中可以发现,这些经验具有明显的不同,可是所有这些国家城市人口的增长一直十分迅速。作为一个极端,智利和乌拉圭的总人口和劳动力增长较慢,但城市移民导致了城市人口增长率大大超出一般人口增长率。然而到1975年,智利人口的83%、乌拉圭人口的81%,都在城市,所以将来的压力会减少,而且今后的主要任务是创造较高的生产率和具有优势的非农业就业。相反,印度尼西亚一直有较快的人口增长率,但到1975年时,城市人口只有19%,在今后几年内未来的劳动力增长率将会很高。这一方面是由于卫生水平的改善导致平均预期寿命的提高和进入市场的劳动力人数的增加;另一方面是由于农村向外移民(或者至少是从农业转移到非农业的就业)将会持续下去。在巴西、巴基斯坦和泰国这些国家中有着最高的人口自然增长率,因而面临着劳动力的迅速增长,在1970—1975年期间劳动力的增长率比20世纪60年代更高。科特迪瓦出现较高的人口增长率,它反映了移民的进入。而突尼斯的工人则由于向外移民到了西欧和利比亚,因而在1975—1976年以前,劳动力的增长一直处于抑制状态,突尼斯将来的劳动力增长或许会快于1960—1975年期间的水平。

因此,对于贸易战略—就业关系的注意就集中在非农业部门,通常说是集中在工业部门。④这样做的原因部分是由于我们相信,非农业劳动力的迅速增长将使其成为紧迫的政策问题;另一方面是由于贸易战略的选择和就业之间的关键联系大多数产生于发展中国家的工业部门。有关这方面的理论将在第4章详细阐述。这里只要指出,这个集中注意的焦点是与许多人对于农村劳动力市场的看法相一致的,其中包括刘易斯的观点。同时也与以下看法相一致,即如果人均收入要上升,那么迅速增长的人口必然要求增加生产性的非农业就业。

以上讨论还提出了另一个论点,它与"工作创造"这一概念的含义有关,并与构成(非农业)就业和其增长率的决定因素有关。如果发展中国家的劳动力市场在新古典的意义上运行良好,那么"就业问题"就会全部集中在对有关生产率和劳动需求上升的问题上。劳动力需求的上升超过劳动力供给上升的速度(由于人口增长及其引起的劳动力变化),结果导致了实际工资的上升,因为已经假定在一个运行良好的市场中所有的人都会以相同的工资被雇用。⑤劳动力需求曲线不能迅速地向外移动的结果不是导致失业,而是导致实际工资的下降⑥,这就为关注劳动力需求的上升提供了动机。这是本卷对"就业"的解释。

由于农村的劳动力供给具有完全的弹性(或是由于劳动的边际产品在较广泛的范围内保持相对不变,或是由于边际产品和平均产品之间的偏差)⑦,对就业创造加以关注的动机明显在于,城市部门中额外的就业机会比非城市部门包含着较高的人均收入(并且能更快地接近农村劳动供给曲线向上倾斜的时候)。⑧

然而,很长时间以来人们一直相信,许多发展中国家的劳动力市场并不总是按新古典的方式运行的。对于非农业区域劳动力供给的决定因素,存在着以下重要的问题:劳动力市场被分割或被一体化的程度⑨;对工资水平和工资结构的非市场影响。城市的公开失业已作为某些国家的主要政策问题而出现。考虑"就业问题"要求对于为什么存在失业、谁是失业者,以及什么是他们的供应来源等问题进行令人满意的分析。虽然这样的分析将超出本书范围之外,但某些方面对于贸易战略—就业关系来说是至关重要的。

表 2.2 提供了关于制造业中就业、失业率和实际工资增长率的有关资料,其范围涉及研究项目所包括的国家和地区。可以看出,在科特迪瓦、巴基斯坦和突尼斯,20 世纪 70 年代中期的城市失业是极严重的。韩国在 60 年代早期曾经历了非常高的城市失业率,在那时期阿根廷和乌拉圭的失业率也是相当高的。关于就业增长率和实际工资的讨论将在第 2.3 节中进行。

表 2.2　制造业的就业增长、失业率和实际工资

(1960—1975 年)

国　别	年份	制造业的就业	失业率	实际工资 (1968 年＝100)
阿根廷	1963	83.4[a]	8.8	94.4
	1968	100.0	4.9	100.0
	1973	120.3	5.4	106.2
巴西	1963	93.4[a]	n.a.	90.0
	1968	100.0	n.a.	100.0
	1973	159.5	n.a.	122.1
智利	1963	96.1[a]		65.5
	1968	100.0		100.0
	1973	106.7	4.8	82.0
哥伦比亚	1963	98.9[a]		95.4
	1968	100.0		100.0
	1973	122.7	n.a.	99.0
印度尼西亚	1961	185.6[b]	5.4	102.5[g]
	1965	205.9	2.3	75.8[g]
	1971	257.3	8.8	109.3[g]
科特迪瓦	1960	36.2[a]	n.a.	99.3
	1968	100.0	n.a.	100.0
	1973	149.8	20.0[c, d]	131.7
巴基斯坦	1951	93.3[b]	3.2	10.3[h]
	1961	175.8	1.5	100.0
	1972	135.8	13.0	143.0
韩国	1963	52.1[a]	16.4[f]	80.1
	1968	100.0	9.0[f]	100.0
	1973	151.6	6.8[f]	136.2

（续表）

国 别	年份	制造业的就业	失业率	实际工资 （1968 年＝100）
泰国	1960	66.0[a]	n.a.	104.7[f]
	1968	100.0	n.a.	100.0[f]
	1973	189.6	6.7	109.3[f]
突尼斯	1961	50.9[a]	n.a.	89.0
	1968	100.0	n.a.	100.0
	1972	122.2	n.a.	102.0
	1975	162.0	14.0[c]	130.3
乌拉圭	1963	210.4[b]	10.3	119.1
	1975	205.1	6.7	85.2

注:a:1968 年为 100;

b:单位为千人;

c:城市失业率;

d:1976 年的比率;

e:估计值;

f:非农业失业率;

g:1967 年为 100;

h:1954 年的比率;实际工资适用于大规模的制造业;

n.a.:不可能得到的。

资料来源:除以下国别外,其余资料来源于国别研究的有关章节(Krueger,1981)。

阿根廷:资料来源于国民账户估计;失业率是有关布宜诺斯艾利斯的;实际工资是非熟练劳动的;资料由朱利奥·诺盖斯所提供。

泰国:国家统计局,资料由纳龙查·艾卡拉塞尼提供。

突尼斯:实际工资是产业平均实际工资;资料由马斯塔帕·纳布里提供。

　　就分析贸易战略—就业关系来说,城市公开失业的存在将使分析者踌躇不前。尤其是在某种不完全市场情况下,劳动力需求的上升会在很大程度上,即使不会完全引起抵消就业增加的反应,如果没有这些反应,就业是会增加的。这通过两个简单的例子就可以看出。如果劳动力市场被完全分割,市场某些部门的劳动力需求的上升就不可能导致就业增加,而可能导致那些部门就业者的工资提高。同样,如果工会是强有力的,以致凡工会存在的部门中所有劳动力需求的上升都将全部被上升的实际工资所抵消,那么,企图在高生产率的工会存在的部门中创造工作机会的政策就注定要遭到挫折。

这样看来,在分析说明有关劳动系数和平均工资率的资料时,必须弄清,劳动系数是否反映了劳动力市场的扭曲,而不是竞争性劳动力市场上可见到的固有的"劳动密集度"。所观察到的贸易格局可能已受到现行的工资格局的影响,而不能反映有效资源配置下的比较利益。最后在存在某种扭曲的情况下,识别不同的贸易战略对劳动需求的效应与识别不同的贸易战略对就业的效应是不一样的。这一点将在第 2.2.2 节中的哈里斯—托达罗模型中可以看到。

2.2 不发达国家的劳动力市场

2.2.1 总就业

第二次世界大战后的 20 年中,对于发展中国家总就业水平的决定因素的分析,在很大程度上集中于对总需求的决定因素的分析。膨胀的货币政策和财政政策被认为是降低非自愿失业的合适工具。虽然在发展中国家合适的货币和财政管理无疑是具有活动余地的,[⑩] 但是,大多数对总就业的决定因素的分析却一直集中在其他方面。这些方面的中心是供给限制,至少在非农业部门里,技术的(在埃考斯的模型中)或者经济的(在钱纳里—布鲁诺的两缺口模型中)因素对于产量和就业及其增长的限制。按照技术性假说,为了在现行可得到的要素水平上实现充分就业,劳动力和其他生产要素之间的替代范围通常是不充分的。这个主张的经验有效性是本项目的问题之一。[⑪]根据钱纳里—布鲁诺模型的精神,"外汇短缺"限制了产量和就业的扩张率。如果这个模型正确地描述了现实,则产生更多的外汇收入的贸易战略就会导致更高的总(城市)就业水平,因为较多的外汇会提供较高的投资和生产水平。[⑫]

如上所述,在大多数发展中国家,主要关注的不是总需求的决定因素,而是提高劳动需求,尤其是在城市部门中的劳动需求。正是在这一点上,才产生了工资的决定因素的机制问题、劳动力需求的上升和就业之间的联系的问题。在通常人们相信劳动力市场是不完全的那些国家中⑬,在农村和城市就业之间(还有在不同类型的城市就业之间)存在着相当大的工资差异。关于存在这些差异的原因有着大量的假说,⑭但是基本上只有两个模型研究了劳动力总配置的效应。其中之一认为,凡是不能在城市部门(给定较高工资下)中找到就业的人都可以在较低的边际产品和收入水平的农村经济中就业。另一种假说是,城市部门某些人成为失业者是因为他们寻求较高工资的结果。后一种假说称之为哈里斯—托达罗模型,由于它影响了发展中国家的贸易战略—就业关系,它对于劳动力市场行为分析来说是重要的,为许多问题提供了方便的基础。

2.2.2　哈里斯—托达罗模型

我们从建立模型开始。这个模型可以作为分析不发达国家劳动力市场的各个方面的理论框架。基本上,它有城市和农村这两个部门。模型的最简单形式具有 6 个变量:农村劳动力、农村工资、城市就业水平、城市工资、城市失业和从农村到城市的移民数量。移民作为城市和农村这两部门之间的联系(和均衡变量)。

基本模型的关系如下:

$$W_a = f(L_a) \tag{2.1}$$

$$W_e = \overline{W}_e \tag{2.2}$$

$$L_e = g(W_e) \tag{2.3}$$

$$PW_e = W_a \tag{2.4}$$

$$P = L_e/(L_e + L_u) \tag{2.5}$$

$$L_a + L_e + L_u = \overline{L} \tag{2.6}$$

其中,L_a 为农业中就业的劳动力,是内生变量;L_e 是城市地区就业的劳动力,是内生变量;L_u 为城市地区的失业劳动力,是内生变量;$\overline{L}$ 为总劳动力,是外生给定的变量;W_a 为农业工资,是内生变量;W_e 为城市工资,$\overline{W}_e$ 为最低城市工资,都是外生变量;P 为方程(2.5)所定义,是内生变量。

模型以上述形式描述了一种变量均衡的结构。它可以用于进行比较静态分析,并考察模型的参数变化时的主要变量将会发生什么变化。对于任何这样的分析,城市失业和城市就业之间总量的变化都必然等于移民。

给定事先决定的高于农村工资(它是从事农业的人数的递减函数)的城市工资$\overline{W}_e$,使失业是如此之高以至于尽管存在工资差异,农村的额外人口不希望移民到城市来。以上这种环境可以给出一个均衡的结构,即对于一个均衡来说,农村地区向外移民流入城市必须达到一个充分的量,以使城市工资乘以就业的概率(这里表示的概率等于城市就业劳动力的一部分)等于农村的工资。人们可以修改这个模型,以便考虑移民关系出现任何形式的变化。[15]

图 2.1 说明了模型的某些主要的性质。横轴表示全部劳动力,其中农业中的劳动就业的度量是从左到右;城市的劳动就业的度量是从右到左进行的。工资率(在假定的固定贸易条件上)是用纵轴表示的,其左边是农业部门,而右边是城市部门。劳动需求曲线(劳动的边际产品曲线)是向下倾斜的。在城市工资不存在任何扭曲的条件下,均衡是由城市工资W_c^o所表现的。在W_c^o上,人数$L_1\overline{L}$可以在工业中得到就业,人数L_0L_1则以同样的工资在农业中得到就业。

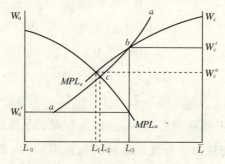

图 2.1 哈里斯—托达罗模型

现在假定城市工资确定在 W_c' 上。在这个工资水平上,城市部门中就业人数为 $L_3\overline{L}$。如果所有其他工人都从事于农业,农业工资则会处在 W_a' 上。但是,按照哈里斯—托达罗模型,这个点并不代表均衡,因为两种工资率之间存在着不一致性。农村工人将移居到城市寻找较高工资的就业机会。过 b 点(该点在固定城市工资下城市劳动需求曲线上)画出成直角的双曲线可以发现平均城市工资(既考虑就业又考虑失业)等于农村工资的那一点。在图 2.1 中,该均衡位置是 c 点。其中农村部门有 L_0L_2 个就业者,城市部门有 $L_3\overline{L}$ 个就业者,城市部门有 L_2L_3 个失业者。容易看到,较高的城市工资会导致较多的城市失业。此外,根据两种劳动需求曲线的斜率,随着农村的工人寻找城市工作,城市的劳动需求曲线的向上移动甚至可能导致更多的城市失业。

应当注意,在缺乏外在给定的城市工资条件下,失业不会存在,工资会在两个部门之间相等(考虑到技术和生活费用的差异)。[16]确实,就是相当低的城市工资而言,零失业水平是模型的一个可能的结果。而较高的城市工资总是导致较大的城市失业,从而导致农村部门较多的向外移民。在缺乏把农村工资提高到一个充分高的水平的机制下,达到城市部门充分就业的努力是注定要失败的:创造额外的工作将导致更多的移民流向城市部门,后者将比所创造的工作数量更多。城市就业机会的数量越大,在方程(2.3)向上移动之后为保持其与方程(2.5)的相等所需要的失业人数就越多。[17]

我们对模型还可能做一些细致的改进,但它的基本结构表明,分析发展中国家劳动力市场必须考虑如下因素:农村劳动力市场的行为和向外移民函数的性质;城市工资水平和工资结构的决定因素;城市失业的性质。即使是最简单的形式,模型也已经表明,增加就业的政策和减少失业的政策之间的关系可能不是直接的。改变决定城市工资的机制可能对国内就业目标是决定性的。在第 4 章我们将看到,一个不适当的实际工资也会明显地扭曲一个国家的贸易模式。所有这些考虑都表明工资决定机制在分析贸易战略—就业关系中的重要性。

2.2.3 农业和农村劳动力市场

关于不同的贸易战略和就业的国家经济研究局项目主要集中在不同贸易战略对工业部门的生产和贸易商品构成的含义上。在这一节,农业和农村劳动力市场的讨论提出了两个相互关联的问题:为什么强调非农业的就业机会是有意义的;在多大程度上人们能够把农业劳动的机会成本看作为相对较低的。

几乎所有发展中国家的一个主要特征是人口的很大部分从事农业。[18]为了实现农业向其他产业的转变,农村向城市地区的转移是否必要是一个困难的问题,这里并不试图回答这个难题。事实仿佛是这样,劳动力离开农业而进入其他经济活动(为简化起见这里称之为城市)的部分是经济增长过程中必要的伴生现象。确实,在现在所有的发达国家,从事农业的劳动力随着生活标准和生产率的提高一直在迅速地减少。

关键的问题是,在多大程度上向外移民是原因或是结果。一方面,在农业部门内劳动力是过剩的,任何向其他具有正边际产品的经济活动的转移都对社会提供了净收益,从而构成了增长过程的一部分。另一方面,为了向其他经营活动释放劳动力,农业产出和生产率必须提高。除非在农业部门内存在着生产率和产量增加的补偿来源,否则人们不可能离开农业部门。很明显,这些关系是同时发生的:农业的较高生产率提供了"推力",而经济中其他部门的额外工作提供了"拉力"。

对农村部门是否存在"伪装失业"的问题一直有热烈的争论。"伪装失业"是指劳动力从农业转移到其他产业,产量不变。有大量的论据表明,至少在种植和收获的高峰期,全部劳动力是充分就业的,较多的工人会扩大收获的规模。因此,在非高峰季节人们的工作时间可能比他们所希望的要少。季节性失业也许是个因素,但劳动力不是过剩的。在这个解释的基础上,一个人从农村转移到城市工作事实上并不创造"就业",而可能是提高产出,如果城市工作比农村有较高的边际产品的话。[19]

不管这个解释是否正确,人们都同意以下看法,即在农村部门比重较大的国家中,经济发展要能够继续下去,农业生产率和产出必须增长。只要在增加农业生产方面取得成功,非农业就业的增长率就会大大超过劳动力的增长率。这甚至可以在农村就业上升的情况下发生,因为非农部门吸收了绝大多数新形成的劳动力,后者超过了非农部门劳动力在总劳动力中的份额。例如,如果一个劳动力增长为3%的国家,最初具有四分之三的劳动者从事农业,那么,仅仅是为了维持农业人口的不变,非农就业就必然会以12%的速度增长。非农劳动力超过3%但低于12%的任何增长率都意味着非农业部门在总就业中的份额上升,但是从事农业的人数的绝对量将必然增加。

可以确信,在非农业部门维持超过人口增长率的劳动力增长率将最后导致农业劳动力的减少,因为非农业部门的比重将随时间而上升。然而,农业劳动力持续增长的时期——虽然是以低于人口增长的速度进行,对于大多数发展中国家来说,可能是相当长的。

就现在的目的而言,主要关键在于,只有承认农业生产必须同时增长,那么把迅速增长的非农业劳动需求曲线作为一个政策目标才是有意义的。只要农业劳动的需求曲线向外移动反映着其他劳动使用比农业劳动的边际生产率更高,随之而来的较高收入才与发展目标相一致。假如所创造的工作真正反映了从事于它们的人们的选择机会,那么较多的非农业就业是否意味着总就业的增加就并不重要了。正是由于这个原因,国家经济研究局的项目才集中注意研究非农就业对于不同的贸易战略的含义。

2.3 城市劳动力市场

在分析城市就业和工资结构中经常出现几个关键性的问题。这些问题对于说明国别研究的结果是重要的,因而值得在这里讨论。这些问题如下：城市经济中"正规"和"非正规"部门的并存；政府实施的管理就业和工资的规则的范围和有效性；与工人的特征有关的工资结构的决定因素。所有这些都是相互关联的，并且在很大程度上是以下述假定为转移的：即制度的或政府实施的限制阻碍了一个有效竞争市场决定的结果的实现。[20]

2.3.1 正规的和非正规的部门

或许对于基本的哈里斯—托达罗模型最广泛的可接受的修改是由菲尔兹提出的。它与非农业部门的性质相关。菲尔兹注意到，在发展经济学的文献中，这一思想是广泛传播的[21]，即大规模有组织的产业通常与小规模的"非正规"活动并存。

现实中存在许多这种部门分裂的特征。有的称之为"现代的"和"传统的"，还有的称之为大规模的和小规模的，而在另一些例子中，这种特点称之为"工厂的"和"手工业的"。尽管这些特征本身在国与国之间是不同的，但它们都反映了把城市企业划分成两组类型的某些特征。"正规的"部门通常由大于平均规模的企业所组成，它依赖于相当现代的和资本密集型的生产技术。对这一部门政府有关就业条件的规则假定是可实施的。相反，小规模部门有很大的手工业组成部分，通常由众多的小企业所构成，包括许多一两人的作坊。

在本项目研究所包含的国家和地区中，巴西、智利、哥伦比亚、科特迪瓦、突尼斯、乌拉圭都有着与大规模部门并存的、可识别的非正规部门[22]，其平均工资和个人活动的劳动密集度是显著不同的。[23]对于中国香港和韩国，劳动力市场仿佛没有这种可值得注意的两部门特征。

就这个特性来看，很难得到有关非正规部门的可靠信息。在任何资料都是可以得到的国家中，有证据表明，非正规部门支付的工资大大低于正规部门的工资，这就产生了关于两个部门中劳动力市场之间关系的重要问题。

菲尔兹关于非正规部门的特性的观点可能是接近于这种一般看法

的。在他的模型中,非正规部门的工资是灵活的。所有在那个部门寻找工作就业的人们都会发现这一点:哪儿的工人越多,工资就越低。与在正规部门中寻找工作的失业者相比,传统部门的工人在现代部门找到工作的机会较少。菲尔兹模型中的典型移民可能会移居到一个城镇,与他的亲戚住在一起,并在他亲戚的车间中工作,以此作为其吃住的报酬,直到他找到了现代部门的工作为止(然而与某些完全失业的人相比,其找到工作的可能性较小)。因此,现代部门的有效劳动供给,不仅包括城市失业,而且还包括城市非正规部门的工人和农村的工人。然而,由于后两组人员在现代部门找到工作的可能性比城市失业者要小,因此他们在工作寻找者的总人数中比起失业者来说只占较小的权数。

分析这些国家不同的贸易战略的就业含义在于,在许多国家的非正规部门中,劳动系数实质上较高,而工资实质上则较低。从这个现象看来,没有一种解释完全令人满意。例如,在科特迪瓦,手工业工人占劳动力的88%,即使在生产 HOS 产品 * 的活动中也占其劳动力的62%。[24]蒙森独立地为手工业部门和现代部门提供了劳动系数的估计值,并注意到,贸易战略对就业的影响不仅仅是决定性地随工业扩张而转移(虽然这也是一个因素),而且这种转移更主要地取决于这种扩张是发生在现代部门还是发生在传统部门(Monson,1981,tab.6.11)。

我们对于大多数发展中国家的非正规部门了解得太少,以至于不能相信人们可以鉴别与出口制造业或进口替代制造业有关的企业规模。一般来说,国别研究的作者选择使用现代部门的系数进行估计。这部分地反映了,他们或许相信与进口竞争的商品生产,或者出口的显著扩张,在现代化的大企业中比小企业中更有可能发生。当然存在着许多印象深刻的证据,表明进口替代生产在"现代"部门已经得到了最大限度的扩

---

* HOS 产品是指利用本国自然禀赋程度高的生产要素生产的产品。该种产品的生产符合赫克歇尔(Heckscher)、俄林(Ohlin)和萨缪尔逊(Samuecson)的要素禀赋假说,故称之为 HOS 产品。后面的 HOS 出口品和 HOS 进口品中的 HOS 具有相同的含义。——译者注

张。然而应当意识到，只要小规模企业会增加用于出口市场或进口替代的产出，就业创造的估计值就可能会有一种向下的偏离。[25]如果出口（传统的）产业比进口替代产业有着更大比例的使用劳动密集技术的小规模企业，那么，不同的贸易战略的就业含义中估计值的差异就可以被理解。然而，如果不对这个题目进行大量的进一步的研究，就很难得出关于这种偏离程度的任何结论。

2.3.2 工资水平的决定

基本的哈里斯—托达罗模型假定，城市工资率在某种程度上是外生决定的。根据这个假定，内生决定的市场结算工资会导致较少的移民流向城市部门，较多的工作机会以及较低的失业率。

从表 2.2 我们可以看到，在研究项目包括的国家中，有关实际工资行为的统计资料是与有关制造业就业增长的资料形成对比的。在某些国家，其中最值得注意的是巴基斯坦，在大规模制造业中实际工资急剧增长而制造业的就业从 1961 年到 1972 年似乎一直是下降的。其他国家，如智利，1963—1968 年，十分缓慢的就业增长伴随着实际工资的迅速增加。

国别研究的作者对他们国家中工资决定机制的分析将在第 7 章中考察。此处的目的仅仅是要识别对于该现象进行分析的决定性变量。只要指出下述论点就足够了，即在城市部门，实际工资行为并非在所有的情形下都总是由市场决定的。

如果非熟练劳动力工资是外生决定的，并且处在一个较高水平上，例如由最小工资法所确定，那么随之而来的将会有两个结果。首先，试图得到最大利润的企业被诱使以资本替代劳动力（和以熟练劳动力代替非熟练劳动力），这种替代程度将超过国家资源有效使用能够保证的程度。此外，对于那些拥有大量非熟练劳动力的发展中国家来说，贸易理论指出，世界资源的有效配置是这些国家生产和出口的商品使用相对密集的非熟练劳动力。如同第 4 章将要看到的，如果过高的非熟练劳动工资率能被确立和保持,那么,劳动资源丰富的国家应该具有比较优势的商品在国际市场上将不具有竞争力。比较优势的来源将随其他国家(尽管它们具有相对少的劳动资源)的企业能够在国际市场上进行有效竞争而丧失。因此,对于非熟练劳动力工资水平的建立机制的认识对于评价生产的现行技术的最优性以及生产和贸易格局的最优性[26],就具有相当重要的意义。

最低工资的上升和其他现象可以导致资本对劳动力的替代,以及导致就业增长比产出增长低——这一假定得到了一些初步的支持,这些支持来自于对研究项目所包括的国家在 1960—1970 年期间工业劳动力的增长率、制造业的产出增长率及其隐含的就业/产出弹性的检验。这些数字在表 2.3 中给出。可以看到,大多数国家的制造业产出增长相当快,但所有国家(除科特迪瓦和巴基斯坦外)的就业增长率都是相当低的。三个国家,即智利、突尼斯和乌拉圭的就业弹性小于 0.4。[27] 国别研究的作者相信,所有这些国家的这些数字表明,对工资决定的大量干预是存

表 2.3　制造业产出的就业弹性估计值

(1960—1970 年)

国　别	持续的年平均增长率(百分比)		隐含的就业弹性
	产业的劳动力	制造业的产出	
巴西	4.5	5.6	0.833
智利	1.1	3.2	0.343
哥伦比亚	3.8	5.2	0.731
印度尼西亚	3.7	4.2	0.881
科特迪瓦	12.2	9.2	1.327
巴基斯坦	9.0	7.7	1.169
韩国	10.8	16.6	0.651
泰国	6.0	10.1	0.594
突尼斯	1.2	4.5	0.267
乌拉圭	0.6	1.6	0.375

资料来源:取自国际复兴开发银行,"世界表"(1976),制造业产量增长的比较经济资料的表 1;工业劳动力增长的社会指数的表 3。

在的。在这些国家中,巴基斯坦、印度尼西亚和韩国的劳动力市场被认为在整个 20 世纪 60 年代是运作得相当好的,[28] 其中巴基斯坦和印度尼西亚的就业弹性相当高,而在韩国,就业增长率达到每年 10.8％,其增幅如此之高以至于实际工资上升和资本深化都是对市场力量的反应。

对于这些低的就业/产出弹性、高的实际工资和公开失业的国家来说,有关非正规劳动力市场的问题,现代部门的性质以及在工业劳动力中非熟练工人所具有的技术问题,都是很重要的。由于某些政府已经对工作条件实行立法,包括工资薪金、养老金、假日工资以及工作条件的立法,因此这使观察家们相信,由此引起的企业劳动成本远远超过了"均衡工资"。在项目研究所涉及的许多国家中,这是个事实。在其他国家,情形可能是工会具有充分的市场力量使他们能提高工资[29],虽然本项目的国别研究者中没有一人会相信这是他所研究的国家的事实。如果产业工人比他们在农村的补充者具有高得多的技术——由于多年的正规训练或具有更多的工作训练和经验——那么现行的工资就会反映这种市场力量的结果,而不是政府干预的结果。[30]

每一国别研究的作者都不得不对非熟练工人的工资下限是由政府规定的还是由工会谈判确定的相对重要性作出判断。这个问题由于若干考虑而复杂化。一方面存在着几种因素,它们倾向于减轻最低工资或工会谈判工资的效果。首先,政府(或工会)可能不会,或者可能不去选择实施最低工资法;其次。最低工资或工会谈判工资事实上可能确定的水平并不显著地不同于在没有干预条件下形成的工资水平。在这样的考虑之下,值得注意的是,研究高通货膨胀的拉丁美洲国家的作者提出,通货膨胀严重地破坏了固定最低工资的要求。另一方面,存在许多立法措施,它们影响着雇用或解雇工人的成本,并提高了雇主的劳动成本。在几个国家中,出于社会保险的目的而征收的工资税已经急剧地提高。在巴西,它几乎等于工资的一半。在一些国家,企业预计会雇用比他们实际需要更多的工人,向他们提供培训计划或者甚至接受过剩劳动力,以换取在获得配给贷款、进口许可以及其他行政管理资源上的"特别考虑"。在其他情形下,工人的住房、医疗、卫生和其他强制性条款都是要耗费成本的。工人非常幸运地发现,就业意味着很高的生活水准,但是因此而引起的高劳动成本会堵塞城市部门其他潜在的进入者的就业机会。

有些人认为,在发展中国家,正规部门和非正规部门之间的关键区别在于,最低工资和其他对"正规"部门劳动立法的强制性与在"非正规"部门这种立法的非强制性。在第 7 章我们将看到,在所研究的那些国家中出现的格局有助于支持这个观点并指出,其对贸易和就业所产生的影响很大。

2.3.3 劳动力技能和工资结构

改进劳动力的技能构成已被普遍认为是提高产出和生活水准过程中的重要因素之一。发展中国家通常都有十分丰富的非熟练工人而只有极少的"人力资本"和人均物质资本。[31] 因此,为了分析不同的贸易战略的含义,理想的是不仅分析工人的数量,而且还分析不同生产活动中劳动力技能的利用。

这就自然产生了对于不同的产业活动中技能系数进行估计的要求,它与劳动系数的估计是十分相似的。有时国别研究的作者能够提供"技能系数"的估计值,它具有每单位产量的"蓝领"和"白领"或"熟练"和"非熟练"工人的变量,及其在不同生产活动中的附加值。在某些情况下,包括中国香港地区和突尼斯,更详尽的技能分类是可以得到的。

然而,即使这样的统计资料是可以得到的,使用这种分类在概念上等同于把某个类别中的每个工人都当作是对另一个类别内的工人的一对一的完全替代。"人力资本"的概念已表明,存在着各种技术等级,并且在一个运行良好的劳动力市场中,单个工人的"收入函数"将反映正规教育的年限、工作训练、经验时期以及其他变量。[32] 在这样的环境中,在一给定产业中付给工人的平均工资的资料会成为与该产业相联系的技能系数的指标,它比计算工人类别的指标更好。[33]

从国别研究的作者来看，这样会导致一个主要的概念上的难题。只要有理由相信，在这些国家中，城市劳动力市场的运行是不完全的，平均收入之间的差异不仅反映了"人力资本"的差异，而且也反映了劳动力市场的不完全性。因此，许多作者试图利用他们手边的任何资料来估计收入差异在多大程度上是这两个独立影响因素的函数。在一些国家，如泰国，关于工人特征的可得到的信息是如此之少，以至于这个难题是不可克服的。在另一些国家，如突尼斯和智利，作者们选择了职业组的中值收入作为平均值，并且用不同职业类别的平均工资作为权数，来构造产业特定的平均值，而不是利用产业的平均工资。

为了分析贸易战略—就业关系，需要确信以下的看法，即技术的物质测定和价值测定在很大程度上表明了相同的类型，它们总是互相加强。然而，国别研究的作者在这方面的困难强烈地表明了需要进一步对于发展中国家工资结构的决定因素进行更多的研究。

2.4 国别特征的总结

对于项目研究涉及的各个国家有关就业的经验是难以归纳的，但是大致可以看到存在几种类型。首先，有些国家，包括巴西（到 1968 年为止）、智利、哥伦比亚（到 1968 年为止）、泰国和乌拉圭，其城市就业机会增长相对较慢，而且由于某些原因，其付给城市工人的实际工资是相当高的，而且工资提高的速度相当快。其次，存在着一组国家，它们的实际工资没有很大提高，而其城市劳动力以温和的速度增长。这组国家包括阿根廷、巴西（自 1968 年以来）、哥伦比亚（自 1968 年以来）、印度尼西亚、科特迪瓦、巴基斯坦、泰国和突尼斯。最后，韩国和中国香港地区在20 世纪 60 年代和 70 年代，伴随着上升的实际工资和膨胀的城市就业出现了相对充分的就业机会。除了这两个地区以外，在所考察的时期内，其余所有的国家都经历了显著的"就业问题"，或者是失业的上升伴随着实际工资的上升，或者是实际工资的停滞和城市就业的缓慢增长。在下一章，我们仍然要分析在多大程度上贸易战略的选择与这些结果是相互作用的。

注释

① 又见本丛书第二卷中保罗·舒尔茨的开创性论文（Schultz，1982）。舒尔茨的工作是对发展中国家的有效保护率和收益结构之间联系的最初的系统性分析。

② 有两种模型对可以创造的"生产性职业"规定了上限。第一种模型是"技术性"解释，最初由埃考斯（Eckaus，1955）提出。根据他的观点，发展中国家工业部门中的劳动/资本禀赋超过了技术上可行的比率。另一种称为"两缺口"模型。该模型认为，外汇和储蓄的限制阻碍了实际产出的进一步增长。该模型是由霍利斯·钱纳里和迈克尔·布鲁诺提出的。见第2.2.1节中的进一步讨论。

③ 见第2.2节中关于"正规"和"非正规"市场的定义。

④ 正如在第5章中可以看到的，能够获得有关农业活动劳动系数的统计数据的作者们一般都发现，农业部门中的出口导向型生产活动是与使用更多的劳动力相一致的。不过，农业的劳动系数是平均值，并且我们有理由相信，很多研究项目包括的国家中的农业部门的边际系数和平均系数之间存在着显著离差。由于以该项目为基础的问题是，隐含着（由边际的，而非平均的系数居支配地位的）资源再配置的贸易战略转变的含义，那么农业的系数就令人怀疑。我们没有理由认为，工业部门中的边际系数和平均系数之间的离差大于农业部门。

⑤ 对于技能的作用和工资结构的决定因素的分析，见第2.3.3节。

⑥ 虽然，从经验上来说，对于分析贸易战略和就业之间的关系，这不是重要的，但是在新古典的劳动力市场上，（如果劳动力供给曲线向后弯曲），劳动力需求的上移甚至可能产生就业的下降。

⑦ 见森（Sen，1975）对城市部门劳动力供给可能是完全弹性的几种形式的较充分的讨论。

⑧ 关于二元经济中经济增长和就业的模型，见乔根森（Jorgenson，1961）与拉尼斯和费（Ranis and Fei，1961）。

⑨ 如果市场的一部分变动不会影响其他部分的变动，那么市场就会是较为分离的。如果劳动力不能在两个地区之间流动，那么这种市场是完全分

离的。

⑩ 关于发展中国家短期宏观经济政策的近期研究，见贝尔曼和汉森（Behrman and Hanson，1979）。

⑪ 请特别参阅贝尔曼（Behrman，1982）。

⑫ 关于发展的宏观经济方面的近期研究，见布利策尔、克拉克和泰勒（Blitzer，Clark and Taylor，1975）。该书集中讨论了投入—产出模型和供给约束。总需求没有得到任何注意。

⑬ 在研究项目包括的国家和地区中，不是所有的劳动力市场都被这样处理的。中国香港、巴基斯坦和韩国一般被认为具有新古典意义上的完善运行的劳动力市场。

⑭ 有人认为差异反映的仅仅是技术差异、生活费用的差别和引诱额外移民所需要的津贴。如果情况确实如此，它将不会构成扭曲，因而劳动力市场被称为新古典型的。

⑮ 特别是，移民可能是风险回避型的，在这种情况下，预期的城市收入会高于均衡的农村收入。

⑯ 本模型的几种扩展形式试图使城市工资成为内生变量。卡尔沃（Calvo，1978）发展了工会最大化行为的模型。该模型把城市/农村工资差别作为内生变量来处理。又见施蒂格利茨（Stiglitz，1974）。

⑰ 关于开放经济环境中模型的论述见巴格瓦蒂和斯里尼瓦桑（Bhagwati and Srinivasan，1974）。

⑱ 关于农村是否存在"伪装失业"问题的更充分的讨论，见森（Sen，1975，chap.3）。此外，还有一个为了维持农业和工业之间近似不变的交易条件而出现的"平衡"增长的问题。但是在国际市场进行贸易的机会能够排除该种意义上的平衡要求。

⑲ 我们在表2.1中看到，在一些拉丁美洲国家中，农业劳动力已经占有很小的比例，但是寻找生产性城市就业机会的问题仍是一个主要问题。

⑳ 对农村劳动力市场来说，重要的问题是失业或就业不足是否存在，而不是低下的劳动生产率。与农村劳动力市场相比，哈里斯—托达罗式的城市失业是许多国家中的一种严重现象，这一点是没有分歧的。虽然在失业测量的可靠性、谁是失业者和失业的原因等方面存在一些重要问题，但是，对于分析贸易战略和就业之间关系的折中方法来说，这些问题不会出现。因此，这里我们不对这些问题进行讨论。

㉑ 关于一个国家的细致分析，见尼尔逊、舒尔茨和斯莱顿（Nelson，Schultz and Slighton，1971）有关哥伦比亚的论著。

㉒ 阿根廷的统计数据经常在下面出现。也存在着阿根廷有非正规部门的

证据。

㉓ 见表 6.6 中有关巴基斯坦的说明性统计数据。

㉔ 见第 4 章中的定义。

㉕ 如果在现代部门的每一个产业中,高于平均劳动生产率的企业从事出口产品或进口竞争产品的生产,那么偏差可能会上移。

㉖ 使用资本密集型技术的诱惑也会导致技术或产业组合的非优化选择。这个专题在第 7 章中将加以讨论。

㉗ 根据纳布里的估计,在 1961—1971 年期间,不包括食品加工和手工业在内的制造业具有 0.09 的弹性。

㉘ 巴基斯坦的情况在 20 世纪 70 年代初期发生了变化。

㉙ 见卡尔沃(Calvo,1978)。

㉚ 很多人认为,城市生活费用超过农村生活费用很多,这足以解释非熟练城市工人和农村收入者之间的可观察到的工资差异的一大部分。也有一个学派声称,高收入的工人具有更高的生产能力。关于这个问题,见米尔里斯(Mirrlees,1975)。

㉛ "人力资本"一词被发展用来表明,在发展过程中对人的投资与对机器的投资以及对其他实物资本的投资一样重要。见贝克尔(Becker,1975)。

㉜ 见舒尔茨(Schultz,1982)对以哥伦比亚统计资料为基础的收入函数的估计。关于收入函数中能力和人力资本变量之间联系的分析,见格里利奇斯等(Griliches and Mason,1972)和贝尔曼等(Behrman et al.,1979)。

㉝ 关于发展中国家人力资本收益率估计结果的评论,见普萨查罗波洛斯(Psacharopoulos,1973)。

3

贸易战略、增长和就业

如同第 1 章所指出的,存在几种方式使贸易战略的选择(和用于贯彻这种战略的政策工具)与劳动力需求相联系。第一,贸易战略会影响经济的总增长率,从而通过各种渠道影响就业。第二,劳动/产出和劳动/附加值的比例在产业之间是显著不同的。在贸易战略影响生产结构的范围内,出口和进口替代产业之间的要素比例的差异将影响劳动需求。最后,在不同的战略下使用的政策工具会影响所有产业或一组产业内的技术选择。对于同样的产出结构来说,与不采用这些政策工具的状况相比,其对劳动力的需求是不同的。

不同的贸易战略和就业这一研究项目集中在这些联系的第二方面和第三方面。这部分是由于以前的项目重点研究了贸易体制与贸易发展之间的关系。然而,更重要的考虑是:尽管将经济增长率的变化与贸易体制的选择联系起来是困难的,但是试图描述经济的总增长率与就业之间的精确关系更成问题。这个困难的原因就如第 2 章所讨论的那样,是由劳动力市场的性质和工资率的决定因素

36

的内在复杂性所决定的。

因此,本书的大部分注意力是通过研究不同的贸易战略对产出构成和要素替代的影响,而不是通过它们对增长率差异的影响来研究贸易战略和就业之间理论和经验的关系的。然而,那种关系也很重要,不能完全忽略。因此,本章将致力于考察不同的贸易战略,并回顾以前对于战略选择与增长率相关的研究结果。此外,研究项目所包括的国家贸易体制的选择以及它们的经济增长率也将被考察。第 4 章将详细说明以可选择的贸易战略,产出的商品构成以及要素比例之间的联系为基础的理论。

3.1 出口促进和进口替代战略

3.1.1 可选择性

经济理论指出,对于任何国家来说,最优资源配置的必要条件是,所生产的商品的国内边际转换率应该等于它们的国际边际转换率。对于一个不能影响其国际贸易条件的小国来说,国际价格(对于出口品是离岸价格,对于进口品是到岸价格)① 可以用来反映国际边际转换率。当国内市场不存在扭曲时,国内价格亦可以用来反映国内边际转换率。②

可以表明,任何脱离这个最优规则的行为都会导致经济中的生产成本的增加:当一对贸易商品之间的国内边际转换率不等于国际边际转换率时,把生产转移到国内成本较低的生产项目的行为可以使一个国家通过国际贸易能够得到的要比通过国内生产而得到的更多的其他商品。

最优标准自然会导出对不同的有偏差的贸易体制的定义:偏差表明了国内的刺激机制在什么方向和多大程度上背离了自由贸易下通行的原则。在两商品的例子中,这个观念是最容易被加以公式化的。让 p 代表国际价格,q 代表国内价格,下标 m 和 x 分别代表进口竞争商品和出口商品,那么 B 作为体制的偏差可以被简单定义为:

$$B = \frac{\dfrac{q_m}{p_m}}{\dfrac{q_x}{p_x}}$$

如果世界价格和国内可出口商品的价格相一致,而且国内的竞争性进口商品价格高于国际价格,那么 $B > 1$,体制偏向于进口替代;相反,如果进口受到补贴,则 $B < 1$,体制偏向于出口。自然,在特定方向上,B 越是背离于1,则体制偏差性就越大。

当存在许多出口和许多进口竞争商品时,必须利用一个加权系统来估计体制的平均偏差。在这种情形下,总体偏差程度和方向以及商品中的单个价格的比率的变化都是有意义的。[③]

人们可能认为,各国会相当接近于统一的刺激机制,或者,在它们偏离最优规则时,他们会部分地采用鼓励某些出口产业的方式,部分地采用保护某些进口竞争产业的方式,来使平均偏差并不远离于1。然而,当那些最倾向于进口替代的国家鼓励某些出口的产业(其鼓励至少比其他产业更多)时,当出口促进的国家正常地保护某些进口替代产业时,人们几乎很少碰到贸易体制中偏差大约等于1的情况。这是由于前者对进口竞争产业实行高度保护而后者对出口促进采取较大的刺激。相反,若干因素总是加强了贸易体制中最初的偏差,并导致了两种贸易战略总的偏差方向中有显著的不同。

首先,考虑进口替代条件下的内在趋势。虽然大体上一个国家能够用补贴来鼓励进口竞争产品的国内生产,但在实际上,对国内生产的鼓励常常是通过对进口商品征收关税或者实行数量限制(在极端情形下实行禁止进口)来进行的。保护国内产业的行动总是以某些方式挫伤了出口。首先,利用被保护商品作为其生产投入的出口者是处于不利地位的。[④]其次,对进口竞争部门的保护将自动地对其他所有部门产生歧视,包括潜在的出口产业。第三,一个新的国内产业的建立通常需要进口资本货物,在其发展早期阶段,进口资本货物的价值很可能超过进口替代生产的国际附加值⑤，这就倾向于给那些能够通过币值的重新调整来抵销的外汇市场施加压力。然而在进口替代体制下，存在着对货币贬值的抵制（为了促进所需要的资本货物进口）。而且，通常额外的数量限制被用来降低国际收支赤字的幅度，因而进一步增加了进口替代的偏差。

这些趋势并不都是进口替代体制不可抗拒和无法避免的结果。原则上，一个国家能够决定去保护，比如说金属生产部门，而同时鼓励石化产品的出口。实际上，这样的结果是很少能看到的（如果它是完全可能的，那么它或许仅仅是由于对这两部门活动的十分温和的刺激机制而造成的）。⑥

现在考虑在一个进口促进战略下可能产生的几种趋势。关税不可能引起面向国际市场的生产：它需要生产（或出口）补贴或真实汇率。既然补贴是政府预算的开支，既然预算的限度是清楚可见的，那么过分高的补贴在政治上就总是难以忍受的，而且存在着某种保持真实汇率作为一种选择的倾向（进一步的讨论见第 3.1.3 节下第 2 小点）。这种倾向本身会鼓励出口（并减弱出于"国际收支"动机而采取的关税保护），但它也限制了出口生产的不同刺激程度。同时，出口产业的生产者如要参加竞争的话，必须被允许以国际价格购买它们所需要的中间产品和原材料（具有世界质量）。这样会对有关当局施加某种压力，让他们去减少或消除进口障碍，反过来它又会有助于鼓励其他生产者进入出口市场。因此，真正的出口促进政策⑦必定是伴随着保持一种相当开放的自由化的贸易体制，这种体制总是能够自我巩固和加强的。

由于这些原因，讨论出口促进和进口替代贸易政策是有意义的，尽管这些战略的某些方面在国与国之间是不同的，尽管偏差程度在国家之间甚至在同一国家之内的不同产业之间显著不同。

3.1.2 研究项目包括的国家的贸易战略

在转入对进口替代和出口促进贸易体制的其他性质的研究之前，考察这个研究项目所包括的那些国家所实行的贸易体制的一两个突出特征是有启发性的。表 3.1 所给出的统计资料提供了这些国家经验的某些方面的初步概况。表 3.1 给出了所指年份内在国内市场销售产品的所有制造业活动的平均有效保护率(ERP)[8] 的估计值。[9] 在第 2 列,缩写字

表 3.1　不同国家的贸易战略指数

国　别	时期(1)	贸易战略(2)	制造业的平均 ERP(3)	ERP 的范围(4)
巴西	1958 年	IS	104	17—502
	1963 年	IS	184	60—687
	1967 年	MIS	63	4—252
智利	1967 年	IS	175[a]	−23—1 140
哥伦比亚	1969 年	MIS	19	−8—140
印度尼西亚	1971 年	MIS	33[b]	−19—5 400
科特迪瓦	1973 年	EP	41[f]	−25—278
巴基斯坦	1963—1964 年	IS	356[c]	−6—595
	1970—1971 年	IS	200[c]	36—595
韩国	1968 年	EP	−1	−15—82[e]
泰国	1973 年	MIS	27[d]	−43—236
突尼斯	1972 年	IS	250	1—737
乌拉圭	1965 年	IS	384	17—1 014

注:ERP=有效保护率;EP=出口促进;IS=进口替代;MIS=温和的进口替代;IVA=国际附加价值。

a:资料来源于科博和米勒(Corbo and Meller,1981,tab.3.9)。平均 ERP 是对于一切制造业部门的非加权平均。

b:资料来源于比特(Pitt,1981,tab.5.A.1)。平均 ERP 是非加权平均数,不包括具有负的 IVA 的制造业部门和水果蔬菜的保存和加工(其具有 5 400 的 ERP)。

c:从吉辛格(Guisinger,1981,tab.7.9)中计算得到。平均数是简单的和非加权的。在 1963—1964 年期间,他们排除了具有负值的 IVA 的那些部门。

d:作为已实现的 ERP 的均值是简单平均数,其以艾卡拉塞尼(Akrasanee,1981,tab.9.8)中计算得到。从艾卡拉塞尼(Akrasanee,1981,tab.9.10)中可以得到国内销售的 9.9 的 ERP。

e:资料来源于韦斯特法尔和基姆(Westphal and Kim,1977,tab.2-A)。

f:资料来源于蒙森(Monson,1978,tab.IVB-C)(均值和范围中不包括罐装咖啡和面粉)。

母给出了有效保护率的估计值所属时期中实施的贸易战略。如同以下将要看到的(见表3.4),一些国家曾经改变贸易战略,他们的经验产生了许多关于贸易战略—就业关系的推论。在有效保护率估计值所包含的时期中,只有两个国家,即科特迪瓦和韩国总体上一直在奉行出口导向型贸易战略。其他一些国家,包括巴西(1967年)和哥伦比亚(1969年)都正处在转向更加外向型政策的过程之中。1972年之后,突尼斯也开始转变其贸易战略。

从第3列可以明显看到,在进口替代下平均有效保护率一般是相当高的。虽然保护的某些内容可能部分抵消汇率的高估,但是第4列的资料指出,较高的平均有效保护率通常伴随着范围很大的单个保护率。在国与国之间这个资料并非直接可比(部分是因为货币高估的不同程度,部分是因为统计资料处在不同的分解层次上——较高的分解程度一般包含着更多的极端的观察值)。然而它强烈地暗示着,除了1967年的巴西(如以上提到的正处在转变过程)、哥伦比亚(也处在转变时期)、科特迪瓦、韩国(两者都是面向出口的国家)和泰国外,在所表明的年份内,所有国家既定的制造业部门生产者的平均保护率都超过100%。除了泰国以外,这些国家都属于最终摆脱进口替代的那种类型。十分有趣的是,较低的平均有效保护率在单个的产业和部门中的范围也较窄。

刺激结构需要从另一角度来考察。很多国家实行了出口刺激以及关税保护,以便同样的商品在国外销售比在国内销售得到不同的收入,即使销往国外的价格按官方的汇率换算与国内市场的价格相同。这反映了以下事实,即某些手段,如税收收益和每单位外销量的直接补贴,被用于刺激出口。卡瓦尔豪和哈达德对巴西的估计表明,一旦税收刺激和其他出口的诱惑方式被加以考虑的话,只需要国外销售价格的68%就可以补偿企业在国内销售的损失。

另一些国家也实行出口刺激,但这种刺激由于销售地方不同而至少在某种程度上实行歧视,这些国家包括阿根廷、智利、韩国、泰国和乌拉圭。有关国内市场和国外市场销售的有效保护率差异的资料将在表3.2

中给出。可以看到,韩国的出口产业在其出口过程中得到了鼓励:当他们向国外销售时,他们受到的刺激相当于 5% 的附加值;而当他们在国内销售时,他们受到的抑制相当于 18% 的负有效保护率。

表 3.2　国内和国际市场的有效保护率

	国内市场	出口市场
阿根廷 1969 年		
农业	−13	−13
采矿业	33	−12
制造业	111	−40
智利 1967 年		
出口品	37	0
进口品	267	2
非进口竞争品	155	6
总额	233	4
韩国 1968 年		
农业	19	−16
采矿业	3	−1
制造业		
出口产业	−18	5
进口竞争产业	93	−9
泰国 1973 年		
木薯淀粉	−30	−30
胶合板	43	0
绳索	26	0
非棉纺织品	64	0
棉纺织品	8	0
乌拉圭 1968 年		
食品	150	25
鞋类	892	67
皮革制品	20	24
化学品	182	43
金属产品	463	37
电器	591	45

资料来源:阿根廷来自诺格斯(Nogues,1980,chap.3,tab.2.2);智利来自科博和米勒(Corbo and Meller,1981,tab.3.10);韩国来自洪(Hong,1981,tab.8.9);泰国来自艾卡拉塞尼(Akrasanee,1981,tab.9.10);乌拉圭来自本森和考芒特(Bension and Caumont,1981,tab.11.7)。

与韩国相反,阿根廷、智利和泰国实行的刺激大多是关税保护形式:几乎不存在补偿性的出口补贴。这一点在出口的低有效保护率中得到反映。对于乌拉圭来说,歧视采取了若干形式。本森和考芒特(Bension and Caumont, 1981)所提供的资料主要用来证实以下事实,即不管其他的刺激如何,贸易体制仍然保持着最有力的地位:它实际上控制着每一项活动,包括那些乌拉圭具有最大出口潜力的活动,它对企业在国内市场进行销售的刺激大大超过了在国际市场上销售的刺激。唯一可能的例外是皮革制品,而且这个类别的资料并不被认为是可信的。如同阿根廷和智利那样,乌拉圭也已经极端性地表明了对进口替代和在国内市场销售的偏向。

表3.3根据产品最终使用类别提供了另一种表明有效保护结构特征的方式。进口替代体制的特点看来是,这种保护首先提供给生产消费品的产业。这在巴西1958年和巴基斯坦1970—1971年的资料中可以看到,两个国家对那些产业给予的保护程度是极高的。如果能够从智利和乌拉圭得到可比的资料,毫无疑问,这些资料会表明一种相似的高保护程度。[10]韩国较低的总保护程度,或正或负,在资料中表现得尤为明显。类似地,巴西在20世纪60年代的改革和哥伦比亚至60年代后期的相当温和的刺激结构的性质都在那个时期中那些国家温和的保护程度中得到了反映。突尼斯的保护程度似乎比其他大多数国家受到更大误差边缘的限制。这里重新复制的估计值显著低于另一套可选择的估计值,然而却反映了对消费品和资本货物生产者较高的保护程度。

不管使用何种有效保护的指标,不同产业受到刺激程度的差异在进口替代政策下比在出口促进政策下要大得多——这一点看来十分明显。这些刺激对生产结构必然有重要影响。当有效保护率由于产业的成本结构以及贸易体制给予国内生产者的某种垄断力量而非常高时,几乎可以肯定,在进口替代下受保护的许多产业——至少在其现存的成本结构下——都不会在另一种贸易体制下生存下来。此外,假如在更极端的进口替代体制下对出口实行高度抑制办法,那么进口替代贸易战略必然会挫伤某些潜在的出口产业的发展和扩张。我们将在第5章提出劳动系数的差异,进而提出劳动需求和就业的差异,这些差异很可能来自于产出的商品构成所形成的差异。

表 3.3　根据最终使用分类的有效保护

国　别	时　期	消费品	中间产品	资本品
阿根廷	1969 年	96	127	162
巴西	1958 年	242	65	53
	1967 年	66	39	52
哥伦比亚	1969 年	33	15	80
巴基斯坦	1970—1971 年	277	158	200
韩国	1969 年			
出口		−2	9	−9
国内销售		16	0	56
泰国	1973 年	19	25	77
突尼斯	1969 年	74	29	104

资料来源:阿根廷来自诺格斯(Nogues, 1980, chap.3, tab.2.2);巴西来自卡瓦尔豪和哈达德(Carvalho and Haddad, 1981, tab.2.9);哥伦比亚来自韦斯特法尔和基姆(Westphal and Kim, 1977, tab.2.A & 2.B);泰国来自艾卡拉塞尼(Akrasanee, 1981, tab.9.8);突尼斯来自纳布里(Nabli, 1981, tab.10.6)。

注:对阿根廷、哥伦比亚、韩国和泰国,这些数字是简单平均数;消费品是非耐用品和耐用品的平均数;中间产品是Ⅰ类中间产品和Ⅱ类中间产品的平均数;资本货物是运输设施和机器以及设备的平均数。

3.1.3　在不同的贸易战略下使用的政策手段

大体上说来,对于鼓励新产业和迅速的经济增长而使用的政策手段的选择应当在很大程度上独立于有关贸易政策类型的决策。的确,在以上定义的最优资源配置的世界中,人们会看到,为了建立新企业和扩张老企业而提供的各类刺激在其产出与进口相竞争的产业和其产出用于出口的产业之间往往是没有区别的。然而,在实践中,政策手段是明显不同的。这部分是由于某些贸易政策手段(如关税)固有地对不同的销售地点的同一商品实行歧视,部分是由于其他一些原因。两种类型的贸易战略一般都包含了非常不同的政策手段的组合。

有很多理由说明为什么理解这些政策手段是重要的。首先,对它们的量值的认识通常是对贸易和工业化战略所提供的刺激进行经验估计的关键性的第一步。其次,所使用的政策手段种类对于一开始的产业选择以及对于单个企业和部门中的要素比例都有直接影响。因此,在政策手段的选择和隐含的劳动系数之间存在着直接的联系。最后,具有重要意义的问题是,在不同的贸易战略下,劳动力使用中观察到的差异是战略选择的内在必然结果,还是它们并不反映用于达到那个战略的特定手段。以下分析首先考察在一个进口替代战略下所使用的一组"典型的"政策手段,然后将它与鼓励出口产业时通常采用的政策相比较。⑪

1. 在进口替代下的政策手段

由于种种原因(包括以下重要事实,即当经济处于相对不开放的状态时,政府有必要以较大能力去影响国内生产者的决策),促进进口替代的政策手段总是包括对经济活动的各方面实行直接的数量控制和订价措施这两者的混合。

数量限制可以采取各种方式,每种方式的限制程度是不同的。如巴格瓦蒂(Bhagwati, 1978)所说明的,标明不准进口商品的否定名单总是比标明准许进口商品的肯定名单受到的限制要少;有些产品的进口许可证是自动批准的,而且可以避免官僚主义的拖延,而在另一些情形下,则一切进口许可申请都要逐一地仔细检查,前一种体制总是比后一种体制的限制要少;许可证批准程序(和批准申请之间的时间间隔)也会影响体制的运作。

数量限制与高估的汇率相互影响的方式是多种多样的。对外汇的过度需求会刺激走私和逃避管制的不断产生(包括多开或少开发票),通常这反过来又会导致政府针对非法的和法律之外的活动实行更严格的规定。这些规定可能是极其复杂和耗费时间的,它使得数量控制的约束力超过了最初的计划水平。

一方面由于汇率的价值总是趋于不断高估,另一方面由于某些其他原因,在进口替代下还有一种利用种种订价措施来控制对进口的过度需求的趋势。除了关税以外,"手续费"、"入港费"、"印花税",以及若干其他准关税的措施一直被加以实行。⑫虽然它们显然依赖于价格,但有时它们会像任何进口禁令那样禁止一些物品进口。贝尔曼（Behrman，1976）所引证的一个极端的例子表明，智利在外汇困难的时期规定进口许可证的申请应当有一笔前期存款，它相当于进口许可价值的100倍。在巴西，一个类似的法律表明，进口某种能够从国内得到的商品的企业将没有资格得到政府的合同。

把数量限制和准订价手段结合起来使用几乎能给任何产业提供充分的保护，使之能为国内市场进行有利可图的生产，而不管相对成本超过国际市场成本的程度如何。[13]诸如抑制性的保护那样的刺激措施与进口许可的结合使用，可以使政府对产业选择进行实际上的完全控制：许多（即使不是大多数）资本货物，和许多中间产品被进口的事实意味着政府能够通过进口许可来影响或控制资本在不同产业中的配置。[14]

因此，一个进口替代体制的标志通常包括：对若干产业实行高度保护，其有效保护率的范围十分广泛；既直接对进口也通常对国内经济活动的某些领域（有时这是通过进口体制）实施相当详尽和复杂的数量控制和官僚主义的管制；一个高估的汇率伴随着对出口的抑制。

2. 在出口促进下的政策手段

对于通过出口来鼓励产业发展和增长的政策制定者来说，在进口替代下采用的大多数政策手段，或者总体上不可行，或者表现出与促进出口方针的不协调。根据定义，关税不可能当作出口促进的手段，即使是关税返回也不过是抵销了征收关税对出口的抑制。

同样，对于进口实行数量限制也几乎完全与出口促进不协调，不仅是由于在目前的数量限制下，它在行政管理上是极其难以补偿出口者国内价格超过国外价格的差额，而且也由于一个真正的出口促进努力必须使出口者能够容易地得到其国外竞争者能得到的相同质量水平的各种投入。

而且，由于出口补贴的费用可观以及数量控制与出口促进的不协调，在出口促进国家中很少有长期高估汇率的情况。[15]例如，韩国在20世纪60年代早期，汇率调整时开始实行出口补贴，但这种补贴的重要性随着政府逐渐认识到维持它们的代价而下降。1964年官方汇率是每美元214韩元，而出口补贴则是每美元 67 韩元,使有效出口汇率在官方汇率之上增加了大约 30％。到 70 年代早期,在官方汇率之外的出口诱导很大程度上包括了国内税收豁免、关税豁免和利息率补贴,其中没有一项对政府的国际收支具有相同的直接影响。这些诱导每美元的总价值仅仅增加到每美元 105 韩元,而 1972 年官方汇率是每美元 392 韩元。此后,补贴的比例值和绝对值仍然进一步地下降,达到每美元 81 韩元,而 1975 年的官方汇率是每美元 485 韩元(Krueger,1979,tab.22、32)。

不仅出口促进必须依赖于订价刺激,而不是数量控制,而且对于在出口活动中的不同刺激程度存在着显而易见的限制[16],这些限制代替了真实汇率。在其他国家发现的对出口促进的主要刺激类似于韩国的做法:出口补贴(通常表述为当地货币支付给每单位国外货币的汇价高于官方汇率);对出口者有关税收的优惠待遇;可得到的低于市场利率的信贷;[17][18]例如在巴西,国内税收豁免是用于鼓励出口的主要手段,它已胜过实际的(滑动钉住)汇率政策。卡瓦尔豪和哈达德(Carvalho and Haddad,1981)估计,企业在国内销售一件产品大约与在国外以三分之二的价格销售得到同样的税后利润。重要之处在于这些刺激方式被用于任何出口者,它们造成了出口活动的统一的偏差程度。相反,由于不同的活动,一套抑制性的关税通常需要高度可变的保护主义内容(如果不是负的,那么就是极低的对出口的有效保护制度)。

我们现在要转向的问题是,在两种战略下,增长实绩具有什么差异。以后各章将考察每一套政策手段对产出的商品构成和对各个产业的要素比例具有什么影响。

3.2 贸易战略与增长率的关系

3.2.1 在进口替代和出口促进下的增长率

一个国家经济增长率的决定因素是很多的,没有一种能被大家公认的方式可以从数量上识别任何特定要素对增长率的贡献。⑲当人们去识别一种可能部分地影响资源配置效率的变量时尤其如此。例如,让我们来考虑具有相同的资本形成率和最初相等产出的两个国家。在一个国家中,新资本的利用是小于最优化的,结果具有较高的资本/产出率和较低的增长率。在另一国家中,资本是最优配置的,结果具有低得多的资本/产出率和较高的经济增长率。如果没有关于这两个国家的详尽的和可比较的资料,那么识别较优的资源配置在影响经济增长率中的作用,即使不是不可能,也是困难的。在不存在有助于经济增长的任何其他要素的情况下,资本形成可以100%用来说明每一个国家的经济增长。这个困难说明了试图把不同的贸易战略与增长率相联系的一个问题:贸易战略自身不过是一个影响其他生产要素有效利用的因素。

即使是在理论上,贸易的作用和贸易在国民生产总值中的最佳比例都将随着国家的不同而不同。考虑到这些方面,上述问题就会变得更加混淆不清。例如在韩国,由于其十分贫乏的自然资源,与土耳其比起来,它毫无疑问会在国民生产总值中有一个较高的进出口最佳份额。因而即使不是不可能,也是很难把出口增长和它对整个经济增长的贡献分解成两个组成部分,一个是国民生产总值中贸易的局部最优作用所产生的结果,另一个是"正常的"出口增长的结果。

然而,过去的研究结果在贸易战略和增长率的联系方面是有高度启发性的,不管所引用的证据是否是印象主义地以那些已经改变其贸易战略的国家的经验为依据,也不管这些证据是否是解释变量(包括出口行为)与增长率的统计关系的估计值。在这一节,我们将简短地总结某些证据,以后再考察研究项目包括的国家的贸易战略和增长率,最后讨论增长实绩产生差异的可能原因。

1. 前期研究的成果

有四种关于经济增长中出口作用的跨国家的估计值。由于缺少一个理论基础,因此并不奇怪,估计值会在使用不同技术方面,以及在不同国家和不同观察时期有所不同。或许令人惊奇的是,尽管存在这些差异,从这四项研究中所产生的结论却是极其相似的。

第一个估计是由米卡洛波罗斯和杰伊(Michalopoulos and Jay, 1973)所做的。这个估计假定一个加总的新古典的生产函数,它有国内资本、国外资本和劳动投入三个变量。他们将这些估计值与39个发展中国家在20世纪60年代的资料相拟合。然后他们把出口作为一个额外的独立变量再加以估计。米卡洛波罗斯和杰伊(Michalopoulos and Jay, 1973, p.22)发现,出口是高度显著的,并且出口显著地改善了方程的拟合。他们的结论是:

> 国民生产总值的增长率与出口的增长率高度相关。当收入增长不受其主要投入增加的影响时,出口增长率说明了收入增长率变化的一个显著部分。这个经验关系是我们最基本的重要发现。

第二个研究是由米卡里(Michaely, 1977)所进行的。他估计了41个国家1950—1973年期间出口与国民生产总值的比率变化(消除了来自于以下事实的明显偏差,该事实是一单位出口的增加等于一单位国民生产总值的增加)和国民生产总值自身的变化率之间的关系。他发现了两者之间的斯伯尔曼秩相关系数为0.38,在1%的水平上它是显著的,虽然在增长率和出口在国民生产总值中的平均比例之间没有相关性。[20]

第三个估计是关于国家经济研究局研究项目包括的国家的外贸体制和经济发展。所用的是10个国家在大约1953—1972年期间的资料(取决于那些国家的始点和终点的可得到的资料)。对于不同国家国民生产总值的观察值的拟合是以时间系列和横断面的混合数据为基础的。因此,每一国家的国民生产总值增长率都被用于对那个国家的增长及其出口增长率的时间趋势进行回归。尽管在每一国家都估计了独自的时间趋势系数,但是表示出口增长对国民生产总值增长贡献的系数在所有国家都是相同的。对这些国家来说,每年出口收入增长率1%的增加是与国民生产总值增长率大约0.1%的增加相联系的(Krueger, 1978, chap.11)。如果这个估计包含着因果关系(由于计量经济学上的原因以及由于以上讨论的分析上的困难,并非如此),这意味着韩国20世纪60

年代后期的增长率,如果出口收入不能增加的情况下,比它要高大约四个百分点。可以肯定,这样的推断比资料或理论根据都更精确得多。无论怎样,这些结果都强烈地表明出口增长和总的增长率之间存在着重要的联系。

最后,巴拉萨(Balassa,1978b)采用了 11 个国家[其中大多数与克鲁格(Krueger,1978)所研究的国家相重合]1960—1973 年期间的统计资料,并再次估计了米卡里关系式,同时结合了米卡洛波罗斯—杰伊的生产要素。他的研究结果一般地证实了米卡里和米卡洛波罗斯—杰伊所做的估计。他还注意到,他的结果与克鲁格的结果十分相似。按照他(p.187)的估计值(以实际要素累积途径为基础)。

> 如果韩国出口增长率等于所有有关国家的平均值,其国民生产总值增加量会减少 37%。中国台湾地区相应的比例是 25%。在另一极端,如果智利、印度、墨西哥具有平均的出口增长率,它们的国民生产总值增长额分别会增加 14%、12%和 8%。

巴拉萨注意到,如同克鲁格所做的,当把所得到的结果应用于单个国家时,这些结果会低估出口增长对国民生产总值所产生的效应。尽管如此,这些结果进一步证明,从出口促进中得到的利益超过了,或许是大量地超过了从进口替代贸易战略中所得到的利益。

2. 研究项目所包括国家的增长率

表 3.4 给出了 10 个国家的贸易战略、出口收入增长率和实际国内生产总值。虽然贸易体制的偏差程度在各国不断变化,但是某些国家在他们的贸易导向中比另一些国家经历了更大得多的稳定程度。例如,智利始终一贯地奉行着进口替代政策直到 1974 年,其进口替代的偏差程度的波动主要与铜的价格波动(因而与出口收入)和国际收支的恶化相联系。乌拉圭也一直强烈地偏向进口替代,只是在最近才转向较高程度的出口导向政策。就这一研究时期的分析目的而言,乌拉圭是一个进口替代国家。科特迪瓦在其独立以来的全部时期内也奉行着相当一致的政策,但它也有过相反的偏差——倾向出口促进。蒙森注意到,在 1974—1975 年

期间,科特迪瓦曾采用一些政策来改变贸易体制,使之转向能够更多地鼓励进口替代产业。然而,他的资料却是关于较早的出口促进时期的。

表 3.4　贸易战略、出口增长和实际国民生产总值增长

国　别	时　期	贸易战略(1)	平均年增长率	
			出口收入(2)	实际 GDP(3)
巴西	1955—1960 年	IS	−2.3	6.9
	1960—1965 年	IS	4.6	4.2
	1965—1970 年	EP	28.2	7.6
	1970—1976 年	EP	24.3	10.6
智利	1960—1970 年	IS	9.7	4.2
哥伦比亚	1955—1965 年	IS	−0.8	4.6
	1960—1965 年	IS	−1.9	1.9
	1970—1976 年	EP	16.9	6.5
印度尼西亚	1965—1973 年	MIS	18.9	6.8
科特迪瓦	1960—1972 年	EP	11.2	7.8
巴基斯坦	1953—1960 年	IS	−1.5	3.5[a]
韩国	1960—1970 年	IS	6.2	6.8
	1953—1960 年	IS	−6.1	5.2
	1960—1970 年	EP	40.2	8.5
	1970—1976 年	EP	43.9	10.3
泰国	1960—1970 年	MIS	5.5	8.2
	1970—1976 年	MIS	26.6	6.5
突尼斯	1960—1970 年	IS	6.8	4.6
	1970—1976 年	MIS	23.4	9.4
乌拉圭	1955—1970 年	IS	1.6	0.7

注:EP=出口促进;IS=进口替代;MIS=温和的进口替代;GDP=国内生产总值。

a:GDP 增长率是指 1950—1960 年时期的增长率。

资料来源:贸易战略以国别研究的证据为基础(Krueger et al.，1981)。出口增长率从《国际金融统计》杂志 1977 年 5 月号计算得到。GDP 增长率来自国际复兴开发银行的《世界发展报告》(1978)和《国际项目表》(1976);联合国《国民账户统计年鉴》(1971，1969，vol.2)。

与那些相对不变的贸易政策相反的情况是那些急剧改变自己贸易导向的国家。如已经指出的,巴西、韩国和哥伦比亚就属于这组国家,因为它们已有过三次从进口替代转向出口促进的经历。此外,印度尼西亚,或许应该是被当作具有急剧变化的国家,它在 1965 年之前曾有一个极端限制性的体制,其通货膨胀率每年甚至高于 100%,出口收入严重地受到影响。比特专门考察了 1965 年以来的时期。这一时期,印度尼西亚正在从外汇控制转向货币的完全自由兑换。尽管放松了外汇控制,印度尼西亚仍然保护许多国内产业,结果,自从 1965 年以来它的体制在进口替代偏差方面最具有"温和"的特点。

突尼斯自从 20 世纪 60 年代以来在其贸易体制和国际支付体制中具有强烈的进口替代偏差,但在 70 年代早期则开始将刺激机制转向更多地鼓励出口。然而,纳布里研究的时期集中在 70 年代早期。在那时,进口替代的刺激与出口刺激相比仍然是非常强烈的。因此,出于分析贸易战略—就业关系的目的,突尼斯应被作为面向进口替代的国家。

泰国代表了一种极其相似于突尼斯的状况,只是在进口替代倾向上不如突尼斯那么强烈。在 20 世纪 60 年代,泰国的体制一直表现为温和的面向进口替代的偏差,到 70 年代早期,它采取了一些措施以减弱这种偏差。艾卡拉塞尼的资料就是有关 1971—1973 年期间的。在这一时期,60 年代适度的刺激结构可能仍然对产出的商品构成和贸易格局起到支配性的影响。1973 年之后,政府干预增加,更多的措施被用于促进制造业的出口和鼓励进一步的进口替代。

最后,巴基斯坦代表了一个从 20 世纪 50 年代极端偏向于进口替代转向 60 年代较少不平衡的刺激结构的国家。吉辛格把 60 年代巴基斯坦的特征描述为具有更大程度自由化的体制,它较之 50 年代具有更加平衡的刺激机制。

因为出口津贴体制和有关政策变化在 20 世纪 50 年代后期就已经消除了某些对出口的歧视,这种歧视以前一直存在于贸易体制之中。然而,如同从表 3.4 中可以看到的,进口替代偏差仍然是严重的。[21]

表 3.4 的第 2 列给出了指定时期的出口收入增长率。十分明显,向出口促进战略的转移一般使得出口实绩有较大程度的改善。在巴西、哥

伦比亚和韩国,这种转移都是十分急剧的,但巴基斯坦改善的出口收入增长率对该国来说也是十分重要的。印度尼西亚较大的正值出口收入增长率也代表了从早期苏加诺统治下经历停滞之后的突然转变。突尼斯在1970—1976年期间出口收入增长率的上升反映了石油产品、其他主要产品(特别是磷酸盐)和制造业出口的迅速增加。由于石油价格增加在印尼最近的出口收入统计中占支配地位,所以这里只对1973年年底以前印尼的发展状况做了估计。

表3.4的最后一列给出了与第一列和第二列相同时期的实际国内生产总值的增长率,总的印象类似于第3.2.1节第1点所考察的结果。可以看到,在国内生产总值和出口增长率之间存在着显著的关系,虽然这决不是一种完全相关的关系。巴西的出口收入在1955—1960年之间实际上是下降的,而实际国内生产总值却以差不多每年7%的平均速度增长。类似的对比还可以在韩国1953—1960年的资料中看到。相反,智利20世纪60年代相当高的出口收入增长率并未伴随着实际国内生产总值的迅速增长。[22]哥伦比亚也是一个局部的例外,其年出口增长率从负的0.8%转变成正的17%,而其实际国内生产总值的增加大约是每年两个百分点。当然,这意味着人均收入增长率增加了一倍,但是这远远小于巴西或者韩国在转变政策和出口增长趋势之后所出现的增长率变化。

3.2.2 增长实绩差异的原因

重要的问题在于为什么在增长实绩中存在这样的差异。最优资源配置的简单理论或许是不够的,不存在唯一的普遍为人们所接受的对这种差异的原因的诊断,也不存在有助于说明增长率差异的各种因素的数量重要性。一种可能的替代方法似乎是对于在进口替代和出口促进政策下所发生的一切进行分析,这种分析是针对那些必然有助于说明增长率差异的因素。

1. 进口替代

在描述的水平上,增长率之所以逐渐降低的近因可以找出。它们有三个重要因素。第一个因素涉及进口替代下贸易体制和国际支付体制日益增长的限制性；第二个因素是"较容易的"进口替代机会的迅速减少；第三个因素与进口替代战略趋向于用详尽和复杂的数量限制来管理有关。每一种因素都将被讨论，然后，描述性的因素将与经济分析的传统概念联系起来进行讨论。

首先讨论第一个因素，在大多数采用进口替代战略的国家，一旦采用了这个战略后、出口收入的增长率（和其他来源的外汇收入增长率）就会下降。这种外汇收入的下降部分是有意识地实行进口替代计划的结果：对贸易的依赖有意减弱了。然而，（或许是由于第3.1.3节第1点所讨论的原因）出口和其他外汇收入的增长通常都比预期的要慢。

随着可得外汇增长率的下降，对进口和国外劳务需求的增长应当会降低，但实际上它总是倾向于加快速度。在进口替代下，需求增长和外汇供给增长之间的日益增长的缺口在许多国家导致了严重的困难。

同时，实际上每一个新的进口替代产业，甚至每一个现存进口替代产业的扩张，都需要原料、中间产品和机器设备的进口。政策制定者尤其不愿意禁止这些商品的进口，因为他们担心降低资本货物进口会降低增长率，担心减少中间产品和原材料的进口会对产出和就业产生不利影响。对最终消费品进口的"依赖"不仅为增长所需的资本货物的进口"依赖"，而且为就业和产出所需的资本货物进口的"依赖"所取代，这是因为新建立的工厂不可能在没有所需要的中间产品和原材料的条件下进行生产。

因此，从结构上看，进口替代部门中的就业和产量水平以及资本形成率依赖于外汇的可得性。进口替代战略具有讽刺意味地导致了经济更加依赖于贸易，而不是像早期的初级商品专业化分工形式下的情形，同时它还抑制了外汇收入的增长。

在许多进口替代国家，对进口依赖的增加和外汇收入的不景气在周期性的国际收支危机中得到反映。㉓这种危机反过来又导致间歇性的特别严厉的（即使不是禁止性的）进口许可制度时期。政府拿出全部外汇储备和国外借贷以便在最大程度上保持增长率。然而,最后资源则被耗尽。进口许可制度被迫放松的时期一般地如果不是与产出整个下降相联系,也是与较慢的增长时期相联系的。至少可以近似地说,外汇对增长率是一个有约束力的限制。"外汇短缺"模型——最值得注意的是两缺口模型(Chenery and Strout,1966)——描绘了依赖中间产品进口和投资水平,而同时又经历了出口较慢增长的进口替代经济的特征。这些严厉的进口限制时期的结束经常是为了使出口(至少暂时地)更有吸引力而制定了货币贬值和稳定化方案的结果。[24]

有助于说明进口替代下增长率放慢的第二个因素是丧失"容易的"进口替代机会。即使是在具有相当规模国内市场的大国,例如巴西,在迎合大量相对贫穷的消费者需要的产业中已实行了进口替代之后,其国内市场也不是大得足以支持其产业在生产的规模经济下发展。在诸如纺织品和鞋类这些进口相当大而且产出相当标准的产业实行进口替代之后,普遍出现了许多新的以不经济的小规模建立起来的产业。一旦"容易的"进口替代结束,工业部门中新增的资本/产出比率就会急剧上升,"主要增长部门"就会经历增长率的下降。[25]

说明增长率逐渐停止的第三个原因是进口替代下各种政策手段混合使用的复杂性质。巴格瓦蒂(Bhagwati,1978)已经仔细地描述了为什么控制总是趋于多样化的原因,即明显不完善的不同部门的分配手段导致了不断细化的商品分类,因为进口是根据进口商品的类别、根据国内商品的使用者类型、根据外汇来源、甚至根据资本货物、中间产品或原材料等商品的使用类型来进行分配的。控制网络的激增和它的复杂性看来一直是进口替代体制的共同特点,并且无疑也是必然导致有害后果的一个特性。

将描述转移到分析的水平上,人们可以把这三个趋势与标准的经济理论构造联系起来。虽然从数量上难以说明它们的现实结果,但人们可以相当准确地指出某些错误的东西存在着静态和动态的因素。

在静态状况下,进口替代的进行仅仅伴随着以下情形,即各种生产活动的国内资源成本存在着很高的或许是日益增加的差异。如已经看到的，百分之几百的有效保护率是常常发生的。国内生产的进口超过了最终产品进口价值的例子也并非未曾听说过。高成本、低质量的产出对于每个人来说都是熟悉的。这个现象可能只是经济学家所描绘的"容易的进口替代的耗尽"特征，或者它可能是更基本的特征。不管怎样，几乎在所有情形下，都存在着进口替代成为"不加选择"的趋势，它们往往都伴随着高成本和低增长率。一旦消费品实际上从合法的进口商品单上消失，每一项新的进口替代就意味着某些国内消费品产业的成本增加，也意味着所有可能具有出口潜力的产业的成本增加。这转而又意味着，与价格没有上升时所发生的状况相比较，这又包含着较高的国内价格和较低的国内消费增长率。对于国内市场可能具有的规模进行过高估计是一种普遍现象，正如企业家往往低估了需求对价格的反应程度一样。

"不加选择的"高成本进口替代的格局可能是也可能不是不可避免的。它的产生在很大程度上是由于政策制订者面对着以上描述的"外汇短缺"时，想要把外汇分配给现行企业用于资本货物和投入。为了在开始时能够在国内进行生产，政策制订者几乎总是在这方面提供刺激；一个极端有力的刺激（或许对某些即使在很高的关税壁垒下也几乎没有希望盈利的高成本产业是必要的刺激）是大多数进口替代国家的政府热衷于禁止那些与国内产品竞争的商品进口。一旦某个国内工厂建立了起来，生产者就没有忧虑了，因为竞争性的进口是被禁止的。

除了从进口许可制度中产生的很大的刺激差异和国内资源成本的很大差异外，数量限制及其行政管理也带来了其他费用。尤其是，发放许可证的机构处在两难境地：如果进口许可证是在公正的行政管理之下，那么所有的人都必须给予相同的获取机会。规则的制订是为了对宝贵的许可证进行"公平"的分配。反过来，那些规则又造成了制度的新的刚性。一些规则是动态的，对此将在以下讨论，然而另一些规则却影响着静态资源配置。例如，在许多国家，进口许可证只是以一种方式或另一种方式按比例分配给现行企业中的申请者。这个程序的大多数变化形式都只是按照生产者的市场份额比例给予其进口许可证。不仅进行竞争的企业很少,而且使每个生产者确信他的份额是固定的。这个现象无疑对于进口替代产业所生产的许多产品的明显低质量至少是有部分责任的,而且对于随着生产利用率下降而上升的和较高的资本/劳动比率也有一定责任。

第二个分析的组成部分与进口替代政策所造成的市场结构类型有关。进口许可制度的存在,与企业要求中间产品的进口这一事实一起,通常导致了单个企业在进口替代下的刚性市场份额。确实,当进口投入的数量在产出中占有固定比例时,甚至产业的总销售量也是刚性固定的。有利可图的企业如果有扩张,一般也只比其他企业扩张得稍快一点,部分原因在于它们不能增加其进口许可的份额(因而对于降低其产出价格几乎没有动力)。我们已看到,小规模的国内市场总是导致企业的规模小于经济规模。它还意味着,在任何特定产业中企业数量很少。

的确,政策制定者即使感觉到没有竞争而产生的困难,他们也处于进退维谷之中:如果有足够多的企业就能进行有益的竞争,但是很有可能单个企业的规模是如此之小以至于产品成本由于那个缘故而相当高。另一方面,如果允许垄断以便避免非经济的小企业出现,那么就会缺乏对较高生产率的竞争刺激。这个考虑再加上进口许可的机制总是阻止新企业和新工厂在现行产业中建立:政府自然不愿意让稀缺的外汇用于进口资本货物来生产国内生产已能够充分满足国内需要的那些商品(可能还包括那些存在过度生产能力的商品)。竞争的缺乏或国内企业的小规模都会导致 X—低效率,和相对较高的资本/劳动比率,还会倾向于降低增长率。

现在从静态转向动态考虑。一个随时间而发展的进口替代战略会产生另一些问题。最一般地说,用数量限制去管理贸易和国际收支会导致相对价格和刺激机制随着时间进展而背离其最优化水平的内在趋势。货币趋向于不断的高估,这是由于对出口者不断地减少刺激和对那些能得到进口许可证的企业提供越来越高的报酬。

同时,由于以上指出的原因,竞争被完全地排除意味着生产者没有强烈的压力来提高生产率,改进质量,或者随时间进展而变得更有效率。的确,不仅仅单个企业缺乏刺激,而且就政府而言,"公平"的必要性意味着市场经济中能使生产率较高的企业成长得更快的各种运行机制在那些进口替代国家中受到抑制。成功的、低成本的生产者通常只是与那些较不成功的高成本的生产者在同样的基础上得到他们进口许可的份额。可以淘汰低效率生产者(从而不断提高产业的平均生产率)的绝大多数的竞争机制都被进口替代战略支持下所建立的规则和刺激机制所排除。

2. 出口促进

如果人们转而研究为什么出口通常比进口替代产生更高的增长率,那么他们就会发现,这些原因实际上有两种:一方面存在这样的事实,出口促进本质上就会避免进口替代战略的某些代价;另一方面,对于出口促进战略下可得到的既定投入量来说,其产出具有大致相同的收益。对这些因素的识别并不足以获得它们相对重要性的数量估计值,然而这的确增加了两种工业化战略之间对比程度的理解。

或许从成功的出口国家的经历中可以得到的最重要教训是,以进口替代政策发展新产业和进行工业化在根本上是错误的。在所有那些转向出口促进的国家中,它们成功的明显特征是制造业出口,其中常常是新产品出口的迅速增长。显然,在一个国家中,开始生产某种以前没有制造过的产品的企业,仅仅是由于运输成本差异的缘故,就极其可能首先在国内市场上销售。经验说明,这不是不可避免的。事实上,出口国家开始创造新产业和新生产线的主要方式是发达国家的企业向外国供给者转包制造一些特殊零部件。在一些例子中,国外购买者提供技术专利、技术援助,甚至资本,国外购买者可以进入一种联合管理或联合所有制的安排去生产转包产品,但所有制并不是这种安排的基本部分。在一些情形下,一开始全部产出可能都卖到国外,因为要先满足国外订货,其次才满足国内市场。这样的例子虽然存在,但很可能是例外而不是规律(Sun,1975)。然而这类例外是针对以下重要事实的,即新产业在出口促进战略下得到了发展和扩张,而且工业化决不是与进口替代的同义语。

从分析的观点来看,承认新产业在两种战略下都能够创立具有几方面的重要性。首先它指出,对于赞成对幼稚产业实行关税保护观点的基本批评——应该对"幼稚期"产品进行补贴而不是征税——在经验上十分重要,虽然或许它是出于与最初提出的"消费成本"论点不同的原因。第二,它提出了关于单个产业生产率增长的决定因素的若干问题。第三,它提出了关于工业化部门内部比较利益的决定问题,以及在经济增长过程中它是怎样变化的问题。前两个问题在这里加以考察,第三个问题则是第 4 章的任务。

如上所述,既然经济理论指出,出口和进口替代产业在各种生产活动中都应该处在赚取每单位外汇的边际成本等于节约每单位外汇的边际成本的规模上,这样一种规则并未对进口替代和出口产业的最优资源比例给出任何暗示。在产生高成本的进口替代活动中具有重要意义的一个因素一直是存在着规模很小的国内工厂。只要在产业活动中存在着显著的不可分性或者规模经济,工厂和产业就无法扩张到合适的规模以达到超过对国内市场的供应水平,这样造成的经济成本明显大于由静态比较利益模型所隐含的贸易收益考虑下的成本。一国与其主要贸易伙伴之间的运输成本越低,较长的生产运行期和建立最优规模的工厂的优越性比起引进较多不太适合国内市场需要的新产业的优越性来说就越大。相反,工厂的最低有效规模越大,则仅仅满足国内市场所需的经济成本就越大。

关于这个问题可得到的数量证据仅仅来自于韩国的经验。在那里对制造业中规模经济的重要性进行了估计,使之成为有助于说明工业产出增长率的一个因素。这种努力的结果获得了以下的估计,即在 1966—1968 年期间工业产出增长的 18% 或六分之一的要素贡献来自于达到规模经济的结果,或者来自于克服了小规模经济问题的结果(Nam,1975)。有时还有人认为,比起劳动密集型产业来,资本密集型产业总是具有较大的最低有效规模,因而低于该规模时,该产业的经营成本也较高。如果情形是这样,并且如果进口替代战略总是鼓励更多的资本密集产业发展[26],则在出口促进战略下,它将进一步有助于产出收益的增加。

大多数发展中国家的国内市场可能太小以至于不能支持一个有效的产业规模,这就使得对幼稚工业实行保护的论点——即把成本加在消费者身上并宁可实行生产补贴——持批评态度的传统观念甚至比以前想像得更加有力。就进口替代确实是促进新兴工业的发展的一种方式而言,对以销售地区为基础的市场加以歧视对待是无效率的。

在大多数情形下,新兴产业的有效率发展可能需要使其扩张超出国内市场的边界。一个有效率的工业化战略因而应被看作是这样的战略,即其实施的某些刺激措施会导致最低有效规模的生产活动,并且为此目的而采取的刺激措施必须以生产为基础,而不是以产出的销售地为基础。

出口促进的收益很大程度上来自于一个较大的市场为最低有效规模的生产活动提供的机会,然而在做出这一结论之前,我们还应考察两个有关的问题。一方面,出口促进除了能使最初进入者具有有效经济规模外还能使大多数成功的新企业和产业迅速扩张。另一方面,在出口环境下,企业一般面临着国际竞争,而不是面临它们在进口替代下所具有的庇护性国内市场。

关于生产率提高的动态过程知之甚少:现存工厂中人均产出的增加可以在多大程度上达到是完全不清楚的;新的高生产率的企业把老企业排挤出去;通过竞争,生产率高于平均水平的企业增加而生产率低于平均水平的企业减少。即使这三个生产率增加的源泉中的每一个因素的贡献都是已知的,哪一种生产率收益在多大程度上是企业竞争的结果仍然是悬而未决的问题。例如,在垄断情形下,可以合理地宣称,生产率的增长之所以较低是由于缺少竞争刺激,或者是由于企业家的管理技术很差或是其他原因。

3.2.3 结论

以上证据有力地表明,在出口促进下经济增长的实绩看来比在进口替代下的要好。之所以如此的某些原因是十分明显的。尚未知道的是其中每一种贡献因素的相对重要性,以及它们之间的相互作用。以上讨论的每种现象都可能是有助于经济增长的,或许在不同国家,它们的贡献程度是不同的,这主要取决于国内市场规模、人均收入水平以及与主要工业化国家的接近程度。在本书中,应当记住:较迅速的经济增长与劳动力市场的发展这两者之间的联系未被完全理解。一般来说,存在着一个相当强烈的假设,既有助于提高经济增长率的因素也有助于迅速扩大劳动力的需求。由于本书的其余部分将集中考察不同的贸易体制对商品构成和要素替代产生的效应,因而可能会忽略贸易体制选择对就业产生的单一的最重要效应。

注释

① 存在着一系列商品,将它们分为出口或进口产品是模糊不清的,而理论上简单的规则在实际上却不那么容易实施。见本书第 5 章中关于根据第 4 章的概念框架把商品和产业划分为不同的贸易类别的讨论。

② 在这种扭曲情况下,影子价格可以被用来估计国内的边际转换率。估计本身在经验上是困难的,虽然它在概念上是简单明了的。见斯里瓦尼桑和巴格瓦蒂(Srinivasan and Bhagwati, 1978)对这个问题的讨论。

③ 当然,从经验上对 B 进行估计时存在着大量的问题。由于存在许多种商品,权数必须用来构成加总的 P 和加总的 q。有时,同样的商品在国内市场和国外市场按不同的价格出售。还有,对于估计 B 来说,价格比较而不是关税率,是合适的基数。

④ 可以肯定地说,政府能够并且确实在弥补国内物品和进口物品之间的成本差异方面打了折扣。在某些例子中,这种折扣是自发的,并且抵消了对出口的抑制。然而,更为经常的是,为了得到更大的折扣,夸大实际使用的刺激导致政府当局实行相当详细的检查,这样既花费时间又抑制了出口。

⑤ 见迪阿茨—阿利詹德罗(Diaz-Alejandro,1965)关于这个现象的分析。

⑥ 一些国家为了鼓励进口替代,对主要原材料出口实行征税,但是这会进一步加强对进口竞争产业的偏向。

⑦ 所有的国家都实行他们称之为"出口促进"的政策。在许多例子中,对刺激机制的考察表明,促进手段实际上不过是部分地抵消了对出口的歧视,否则出口商将面临按高估的汇率和很高的国内价格。在这个意义上,真正的出口促进是一种贸易战略,在这种战略下,总的来讲,刺激机制不偏向于进口替代。这可能是因为一个国家的政策非常接近于自由贸易,或者因为对出口的刺激等于或超过对在国内市场出售的刺激。

⑧ 某种生产活动的有效保护率是指保护率与该生产活动的国内附加值之比。如果 t_j 是产业 i 中第 j 个投入品的名义关税(或关税相等物),那么 E_i 代表产业 i 的有效保护率:

$$E_i = \frac{t_i - \sum_j a_{ji} t_j}{1 - \sum_j a_{ji}}$$

其中,a_{ji} 是产业 i 的每美元产出(按国际价格)所需的第 j 种投入品的数量(按国际价格)。

⑨ 对有效保护率进行估计是困难的,并且对于研究项目包括的国家来说,除了标明的年份之外,缺少必要的统计数据(除非一些国家提供其他不可比的估计值)。表 3.2 表明了单个国家在不同时期中如何改变它们的贸易战略。

⑩ 见贝尔曼(Behrman,1976,p.144)有关智利贸易保护结构的描述。

⑪ 这个讨论大量吸收了国家经济研究局关于外贸体制和经济发展项目的研究成果。见巴格瓦蒂(Bhagwati,1978)关于这些问题的充分分析。

⑫ 在一些国家,例如阿根廷和印度尼西亚,对某些商品实行"官方价格"或"限制价格",并且其关税是按照进口产品的官方价格而不是实际价格支付的。如果官方价格较高,这会使简单地依赖关税表的方式产生很大的误解。

⑬ 可以肯定地说,通过关税实行充分高的保护率会产生相同的结果。这种情况一直出现在阿根廷和乌拉圭。在这两个国家中,关税水平被制订得如此之高以至于国内价格超过国际价格一个低于关税率的比例(关税中的"水分")。

⑭ 资本货物一般被允许按低关税率进口。当汇率被高估时,这会对享受优惠的产业产生使用资本密集度较高技术的强烈刺激。见第 7 章中有关研究项目包括的国家中对这一现象的分析。

⑮ 这个论断的条件是必要的,因为当附加值与产出的比率在各部门之间是不同的时,统一的出口补贴率并非意味着对出口的同等刺激:如果每美元出口的补贴是相同的,进口投入被允许按较低的外汇价格进入国内,那么高进口投入比率的部门比低进口投入比率的部门面对着更高程度的潜在刺激。

⑯ 由于出口刺激是依据产值的,如果不同生产活动具有不同的附加值/产出比率,那么差异会由此出现。

⑰ 按低的或负的实际利率实行贷款能够对出口者过度地使用资本密集型技术产生刺激。见第7章和第8章。

⑱ 出口导向型体制经常设立出口促进机构,以便在所有政府交易中帮助销售并对成功的出口者实行优惠待遇。政府还作出一些无形(但有时是非常重要的)有价值的承诺使出口持续得以有利可图。

⑲ 见丹尼森(Denison,1967)和克里斯坦森、卡明斯和乔根森(Christensen, Cummings and Jorgenson,1980)关于发达国家增长率的决定因素的大量文献。罗宾逊(Robinson,1971)综述了对发展中国家可利用的证据。

⑳ 后来海勒和波特(Heller and Porter,1978)争论说米凯利在他的检验中,应该计算减去出口的国民生产总值的增长率。他们重新估计了在该基础上的关系式,并发现这些关系式是成立的。他们还进一步强调了米凯利的早期发现,这个发现认为,出口份额的变化和增长之间的关系在收入较高的发展中国家比在低收入的发展中国家更加显著。

㉑ 中国香港的统计数据被用在与后几章相关的方面。中国香港看来是非常接近于自由贸易,实际上没有关税和单位偏差。见孙(Sung,1979)的著作和林、莫和何(Lin,Mok and Yin,1980)的详细论述。

㉒ 这部分地是由于出口收益的增长几乎全部地反映了这样一个事实,即1960年铜价是疲软的,在后十年是上升的。

㉓ 在研究项目包括的进口替代国家中,巴西在1968年之前,智利、哥伦比亚在1967年之前,突尼斯和乌拉圭都曾经过了这一(和阿根廷一样的)阶段。

㉔ 见克鲁格(Krueger,1978)更充分的讨论。

㉕ 巴拉萨(Balassa,1978)第一本书的第45页对这点论述很多。他引证了1960—1973年期间增加的资本/产出比率,新加坡为1.76、韩国为2.10、中国台湾为2.44。他把这些数字与智利的5.49和印度的5.72的相应数字进行对比。

㉖ 见第4章关于为什么这种情况可能出现的原因的说明。

4

贸易的要素比例解释、扭曲和就业

研究项目在开始时就显而易见地表明,现行解释贸易的要素比例的模式,或赫克歇尔—俄林—萨缪尔逊(HOS)模型,不能令人满意地作为该研究项目的分析基础。正如通常所说,HOS 模型是一个以两种商品、两个国家和两种生产要素为基础的理论框架。

然而,扩展该理论框架来对发展中国家农业和工业部门的现实情况作有意义的考察是简单易行的。在第 4.1节中,我们对该理论框架进行阐述。另一个任务是分析国内要素市场干预可能影响观察到的贸易模式和相关要素利用的方式。在第 4.2 节中,我们将说明隐含于这种关系中的理论。

4.1 多种商品的 HOS 模型

本节阐述的一个基本问题是如何才能以一种有意义的方式对 HOS 模型加以说明,从而提出关于发展中国家贸易战略和就业之间关系的可检验的假说。有关这个论题的争论,存在着以下三种重要思路:(1)长期以来,人们一直承认发展中国家具有庞大的农业部门,并且初级产品的贸易不能用本国资本和劳动的禀赋程度来解释。(2)在发展中国家和工业化国家之间观察到的要素禀赋差异为既定的情况下,逐步形成一个完全专业化的模型,而不是一个要素价格均等化模型,看来是有道理的。(3)虽然提出了大量的理论论证试图解释列昂惕夫(Leontief,1953)之谜——美国出口产品比其进口竞争产品含有更多的劳动服务——但是商品和要素市场的扭曲效应一直没有从赫克歇尔—俄林—萨缪尔逊贸易要素比例学说的经验验证方面得到系统的说明。尽管这种忽略在分析一些发达国家时是可以接受的,但是可以肯定地说,这对于分析市场不完全性被看作是一种常规,而不是一种例外的发展中国家是不合适的。

首先,在通常的竞争假定下,我们将一种简单的比较优势模型发展成为 n 个商品、m 个国家和两种生产要素的模型。其次,我们通过引入一种初级产品或农业部门来改进模型。然后,我们将对经验工作的分析含义加以考察。在第 4.2 节中,扭曲的商品市场和要素市场被引入模型中,并且这些扭曲如何改变观察到的贸易格局以及在出口产业和进口竞争产业中就业的要素比例将被加以考虑,其中特别值得关注的是识别这些扭曲对在其他情况下可能出现的贸易格局产生影响的方法。

由此产生了与 HOS 模型中的假说相关的两个问题。第一个问题是关于模型的预测准确性是否与生产格局或贸易格局相关。根据以下将变得明显起来的理由,讨论生产格局是有用的,尽管在几个商品模型中生产格局和贸易格局之间存在着紧密的逻辑联系。

第二个问题是关于模型预测的不同解释。一方面,它们可以从实证角度被解释为对实际生产格局的预测,在这种情形下,它们构成了对观察到的生产格局的一组假说。另一方面,要素比例模型可以从规范角度被解释为一种有效生产格局性质的预测,这种生产格局在分配到贸易货物生产的投入为既定的情况下,为社会提供最大量的消费物品。在一定意义上,后一种解释符合一种有效生产格局性质的假说。因此,模型的预测可以被解释为对在有效的资源配置情况下将会发生什么变化的预报。

当然,如果生产结构是有效率的,那么这两种解释是一致的,但在无效率配置的情况下,它们可能是不一致的。既然该研究项目的目的之一是考虑市场扭曲对观察到的贸易格局产生的效应,那么将 HOS 模型和假说看作为规范的是有意义的。根据第二种解释,正如将要加以说明的,尽管 HOS 假说是正确的,而观察到的生产格局会由于其无效率而背离该假说。虽然本章以假定存在一个功能完备的竞争市场来展开模型,但是它可能易于表明,假定技术在任何经济结构中能为贸易货物生产提供有效资源配置,HOS 假说仍可以得到证明。

4.1.1 生产要素比例模型

1. 基本模型的假定和描述

假定基本模型中存在着 n 种商品、m 个国家和两种生产要素。后面模型将进一步扩展,包括一个农业部门,因而这里所考虑的 n 个产业是指制造业内生产 n 种不同商品的产业。不过,目前最简单的开端是先将 n 种商品——其中每种商品由两种生产要素生产——看作为构成了全部的经济活动。由于每种生产要素的边际产品是递减的,所以每个生产函数都显示出不变的规模报酬。

现在让我们来考虑工资/租金比率被任意选定的各个产业中使成本最小化的劳动/资本比率。我们将 n 种商品这样加以排列,商品 1 的劳动/资本比率最高(在以上工资/租金比率下),商品 2 的劳动/资本比率次之,以下依此类推一直到商品 n,它的劳动/资本比率最低。假定对于所有的工资/租金比率来说,重复这种程序将得到完全相同的商品排列;即假定不存在要素密集度的逆转。这种商品排列在工资/租金变化的整个范围内保持不变的充分条件,是所有生产函数具有相同的替代弹性。避免要素密集度逆转隐含着相当的重要性:由于存在非扭曲的要素市场,我们可以看到每个国家产业之间具有相同的要素密集度排列,不管这些商品的价格是否相同。下面将看到,对于检验要素市场的扭曲效应,这一论点将具有某种重要意义。①

现在,我们有了国家之间生产函数的劳动密集度排列和所有 m 个国家相同的技术特征。此外,我们假定每个国家的每个产业都是完全竞争的,其生产水平为正,并且生产要素在所有产业之间充分流动。对于所有具有正的生产水平的产业来说,工资率等于劳动的边际产品的价值,资本的租金等于资本的边际产品的价值。这些假定保证了每个国家在其生产可能性集合的边界上有效率地进行生产以及任何两种商品的国内的边际转换率等于其价格比率。

这些单个国家内部市场性质的规定性和生产技术的规定性,在所有国家都相同。国家之间的区别在于它们劳动/资本的禀赋。为简单起见,假定每个国家具有各自固定的、无弹性的劳动力和资本供给。每个国家的这两种生产要素都充分利用。在此基础上,我们可以计算出每个国家的劳动/资本禀赋的比率。那么,所有国家可以这样来排位,国家 1 的劳动/资本禀赋比率最高,国家 2 的劳动/资本禀赋比率次之,以下依此类推,国家 m 具有最低的劳动/资本禀赋比率。因此,所有的商品可以这样来排列,数目较大的商品意味着生产中的资本/劳动比率较高;所有的国家可以这样来排位,数目较大的国家表示其资本相对于劳动力来说较为丰裕。

至此,以上给出的假定足以保证,在一个特定国家的生产者面对一组给定价格的情况下,我们可以相当准确地画出竞争均衡能够实现的生产可能性集合的边界区域。对于某个特定国家和一组价格来说,存在着三种可能性。第一,只生产一种商品可能是有利可图的,在这种情况下,这一产业使用了该国的全部劳动力和资本,并且该产业的生产函数决定了工资/租金比率。第二,恰好生产两种商品可能是有利可图的,在这种情况下,两种商品的价格比率决定了工资/租金比率,并且产出的确切构成将反映出,要素按照隐含在工资/租金比率中的要素比例得到充分利用。第三,生产三种或更多种商品可能是同样有利可图的,在这种情况下,产出的准确构成是无法决定的,尽管工资/租金比率可以由任意两种商品的价格决定。[②]

至此,模型的生产方面已得到了详细说明。为了逐步形成一个完整的一般均衡贸易模型,我们有必要在模型中增添一些需求关系,然后确立相应的均衡价格,均衡产量和贸易格局的性质。然而,在阐明 HOS 模型的含义时,我们可以假定国际价格是给定的。于是,我们可以根据生产结构对 HOS 假说进行系统的阐述(并且该假说后来可以转变成有关贸易要素密集度的假说)。众所周知,需求格局影响 HOS 模型预测准确性的唯一途径,在于需求格局可能会抵销生产格局的差异。下面我们将看到,需求格局在这个 $n \times m \times 2$ 模型中能够起到的唯一作用,是决定在一种以上的商品被某一国家生产时,被生产的商品是作为出口,还是作为进口竞争产品。

对国际价格是在系统之外决定这一假定进行说明的一种方式,是假定所考虑的国家相对于外部世界来说是很小的,因而它不能通过生产和消费行为来影响国际价格。然而,如若简单地假定在背后存在着一种价格决定机制,它通过需求和供给关系导致一组均衡价格,这会更加令人满意。这样,整个框架就是,国际价格是给定的,并且不存在运输成本和其他阻碍贸易的因素。所以,(由于没有运输成本就不存在本国商品)所有国家的价格是相同的。下面,我们将放弃无运输成本这一假定,并将考察运输成本存在的情况下,HOS 模型的要素比例含义。

4.1.2 基本模型的含义

对于任何一个国家来说,在国际价格既定的情况下,它不是只生产一种商品,就是生产两种或两种以上商品,这时国内工资/租金比率由商品/价格比率决定。对于两个国家来说,这一论点的含义是简单明了的。如果两个国家生产相同的两种或多种商品(或者极而言之,如果两国的生产者觉得在现行的生产格局与他们只能生产相同的两种或多种商品的产业构成之间没有任何差异），那么在两国之间存在着一种共同的工资/租金比率。关于生产格局，我们能说的是，每个国家在每个产业中的要素比例是相同的（由于相同的工资/租金比率），并且劳动力丰裕的国家其生产组合中劳动密集型商品权重较大。劳动力丰裕国家生产的一种商品有可能比资本丰裕国家生产的某种商品具有更高的资本密集度：正如巴格瓦蒂（Bhagwati，1972）指出的，在要素租金均等化出现时，我们只能预测到要素密集度的总体权重。

为了目前的目的，我们假定不存在要素租金均等化。这不破坏基本模型：从经济意义上说，如果两国具有相同的生产格局并且要素租金均等化了，那么它们可以被看作为一个国家。例如，欧洲共同市场中某些国家就是这样一种情况。

事实上，要素租金非均等化的假定是指没有任何两个国家可以生产两种（或多种）相同的商品；因而专业化必然会产生。③ 那么，对于要素租金不均等的两个国家来说，会有什么样的生产格局呢？我们可以即刻得到以下结论，劳动力丰裕的国家将比资本丰裕的国家更加专门生产劳动密集型（数目较小的）商品。任何两个国家中劳动力较为丰裕的一方所生产的商品，其资本密集度不能大于另一方生产的资本耗费最少的商品。两个国家可以共同生产一种商品（如果它们在要素禀赋方面是接近的），但是在劳动力较为丰裕国家中的资本/租金比率会较低，并且它会使用劳动较为密集的技术来生产相同的商品。

在劳动力丰裕的国家中工资/租金比率必然偏低的论点，直接来自于这样一个事实：如果该比率偏高，那么在劳动力丰裕的国家用资本较为密集的技术来生产更多的资本密集型商品将会有利可图，而在两国充分就业的假定下，这是不可能的。

显然，不管所考虑的商品数量有多少，前面的论断都是成立的。在100种商品和两个国家的场合中，劳动力较为丰裕的国家专门生产前49种商品，而另一国家生产后51种或52种商品④，这是完全可能的。

图4.1说明了在以上假定下可能出现的生产格局的类型。在图4.1

中，$m=11$，$n=9$；虽然假定其他数目也是同样有道理的。商品数目用行来表示，国家数目用列来表示。处于第 i 列和第 j 行上的×表示第 i 个国家的第 j 种商品的生产是正值，而空格表示该种商品生产为零。为了便于说明，我们假定不存在生产者对生产与否都不介意的零生产水平的情形。

商品

国家	1	2	3	4	5	6	7	8	9
1	×	×							
2		×	×	×					
3				×					
4				×					
5				×	×				
6				×	×				
7					×	×			
8					×	○	×		
9						×	×		
10							×		
11								×	×

图 4.1 关于 11 个国家和 9 种商品的可能的生产类型

对相邻两个国家生产格局组合的考察可以说明模型的性质。国家 1 生产第 1 种商品并与国家 2 共同生产第 2 种商品。但是，我们没有事先假定国家 1 和国家 2 之间存在要素租金均等化，因为国家 1 的工资／租金比率可能比国家 2 低很多。国家 2 生产第 3 种和第 4 种商品（其资本／劳动比率必定比国家 1 高），并且与国家 3、国家 4、国家 5、国家 6 共同生产第 4 种商品。然而，第 4 种商品生产的资本密集度在每个数目较高的国家中，显然是比较高的。我们应该注意的是，国家 2 与国家 1 共同生产一种商品，又与国家 3 共同生产另一种商品：由于不存在两种商品在两个国家共同生产的情况，所以不存在要素租金均等化。国家 5 和国家 6

共同生产两种商品,因而它们具有相等的要素租金。同样,在国家7,国家8和国家9之间必然存在着要素租金均等化,尽管它们的工资/租金比率高于国家5和国家6。国家8不生产第6种商品的事实说明,在一个劳动力较为丰裕的国家(国家7)比一个资本较为丰裕的国家(生产第5种商品的国家8)生产资本密集度较高的商品(第6种商品)的情况下,要素租金均等化的可能性极小。[5]

国家10也生产第7种商品,但是它比要素租金均等化的3个国家使用资本更加密集的技术。如图所示,国家11′是生产第8、第9两种资本密集度最高的商品的唯一国家,尽管可能会由于不止一个国家生产资本密集度最高的商品,而使要素租金均等化在资本密集度最高的一些国家中出现。

显然,其他生产格局的"星座"也是可能出现的,但是图4.1充分说明了基本的可能性。一般说来,在不存在要素租金均等化的情况下(或者当具有相同工资/租金比率的所有地理单位被看作为一个国家时),我们可以得出以下结论:

(1)劳动力丰裕程度最高的国家将集中生产一种或多种劳动最密集的商品,而资本丰裕程度最高的国家将从事生产资本最密集的商品。换句话说,国家1必然生产第1种商品,而国家m必然生产第n种商品。对于国家2到国家$m-1$说来,那些资本/劳动禀赋程度较高的国家将比那些资本/劳动禀赋程度较低的国家生产数目较大的商品。而一个资本相对较为丰裕的国家决不会比任何一个资本较不丰裕的国家生产一种劳动较为密集的商品(因为假定要素租金均等化不会出现)。

(2)如果一个国家不只生产一种商品,那么所生产的商品在要素密集度排列上是相邻的。所生产的额外商品是作为进口替代还是出口将取决于该国的要素禀赋(在不存在运输成本的情况下)和需求条件。很清楚,至少所生产的一种商品将出口,并进口所有不生产的商品。国内生产的全部商品极有可能达到足够的数量以满足国内需求和用于出口。结果也可能进口一种或几种商品。所以,除了资本丰裕程度最高和最低的国家外,进口竞争产业可以比出口产业的要素密集度高,也可以比出口产业低,还可以既比出口产业低也比出口产业高。⑥商品的基本特性就不是区分进口替代和出口,而主要是区分生产的商品和不生产的商品。

（3）如果两个国家生产同一种商品,但在它们之间不存在要素租金均等化,那么,资本丰裕的国家将比劳动力丰裕的国家使用资本比较密集的生产技术,并且前者的工资/租金比率也将高于后者。

（4）一般说来,贸易的要素比例解释将会体现在生产专业化的格局中,而不是体现在出口产品和进口竞争产品的要素密集程度上。处于要素禀赋程度排列中间的国家将趋向于专门生产处于要素密集程度排列中间的商品。这些国家将从劳动力较丰裕的国家进口劳动密集型商品,并从资本/劳动禀赋程度较高的国家进口资本密集型商品。

4.1.3 一个国家的经济增长

如果一个劳动力相对丰裕的国家开始以比其劳动力增长率更快的速度积累资本,而国际价格和其他国家的要素禀赋不变,那么,作为扩展模型的第一步,考察生产格局和要素价格如何变动是有益的。⑦

要素租金均等化和赖伯任斯基定理的直接运用可以产生这些结果。让我们回忆一下三种可能的初始条件:（1）一国专门生产一种商品;（2）一国生产两种或更多种商品,但只有一种商品是与其他任一国家相同;（3）与另一国具有相等的要素租金并共同生产两种或多种商品。考虑第一种情况——一种商品的完全专业化。随着资本积累相对于劳动力不断地增加,由于工资/租金比率的上升以及单种商品的持续的完全专业化,生产过程变得更加资本密集。随着资本不断积累,资本租金一直下降,直到下一个数目较大的商品生产变得有利可图的时候为止。在开始生产该种商品以后,持续的资本积累会引起产出构成向资本密集度更高的商品转化。在某一点上,原先生产的商品停止生产了。在生产两种商品的期间,由于国际价格是给定的,所以工资/租金比率不变。当生产开始集中于下一个数目较大的商品时,工资/租金比率重新开始上升,并一直持续到生产下一种商品成为有利可图时为止。⑧

于是,在商品链上存在着两阶段的进展。⑨在只生产一种商品的阶段中,工资/租金比率随着资本积累而上升,而生产格局不变。在生产两种商品的阶段中,工资/租金比率不变,而生产结构在商品之间发生转变。显而易见,从第二种情形描述的初始位置开始分析,基本上不改变这一论点:开始时,生产构成会发生转换,它一直持续到劳动比较密集的商品的生产与现存的工资/租金比率下的充分就业水平不一致时为止;然后,工资/租金比率开始上升,并且生产技术使用更多的资本。

最后,让我们来考察第三种情形——要素租金均等化的情形。让我们从这样一点开始,资本密集型商品产出的增长相对快于资本积累的增长,直到劳动密集型商品的生产停止为止,于是其结果将与第一种、第二种情形相同。⑩在所有三种情形中,由于从事资本积累的国家将其生产结构转变到生产资本较密集的商品,所以在其转变过程中,它一定会"碰到"或"超过"其他一些国家。在它开始生产新产品时,可能会出现这样一个时期,在这个时期中,该国的要素租金和资本密集程度与仅次于它的那个国家的要素租金相等。一旦那个国家被超过,专业化重新起支配作用,但在某一点上,另一个国家必定也会被碰到或超过。确实,根据以上所介绍的内容,如果一个国家积累资本而所有其他国家保持不变,积累资本的国家最终会成为资本最丰裕的国家,并且专门生产一种或多种资本最密集的商品。

这里所述的两阶段进程对于贸易格局及其变化过程来说,具有丰富的含义,而这样一种贸易格局及其变化过程在一个高速增长的国家中是可观察到的:随着不断变化的要素禀赋改变了一国的比较优势,劳动密集型商品的出口逐步地被资本密集型商品的出口所替代。一种商品是用于出口还是用于进口替代将取决于要素禀赋和需求格局,而在一个时点上不可能对相对要素密集度进行预测。

4.1.4 农业部门

虽然以上阐述的 n 个商品模型可以用来近似地说明制造业产品的贸易,但是可以肯定,对于农产品和其他初级产品来说,尤其是在探讨发展中国家比较优势的时候,n 个商品模型是不能令人满意的。而且,众所周知,低人均收入国家的一个主要特点是农业在国民收入中占有很高的比例,甚至存在相当高比例的农业人口。

琼斯(1976 年的第二部论著)发展了一个两种商品、三种要素的贸易模型,该模型适用于考察这方面的实际情况。为了避免后面的混乱,我们有必要将部门的产出品称作为"物品"(goods),以区分制造业部门生产的 n 种"商品"(commodities)。琼斯的一种物品是食物,它是农业部门唯一的产品,而其他物品是制造业部门生产的 n 种商品。琼斯模型的一个显著特点是每种物品只要求两种生产要素作为投入:每个部门各自专门使用一种要素,而第三种要素在两个部门之间流动。出于现在的目的,我们把劳动力看作为流动要素,制造业和农业都使用劳动力,土地是仅仅在农业中被使用的要素,资本是专门在制造业中被使用的要素。

首先让我们来考虑只有一种制造业产品的情形。由于制造业产品和食品的(国际)价格是给定的,均衡可以表述为以下几个条件:(1)两部门之间的工资相等;(2)三种生产要素的充分使用,同时资本和土地的服务按照它们的边际产品计价;(3)每个部门中追求成本最小化的厂商之间存在着竞争。琼斯模型不像 2×2 HOS 模型,要素报酬不是独立于要素禀赋的:对于某一给定劳动力来说,在另一个特定的要素不变的情况下,如果资本或土地的禀赋程度愈高,那么统一的工资也就愈高。对于一定规模的土地来说,如果资本存量越小,那么农业中劳动力的份额也就越大。这些结果产生于劳动力流动和竞争性要素报酬的假定:如果土地或者资本的存量增加,那么该部门的劳动边际产品必定上升。因而,在部门之间维持均等工资意味着一些劳动力必须从另一个部门中转移出来,这说明在某个特定要素数量既定的情况下,这个部门具有较高的劳动边际产量和下降的部门产出。

　　现在仍维持只有一种制造业产品的假定,我们考察一个面对固定国际价格的国家经过一段时间后会遇到什么问题。最为简单的方法是先假定存在一种没有资本存量的初始均衡,然后考察土地存量固定以及劳动力数量不变情况下资本开始积累时,会发生什么变化。

　　在这种初始无资本存量的均衡中,工资是由土地/劳动比率决定的。相对于土地的劳动力数量越多,劳动的边际产量也就越低。根据事先的假定,部分农产品被用于出口,并换回部分进口的制造业产品。如果出现了少量储蓄,部分劳动力必须从农业转移到制造业以维持部门之间的工资均等。由于工人向制造业转移以及随着劳动/土地比率的下降,工资必然从其初始均衡开始上升。值得注意的是,如果两个不同国家从极为不同的人力/土地比率开始资本积累,那么它们制造业部门的最初的技术选择将会不同,甚至在一开始,拥有较多可用土地的那个国家就会选择人均资本较高的技术。这反过来说明在土地丰裕的国家制造业每单位资本的产出增量最初是比较低的。

　　一旦制造业部门建立起来后,资本存量的进一步增加意味着工资/租金比率的不断上升,而不变数量的土地与越来越少的工人相结合,意味着农业部门中劳动边际产品递增以及农业产出递减。在两部门模型中,不管该国的土地/人力比率如何,它最初是一个食品出口国和制成品进口国。随着资本不断积累,最终会出现这样一点(在不变的世界价格水平下),在该点,该国从一个食品净出口国转变为一个制成品净出口国。[11]初始的土地/人力禀赋程度越高,达到该转折点所必需的资本积累量就越大,并且在这一点上的工资水平就会越高。然而,出于现在的目的,转折点的准确位置在很大程度上是无关紧要的:制造业内部的生产格局与一个国家是食品净出口国还是制成品净出口国毫不相关。

　　通过将基本的两部门三要素模型和上面概括的 n 商品两要素模型连接起来,这一点可以得到理解。特别是,假定存在着 n 个制造业部门的生产函数,每个部门在规模报酬不变和要素边际产品递减的情况下使用劳动力和资本,而农业部门使用劳动力和土地生产食品,也是规模报酬不变并且要素的边际报酬递减。世界价格也是给定的,工业和农业部门的工资也假定为相等,并且所有要素都充分就业。

农业中劳动边际产品的递减,意味着城市的工资越高,向制造业(城市)部门供给的劳动力就越多。为了看清均衡的性质(和比较静态性),假定城市资本存量给定,来考虑一国生产制成品1和制成品2的条件;该国的工资/租金比率隐含在两种制成品的相对价格中(相对价格由世界价格决定)。如果在那种工资水平上,从农业部门中转移出来的劳动力供给数量,使得城市资本/劳动比率处在与工资/租金比率相关的第一种产业和第二种产业的要素比例之间,那么这两种商品都将被生产。根据商品排列的结构,该国在制造业中的劳动/资本比例相对较高,并且具有相对较低的工资水平。

现在,我们面对这样一种情形,对于整个国家来说,存在着一个资本/劳动比率,而制造业部门也有一个资本/劳动比率。如果一个国家人均占有土地比另一个国家多得多,那么我们可能发现两个国家拥有相当一致的总体劳动/资本比率,但非常不同的工资/租金比率。土地丰裕的国家比土地贫乏的国家在制造业部门中拥有较高的工资/劳动比率和较高的工资/租金比率。相反,如果一个国家的总体资本/劳动比率较高,而土地/劳动比率低于另一个国家,那么它们之间就可能出现相同的工资/租金比率。在这种情况下,两个国家可以生产相同的商品,而不管它们的总体要素禀赋的差异如何。令人觉得矛盾的是,在全国范围的资本/劳动禀赋既定的情况下,制造业部门的资本/劳动比率取决于该国的土地/人力比率:在任何资本存量给定的情况下,土地越多,工资就越高。

现在,我们假定由制成品1和制成品2的价格决定的工资/租金比率吸引了足够数量的城市劳动力供给,使得全部制造业的劳动/资本比率(在固定资本存量既定下)超过第一种产业按此工资/租金比率使用的要素比例。显然,这将引起城市劳动力的过剩供给。因而,均衡工资将低于与第一种商品和第二种商品的正生产水平相联系的工资。这在某种程度上会导致第一种产业劳动力供给较少,然而更为重要的是,这意味着第一种商品成为生产的唯一制成品。

接下来让我们考虑城市部门和农村部门之间工资均等化条件下均衡和制造业专门生产第一种商品的情形。该商品的生产数量可能不足以供应国内市场,在这种情况下,该商品可能是进口替代产品(并且该国必然出口食品),或者该商品可能超过国内需求,在这种情况下,该商品可能成为出口产品。不论是哪种情况,相对于那些进口的并且不是国内生产的其他制成品来说,该商品属于劳动密集型的。

现在考察从初始均衡开始,得到一定资本增量后会发生什么变化。第一种产业会出现资本深化,从而会逐步提高工资(吸引更多的工人转移到城市地区)并降低资本的租金。由于只有在较高的工资下,更多的工人才会迁移,所以第一种产业的净效应总是表现为某种程度的资本深化。因而,资本积累必然会提高城市和农村的工资并降低资本(和土地)的报酬。

如果资本积累继续下去,那么经济就会达到这样一点,在该点上,工资/租金比率为第二种商品的生产提供像第一种商品一样的盈利机会。根据赖伯任斯基定理,在那一点上,持续的资本积累将引起第二种商品产出的增加和第一种商品产出的减少,以及不变的要素价格(同时具有不变的城市劳动力)。在某一点上,第二种商品生产中的资本/劳动比率可以实现,第二种商品生产变得完全专业化,并且工资/租金比率会随着资本的进一步积累再次开始上升。

在价格不变并且只有一个国家积累资本的世界中,我们可以容易地扩展模型来说明,该国可以从专门从事农业,没有制造业活动的状况"进步"到生产资本最密集的制成品的状况。应该注意的是,虽然模型隐含着在整个资本积累过程中食品产出不断下降(也许食品从出口转为进口),但是,有些食品的生产仍将在整个积累过程中持续下去。[12]

这样一种情况也是易于理解的,其中农业的劳动边际产量是如此之高,以至于专业化处在排列位次较高的商品上;甚至在发展的初级阶段,制造业中的比较优势也并不处在劳动密集型商品上。

我们应该注意以下几点：第一，贫穷国家和不发达国家之间的区别在该模型中清晰可见。贫穷国家是指土地/人力禀赋程度很低的国家。不发达国家是指人均资本量相对较少的国家。然而，一个不发达国家可以比一个"较发达"但又是较穷的国家拥有更高的人均收入和实际工资。第二，一个拥有大量土地，从而较高工资的国家，即使在其资本积累的早期也不一定会在劳动密集型制造业方面具有比较优势：人们离开农业的实际工资可能太高。在这种情况下，在发展的早期阶段其制造业中的资本/劳动比率会高于一个较贫穷国家的资本/劳动比率，而其单位资本产出和资本回报率则低于一个低工资的国家。这样，工资高、土地丰裕的不发达国家，或者工资低、土地稀少的发达国家这样一个明显的难解之谜，就可以得到解释了：卡洛斯·迪亚斯—阿莱詹德罗相应地提到，20世纪20年代的阿根廷和日本就是这样一种典型。

第三，如果城市部门的规模相对于农村部门来说越小，并且农村部门中劳动力的产出弹性越大，那么城市部门的劳动力供给（它完全不同于人口增长问题，该问题可以很方便地溶入模型的增长含义中）相对来说就越有弹性。[13]这样，我们可以看到，由于小规模制造业的工资稍微变动就会引起大规模农业部门相对较大的劳动力供给变动，因此在增长的早期阶段比较优势的移动较慢。所以，对于不变资本积累率来说，我们能够看到城市实际工资是以递增的速度上升（并且资本报酬的变化率也相应地变动），和制造业产出的增长率以递减的速度上升。由高收入引起的资本积累率的不断上升会强化这种趋势。因而，"早期的"发展包括制造业部门的增长，并伴随着产出构成和工资/租金比率的较慢变动。在"后期的"发展中向城市部门转移劳动力的速度将慢得多，而工资/租金比率和制造业产出构成的变化非常迅速。

4.1.5 运输成本和国内产品

尽管以上论述的模型具有许多吸引人的特点，但问题是模型只能预测在每个发展阶段中相对很少的制造业产品的生产。当然,这可能是一种准确的预测。这里"很少"到底是指多少,取决于相对于国家数目的商品数目。如果存在 200 个国家和 5 000 种商品,那么生产格局不重叠意味着每个国家都生产大量单独的制造业产品。

将运输成本放进模型中,为下述观点提供了部分基础,该观点认为,若不存在要素租金均等化,生产格局的重叠部分可能在某种程度上比基本模型中生产格局的重叠部分更大。该观点还认为增长过程会导致产出构成发生持续的变化和工资/租金比率的不断增长,而不是像上面提到的两阶段进程。

假定运输成本是所有制造业产品国际价格的一个固定的百分比,这个百分比等于出口产品的国内价格低于国际价格的部分。而进口商品的国内价格和国内生产的进口竞争商品的国内价格等于国际价格加上这个百分比。[14]

当国内价格围绕着固定的国际价格——当然是在一定幅度之内——变动时,将发生两方面的变化。第一,不再有必要仅仅集中生产一两种制造业产品了,并且进口替代部门的出现成为更有可能。国内生产的进口竞争产品的要素密集度与出口产品相同:对于制造业的资本/劳动比率最低的国家来说,进口替代生产一般地比出口产品生产拥有更高的资本密集度,而对于资本丰裕程度最高的国家来说,情况正好相反。然而,对于要素禀赋程度居于中间水平的国家来说,进口替代产业的要素比例可能与出口产业要素比例相同。

第二,如果国内价格在由运输成本确定的范围内上下波动,那么在生产格局随资本存量的增加而变动的时候,价格会发生微小的变化。尤其是随着资本积累,商品价格会发生某种自由变动。为了理解这一点,让我们回到上一节中给出的例子。在这个例子中,我们假定一个低土地/劳动比率(因而低工资)的国家开始积累资本。这个例子表明,这个国家最初生产商品 1,一种劳动密集程度最高的制成品,并且随着资本不断的积累,工资率会一直上升,直到生产商品 2 成为有利可图时为止。

尽管这种分析是正确的,但是在资本积累进程方面有一个附加的问题:一开始,商品1的国内价格会超过其国际价格,超过额是一种由运输成本决定的自然保护。随着资本的积累,相对于租金来说,工资会提高,此外,商品价格将下降。而且,第二种制成品的进口替代生产要比实际工资上升的周期所暗示的要早,生产在产业间转换时,工资不变。这是因为第二种商品的国内价格超过了其国际价格水平。这样,以上描述的阶段模式就不是那样显著,相反,国内生产的产品的相对价格的变化可以吸收掉城市部门改变了的要素禀赋所引起的某些变化。

由于存在着对应于全部制造业产品的一定比例的运输成本,因而可能在一国出口产品的要素密集度的每一方面(除非该国处于一种极端的位置)都可能存在着一系列商品,生产这些商品用于国内消费也是可以盈利的。这样,一个劳动力稍微丰裕,并出口中等要素密集程度的一种或多种商品的国家,可能同时生产比其出口产品的要素密集程度高和低的进口替代产品。然而,仍可能有这种情况;该国不生产的产品比它生产的产品要求更加极端的要素比例。

当然,如果商品之间的运输成本存在着极大的差异,那么以上的分析将不再成立。不过,有些可能性可以加以研究。例如,假设劳动密集型商品的运输成本作为国际价格的一个百分比高于资本密集型商品。于是,应该出现如下情况:(1)对于那些比任何一个国家的出口商品具有更高劳动密集度的商品来说,运输成本的高低(作为国际价格的一个百分比)应该与该产业的劳动/资本比率相关;(2)我们可以看到,由于资本较为丰裕的国家会进行较多的进口替代活动,这些国家制造业部门的专业化水平低于劳动力丰裕国家的制造业部门;(3)在世界出口产品中,资本密集型商品的世界供给量比劳动密集型商品的世界供给量占有更大的比例。

当然,如果运输成本极高,除了个别情况外,国际贸易实际上将全部停止,那么商品就成了"国内产品"。许多服务项目,如理发、医疗和商品的零售,通常被认为是劳动密集型的。然而另外一些限于地区内的

（location-tied）项目，如金融服务、通信等，看来是资本密集型的。国内产品的存在基本上不改变上述观点，除非它影响了基本的两商品模型的预测。⑮如果国内商品要素比例处于世界所有商品的平均水平，那么"国内产品"在劳动力丰裕的国家趋于资本密集型，而在资本丰裕的国家趋于劳动密集型。一旦"国内产品"出现，贸易商品的价格—产出反应就会变得反常，上述一些比较静态的观点，就不再必然成立。但是，对于任何配置于贸易商品生产的劳动力和资本来说，一个国家制造业领域中比较优势的观点仍将成立。⑯

1. 经验研究的含义

以上模型是国别研究作者许多经验研究工作的一个理论基础。我们应该注意该模型以下几方面的含义，它们对于考察与 HOS 产品相关的劳动系数是重要的：(1)正如已经提到的，以自然资源为基础的贸易不应该计算在内；(2)没有事先假定进口竞争产品和出口产品的要素密集度之间具有任何系统的联系，那些处于制造业禀赋排列端点的国家和实行保护贸易的国家除外；(3)对一个国家要素比例的判断应该依据其制造业的资本/劳动比例，而不是依据国家总体的要素禀赋程度；(4)对于那些不处在制造业资本/劳动排列两个极端的国家来说，对贸易类型进行经验性评价，必须依据这样一种分类，即将贸易区分为与要素禀赋排列较高的国家的贸易和与要素禀赋排列较低的国家的贸易。

换句话说，$n+1$ 个商品、m 个国家、三要素 HOS 模型引申出来的假说，是指专业化格局体现了要素禀赋的差异：不是国内生产的，而正是进口的资本密集型机器设备反映了劳动力丰裕的制造业部门的比较优势。也正是这种结果造成了进口竞争物品和非进口竞争物品的区别。

在以上展开的模型基础上，对一般化的 HOS 解释有几种可能的检验：(1)如果我们知道该国在制造业方面的整体相对资本/劳动比率，那么 HOS 假说是指国内将生产那种产品需要的投入接近于那些比例；进口商品和国内不生产的商品要求的要素比例远远超过该国的制造业要素禀赋；(2)贸易格局，包括出口产品在内，在制造业要素禀赋不同的国家之间是明显不同的,把运输成本考虑在内时尤其如此;(3)就运输成本使得国内生产范围较广而言,如果生产的商品与该国制造业的要素禀赋相差越远,那么作为国际价格一个百分比的运输成本也就必然越高。

现在让我们来考虑对一个拥有劳动力相对丰裕的制造业部门的国家进行的每一种检验。HOS模型预测了几件事:(1)该国将从那些在制造业部门中拥有较高资本/劳动比率的国家进口资本密集度较高的商品,并且从那些在制造业部门中拥有较低资本/劳动比率的少数国家进口劳动密集度极高的商品。检验这个论点需要将该国的进口产品分成两部分:一部分来自劳动力较为丰裕的国家,另一部分来自资本较为丰裕的国家。然后,用任何一个所有商品都生产的国家(如美国、日本)的资本/劳动比率应用到这些出口产品的资本/劳动比率上。(2)该国对两个出口地区出口不同的制造业产品,向劳动力较为丰裕的地区出口的产品的资本密集度会较高,反之向资本较为丰裕的地区出口的产品的资本密集度会较低。[17](3)对于那些与进口商品相竞争的商品来说,如果这些进口产品来自制造业中资本/劳动比率较高的国家,那么生产的进口竞争商品的资本密集度与运输成本(以及下面将看到的关税)呈正相关;反之亦然。

4.2　商品市场和要素市场扭曲对贸易商品构成产生的效应

至此,我们一直把注意力放在贸易的要素比例学说上,它是关于在资源有效配置下,不以自然资源为基础的商品生产格局的决定因素的一种假说。如果资源配置总是最优的,我们的任务也就完成了。虽然我们可以对上面展开的模型进行多方面的精心加工,但是该模型的一些基本论点是很清楚的,并且我们可以从经验方面对它进行验证。

我们有理由相信,在有些国家中市场运行是相当有效的,因而我们可以沿着以上勾划的思路对模型加以验证。[18]假设商品市场和要素市场的扭曲会严重影响贸易商品的构成,那么就会出现一个重要的问题:我们怎样解释对这种贸易格局考察的结果呢？为了说明这个困难，假设对于某个严重扭曲的国家来说，制造业中所出现的贸易格局与上面提及的专业化格局不一致。我们怎样区别 HOS 模型不适用的可能性和扭曲改变了贸易类型从而导致了观察到的结果呢？

迄今为止，对于如果特定的扭曲事实上已经观察到，将会发生什么这一问题已作了大量富有启发性的研究。在本节中，我们将回顾这些研究结果。

本节的程序如下。假定第 4.1 节中展开的模型对某个国家来说是适用的。[19]为了论述简便，我们将假定这个国家按照资源有效配置的原则，生产食品和前几种制成品。因而，在制造业方面资本/劳动禀赋最低的国家，按照资源有效配置的原则将是一个低工资的国家。于是问题成为：在某种扭曲既定情况下，观察到的生产格局是怎样的以及该格局在哪些方面不同于有效率的格局？在多数情况下，读者肯定能够将这些结果推而广之，用来说明处于资本/劳动禀赋排列中其他位置上的国家。如果这些结果应用到处于要素禀赋排列中间位置上的国家时不明显的话，那么我们将对有关论点作一说明。

现在，我们考虑的问题是扭曲对生产结构产生的效应。（1）商品市场的扭曲使得国内价格与国际价格之间的差额超出了运输成本；（2）要素市场的扭曲使得国内要素价格不反映使用这些要素的机会成本。

4.2.1　商品市场的扭曲

商品市场的扭曲效应是众所周知的，这里我们对此加以简要阐述。[20]一般说来，我们能够容易地设计出有关这些扭曲与要素市场有效运转情况下生产格局变动之间系统关系的可检验的假说。

在资源有效配置基础上的生产结构会由于对一些产业征收关税或对一些在其他情况下在国内不会盈利的产业给予补贴而发生改变。[21]一旦征收关税和实行补贴，这不但可能扭曲生产结构，而且可能使这种扭曲严重到这种程度，从而导致出口"错误"商品。有时，这种情况必然发生在依靠高度保护建立起大规模进口替代部门的国家中,因为这些国家仅仅对新兴产业部门实行"出口补贴"。在这种情况下,按照有效配置原则应该出口的产业可能什么也不生产,而那些不该出口的产业却可能从事出口。[22]

如果所有造成扭曲和无效率生产格局的刺激措施和市场不完全性都表现在商品市场中,那么设计一种检验方法去证实有效生产的 HOS 模型是否成立,似乎是可能的事情:所有与净保护程度相等的各种各样刺激措施、负刺激措施和市场不完全性都应该与受保护产业的资本/劳动比率呈正相关。[23]这是因为对于我们讨论所关注的劳动力最丰裕的国家来说,HOS模型的预测结果表明,产业的资本密集度越高,为了国内能够进行生产所需要的保护程度也就越高。结果,产生出来的产业"错误组合"当然会改变均衡的工资/租金比率,但是就一种有效生产格局来说,生产资本过度密集的商品会引起均衡工资/租金比率的下降,从而它所造成的资本密集产业的成本劣势甚至比与资源有效配置相联系的工资/租金比率水平还要高。[24]

当关税(以及关税的等同物)是经济体制中唯一的扭曲因素时,贸易保护程度和要素密集度之间的相关性仍然成立。但是商品的逆转是不可能的,从而 HOS 模型的预测是可观察的。在关税保护下,有些产业会生产一些按照资源有效配置原则不该生产的商品。可是,将一个根据资源有效配置原则实行出口的产业转变成一个非生产行业是不可能的。贸易保护能够使得原来应该用于生产出口商品的资源用于进口替代产品。然而,认为贸易保护会引起该国转向生产大多数商品的观念主要是自给自足性的:关税能够提高商品的国内价格,从而为该商品生产提供有利可图的国内市场,但是关税不能诱使这些商品以较低的国际价格出口。

只要出口产业得不到补贴,在要素市场持续有效率的运转期间,贸易格局不会发生改变。因而,我们仍然能够检验 HOS 模型:国内不生产的商品的要素密集度与不受到保护的出口产品和进口替代产品的要素密集度形成反差。我们会看到劳动力丰裕国家的制造业部门生产劳动密集度最高的商品用于出口。当然,此外我们能够检验产业的资本密集度和贸易保护程度之间的关系。㉕如果劳动力丰裕的国家不出口劳动密集型的制成品,那么即使该国用关税来保护国内产业,我们仍可以推翻贸易的要素比例学说。同样,如果促进国内生产所必要的贸易保护程度不是与被保护产业的资本密集度成正相关,这也为反对 HOS 模型提供了基础。㉖当然,由于对某些特定出口产业实行补贴(或者,如在某些国家,要求一些企业将其产出的一定比例用于出口以换取进口许可证),对一个国家出口产品的要素密集度与国内不生产的商品的要素密集度进行比较可能表明,不是出口产品就是不生产的商品具有更高的资本密集度。不过,贸易保护等价物的程度高低和各种产业的资本密集度之间的相关性仍是正的,并且我们能够直接依靠国内观察到的数据检验 HOS 模型。

4.2.2 要素市场扭曲

较难分析的情况是商品价格没有扭曲,即等于国际价格,而要素服务的价格不同于要素市场完全竞争情况下的要素价格。㉗这种情况正是商品市场扭曲的反例:如果要素市场的扭曲是企业特有或产业特有的,并且这些扭曲是由信贷配给、官僚主义地分配进口资本货物的许可证以及逐个地对税收减免和补贴作出决定等因素引起的,那么通常从数据的直接观察中不可能对有效率的贸易格局作出推论。企业或产业特有的要素价格的差异在数量上等于补贴和税收;一旦这种特殊情况出现,实际观察到的贸易格局就不一定与有效率的贸易格局相关。㉘

不过,当要素市场扭曲的特征能系统表示的时候,在某些情况中我们可以作出推论,认为我们有可能确定观察到的贸易格局与一种有效率的贸易格局是如何相关的。所谓的"系统的特征"是指仅仅偏离了生产要素在不同用途之间配置的一个有效条件。例如,如果一种要素的报酬在所有生产活动中是相同的,同时由于一部分生产活动比另一部分生产活动对另一种要素支付更高的报酬,致使另一种要素面对两种不同的报酬,那么我们能够对这种差异对资源配置产生的效应进行分析。如果将一种要素的报酬固定在高于竞争条件下可能出现的报酬水平之上,那么另一种系统类型的扭曲就会发生，其结果是要素不能充分利用。

由于在制造业部门中只有工资/租金比率影响资源配置，因此资本和劳动力市场的扭曲效应就可以在工资/租金比率高于其有效水平的情况下加以分析。

要素市场的扭曲可以严重地影响观察到的贸易格局。当某种系统的要素市场扭曲出现时，劳动力丰裕国家的生产和出口将集中于一种或几种资本密集型产业的事实并不能成为反对贸易的要素比例学说的明确原因。同样，劳动密集型生产格局的事实也不能成为接受贸易的要素比例学说的充分理由。确实，标准的两商品、两要素 HOS 模型已经表明，两个产业支付的工资/租金比率的差异可能造成以下任何一种结果：(1)用"正确"的要素密集度生产和出口"正确"的商品；(2)用"错误"的要素密集度生产和出口"正确"的商品；(3)用"错误"的要素密集度生产和出口"错误"的商品；(4)用"正确"的要素密集度出口"错误"的商品。假设我们看到一个要素市场扭曲严重的劳动力丰裕的国家生产和出口大量资本密集度的商品。如果不进一步考察，我们就不能确定这种观察到的格局是什么原因引起的：是因为出口产业曾经发生过资本/劳动替代，它使得出口产业的资本密集度高于其他具有相同工资/租金比率的部门；或因为在资源有效配置下，进口竞争产业或非生产产业应该是出口产业；还是因为 HOS 模型是不恰当的。

这类扭曲文献的一个有意义的教训是光说"扭曲"是不够的：至今我们已经分析了三种不同类型的扭曲。每一种类型都放在两商品模型中加以展开，因为在作者头脑中存在着一个城市部门和一个农村部门，而将这些分析应用于第 4.1 节中的模型要求确定扭曲的来源。在第一种类型中，整个经济存在着一个外生确定的实际最低工资（冻结最低实际工资时，就会出现公开失业）。这种情形很容易通过假定整个经济存在着工资下限而扩展成几种商品模型。[29]在第二种类型中，根据托达罗（Todaro, 1969）和哈里斯—托达罗（Harris and Todaro, 1970）的劳动力市场模型，城市工资高于农村工资而失业率使劳动力市场出清；实际上，城市的预期工资(等于城市实际工资乘以寻找工作的概率,根据寻找工作的时间长短加以调整)等于农村工资。在将该扭曲模型应用于几种商品、两部门情形时,合理的解释是,在城市部门中存在着最低实际工资,从而在存在公开失业的情况下在城市部门和农村部门之间存在着可变的工资差异。在第三种类型,也可能是研究最充分的类型中,充分就业的两商品、两部门经济在一个产业中拥有的工资/租金比率以一个不变的倍增比例高于另一个产业中的工资/租金比率。对这种情形可能有两种解释:(1)所谓的工资差异可能存在于城市部门和农村部门之间;(2)在制造业方面可能存在着一个有组织的大规模部门,该部门工资等同于农村部门的工资。后一种解释某种程度上符合制造业中存在"现代"和"传统"两个部门的解释。[30]

我们即刻要做的是把从两商品,两部门案例分析的有关文献中获得的结果应用于单个国家中两部门,n 制造业部门和三要素模型。

1. 整个经济的实际工资下限

最简单的方法是先分析这样一种情况,其中整个经济的工资/租金比率高于它在完全竞争的要素市场存在下的水平。[31]扭曲是由最低工资法、工会行为还是其他原因造成的,这是无关紧要的。布莱彻(Brecher,1974)曾根据实际最低工资对 2×2 模型的案例进行过分析,下面我们将进行这种分析。不过,即使资本的租金在某种程度上被固定在高于其均衡水平之上,分析同样有效。

在布莱彻模型中,竞争产出的轨迹(LCO)在到达这样一点之前是与转换曲线一致的,在这一点上两种商品的相对价格决定的工资等于实际最低工资;然后,从那一点开始到完全专业化生产资本密集型商品为止,竞争产出的轨迹成为一条赖伯任斯基曲线(Rybczynski line);最后,随着资本密集型商品的产出增加,竞争产出轨迹又回到转换曲线。自然,从竞争产出轨迹离开转换曲线的那一点开始,到资本密集型商品专业化那一点为止,就业开始下降,随后就业开始上升,当资本密集型商品的专业化生产达到转换曲线与竞争产出轨迹重合的那一点时,充分就业得到实现。

图 4.2(a)对这种情况进行了说明。有效生产的可能性集合是转换曲线 AD。如果初始的有效自由贸易均衡是在 B 点,在该点,生产集中于一种劳动密集型商品 X,那么企业根据商品价格和利润最大化行为生产的其他产品的集合是 BC 线,其中商品价格是由 B 点上切线的斜率(没划出)决定的。在 BC 线上,两种商品被同时生产,就业随着劳动密集型商品产量的下降而下降。在 C 点上,资本密集型商品 Y 达到完全专业化生产。特别奇妙的是,随着商品 Y 生产从 C 点增长到 D 点,就业不断地上升,商品 Y 使用的生产技术不断地趋向劳动密集型。

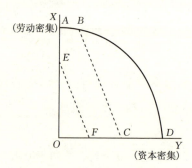

（a）最低实际工资(布莱彻)
失业
LCO＝ABCD

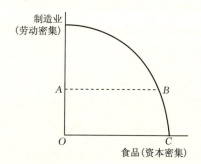

（b）哈里斯—托达罗：农业工资等于
预期的城市工资
失业
LCO＝AB

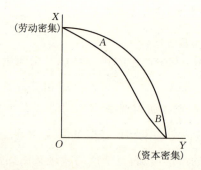

（c）工资差异：城市工资等于农村工资的不变乘数
充分就业
LCO＝AB

图 4.2　在扭曲性质的不同假定下的竞争产出的轨迹(LCO)

为了理解布莱彻的模型,这样一种想象是需要的,即政府通过了最低实际工资法,其中实际工资是用劳动密集型物品来表示。赖伯任斯基曲线必然移向左边。足够高的实际工资使得劳动密集型商品专业化生产中的充分就业不再可能。这种情形可以用图 4.2(a)中的 EFD 表示的竞争产出轨迹来说明。该轨迹表示了一种比 ABCD 轨迹更高的实际最低工资。由于最低实际工资与 EFC 相关,充分就业只有在资本密集型商品生产完全专业化时才能达到,并且只有当资本密集型商品具有很高的价格足以维持用劳动密集型商品表示的实际工资时,这种情形才会出现。当然,如果在商品价格不变的情况下,实际最低工资被提高,那么劳动密集型商品的产量也会增加。但是,经济不会专门生产错误的商品,并且随着实际最低工资的上升,失业率就会上升。

模型的三个性质对于我们现在的目的来说,具有特别的相关性:(1)在该模型的两商品形式中,"错误"的商品有可能被生产,甚至可能会实行"错误"商品生产的专业化;(2)实际工资越高,"错误"商品生产专业化的可能性就越大;(3)在非常高的实际工资上,只有当资本密集型物品的价格充分高以及以劳动密集型商品表示的实际工资被固定时,充分就业才可能达到。[32]

将布莱彻模型应用到第 4.1.1 节中展开的两部门、三要素制成品模型,相对来说是简单易行的。如果整个经济中存在一种实际工资并且资本存量独立于实际产出水平,那么较高的实际工资明显是与较小份额的城市就业和较低的农业就业水平相关的。[33]在既定的国际价格下,一定的资本存量和实际工资完全能够决定一个产业(或一些产业)实行专业化是否有利。实际工资越高,实行专业化的产业的资本密集度也就越高,而资本的实际报酬也就越低。[34]从这一点出发,我们立即知道就业必然低于它在没有扭曲情况下的水平。

固定实际工资模型的几个结果是直接的,明显的。首先,由于随着实际工资的上升,农业产出和制造业产出两者都必定下降,所以农业/制造业的贸易差额会发生什么变化是不清楚的:它可能上升,也可能下降。

一个在资源有效配置下食品净进口的国家可能成为一个净出口国;反之亦然。我们没有任何重要根据认为以上两种结果中哪一种更具有可能性。不过,在制造业中,这一点是很清楚的:实际工资越高,从事生产的产业的资本密集度也就越高,并且只要制造业产品的相对价格处于自由贸易的水平上,这些产业使用的生产技术所具有的资本密集度也就越高。对于被生产的商品要素密集度来说,相反的情形是不可能出现的,也就是说,一个在资源有效配置下劳动密集型的产业不可能变成一个最低工资较高的资本密集型产业。

因此,当整个经济运行受到了最低实际工资限制时,看来产业不会发生要素密集度逆转的可能性。如果劳动力最丰裕的国家在它受到最低工资限制时必定出口劳动密集度最高的物品,那么我们可以确信同样的结果在资源有效配置情况下也是适用的。然而,如果该国出口的不是劳动密集度最高的制成品,那么就会出现一个问题,是扭曲改变了生产格局,还是 HOS 模型没有描述资源的有效配置。我们不能确定是要素比例假说的失效带来了模型的有效性问题,还是最低实际工资导致了该假说失效。而对数据的直接观察并不能提供一种可以区分两者的方法。最优资源配置的模拟,对实施实际工资限制前的生产格局变化的考察,或其他方法必须被设计出来以检验 HOS 定理在最优资源配置下是否成立。

2. 城市固定实际工资

工业部门中固定实际工资高于农村部门实际工资的第二个模型,对制造业部门所产生的效应与整个经济的固定实际工资所产生的效应一样。实际观察到的生产格局或许是一个制造业部门专门生产错误商品的生产格局。在既定的国际价格下,城市固定工资越高,生产结构越多地转向生产资本密集度更高的商品。不过,由于存在统一的工资,在实际工资限制下曾是资本密集的商品,在自由贸易下仍会是资本密集的。

然而,哈里斯—托达罗模型假定在城市(制造业)部门和农村部门之间存在着不同的工资/租金比率的事实,造成了模型的歪曲:农业和制造业中劳动密集度的逆转是可能的。例如,假定工业在自由贸易下是劳动密集型的[35]。随着制造业(城市)部门中实行的实际最低工资的上升,城市部门中雇用的劳动力数量会下降。在某一临界工资水平上,制造业部门的劳动密集度将等于农村部门。[36]这种情况发生的早迟将取决于城市工资的上升对农村就业发生的影响。如果城市中的工人总数,包括就业者和失业者在内,随着工资的上升而增加,那么"转换"将要较迟出现;随着实际工资的上升,农业和工业的劳动密集度会变得较低。但是,如果随着实际工资的上升,城市就业大幅度地下降,那么农业中的就业有可能随着城市就业水平的下降而上升。在这种情况下,农业会成为劳动密集度较高的产业,而制造业却转向生产资本较为密集的商品(并在每个制造业产业用资本替代劳动),并且两个部门劳动密集度相交的那一点会更快地出现。

在城市工资约束下的竞争产出轨迹在图 4.2(b)中得到说明。在那里,假定没有实际工资约束下的制造业是劳动密集型的,但是实际工资的确定决定了制造业产出水平为 OA。因而,可能产出点的轨迹是直线 AB,其中 B 点是不可行的,除非农业的实际工资正好等于工业的实际工资。城市实际工资的上升会促使 AB 线下移。所以,哈里斯—托达罗模型不同于固定实际工资模型,在于它包含了要素密集度在农业和制造业之间发生转换的可能性。如果哈里斯—托达罗模型对劳动力市场条件的描述被认为是有效的,那么这一点在很多方面都具有相当的重要性。然而,即使这是恰当的,比较优势分析和制造业部门中扭曲效应分析仍可以像布莱彻模型那样进行的:高于有效资源配置条件下的制造业工资率很容易导致集中生产资本较为密集的商品,其资本密集度高于国家最优条件下所要求的。不过,这种情况不会导致要素密集度的逆转,并且如果该国的生产和贸易与 HOS 模型一致,这将证实 HOS 假说。

3. 制造业内部的工资差异

分析上最有趣的三种扭曲类型都是两商品、两要素模型,其中一个产业的工资/租金比率是另一个产业工资/租金比率的不变倍数,而两种要素都总是充分就业的。至于在几个制造业模型中的应用,如果几个产业的一个子集合具有和农业部门相同的工资水平,而另一个子集合假定支付较高的工资,那么这个案例是有意义的。[37]例如,如果化学工业、基本金属和机械工业受到优惠,那么约翰逊(Johnson, 1965)、琼斯[Jones, 1971(a)]、赫伯格和肯普(Herberg and Kemp, 1971)和其他学者发展的不变工资差异模型是适用的。[38]

在图 4.2(c)中,AB 线代表两商品、两要素模型中的竞争产出轨迹。除了两个完全专业化点外,AB 线全部处于生产可能线内侧。这直接来自于这样一个事实,两种生产要素之间的边际替代率在两个产业中是不同的,因而在两种商品都被生产的任何一点上,通过对两种要素重新进行配置,有可能使两种产出都达到更高的水平。

在充分就业不变工资差异的情况下,问题是在这种扭曲下,不可能断定由两种商品的相对价格变化引起的产出变化的方向。例如,一种商品价格可能上升,竞争性反应是该种商品的产出下降而另一种商品(其相对价格下降)的产出上升。

借助于图 4.3,我们可以容易地理解其中的原因。[39]图中所划的埃奇沃思盒状图是建立在一定劳动力和资本存量条件下两种商品(商品 1 和商品 2)的生产可能性基础上的。在不存在工资差异的情况下(即在有效生产条件下),商品 1 被假定为劳动密集型,有效产量点的轨迹(曲线)处在代表两个产业要素比例相等的对角线的下方。在埃奇沃思盒状图上的每一点,对应着投入组合和产出的一个特定集合。向右上方移动表示商品 1 的产出增加,并且在每个产出点上对应着既定的实际收入。为了便于说明,假定与这些产出点和实际收入水平相联系的需求格局意味着,商品 1 在 mm 线以右的部分用于出口,在 mm 线以左的部分表示进口。

我们必须对两种明显不同的情况进行分析。在第一种情况下,劳动密集型产业必须比资本密集型产业支付更高的工资。在第二种情况下,较低的工资/租金比率适用于劳动密集型产业。对于第一种情况,我们

先从工资/租金均等化开始,然后引入有差异的工资/租金比率。产业 1
的劳动密集度将递减,而产业 2 的劳动密集度将递增。随着差异的扩大
和商品价格的调整,在某一点上,产业 1 将成为实物意义上的资本密集
型产业;也就是说,它将比产业 2 使用更高的单位工人资本量。由于在
那一点上实物要素密集度出现逆转,所以产业 1 在代表相等要素比例的
对角线的上面进行生产。[40]

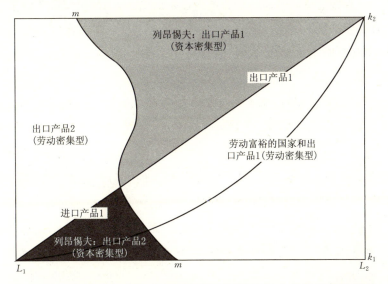

图 4.3　不变劳动力和资本存量条件下两种商品之间的生产可能性

现在存在着四种可能性:

(1)工资差异并不足以使生产降低到消费之下或使要素密集度发生
逆转,因而该国经济可能在对角线以下和 *mm* 线以右的空间内运行。在
这种情形下,工资差异还不足以使生产格局和贸易格局发生改变,以至
于离开"真正"的比较优势。这种情况对应着图 4.3 中对角线以下的白色
区域。

(2)尽管工资差异并不足以使要素密集度发生逆转,但是在 *mm* 线
左边的某一点上,它可能导致商品 2 产出的上升和商品 1 产出的下降。
在这种情况下,该国的生产格局将发生很大的变化,足以使商品 2 成为

出口商品。对两个产业的要素比例进行考察,可以看出资本密集型商品是出口品。列昂惕夫之谜由此产生。这种情况正是一个国家使用"正确"的要素比例出口"错误"的商品。它所对应的是图 4.3 中横条纹区域。

（3）虽然工资差异和相应的价格变化足以使该国移过对角线,但是该国的生产区域仍停留在 mm 线的右边。在这种情况下,商品 1 将用于出口,而经验估计表明商品 1 是资本密集型商品,因此出口品出现了"反常"的要素密集度——另一个列昂惕夫之谜的区域。在该区域中,使用"错误"的要素比例出口"正确"的商品。[41]这种情况对应于图 4.3 中阴影区域。

（4）扭曲足以使商品 1 成为资本密集型并使其产出大幅度下降,其结果使得商品 2 成为出口产品和劳动密集型。在这最后一种可能性中,我们可以发现出口产品确实是劳动密集型的,从而证实 HOS 比较优势模型!这种情况对应于图 4.3 中对角线以上的无阴影区域。这里是使用"错误"要素比例出口"错误"的商品。

所以,这似乎表明,在充分就业和要素报酬差异不变的两商品、两要素模型中,任何情况都可能出现。当然,问题是这些结果如何才能被加以扩展,并放进第 4.1 节中展开的有效生产的 n 种制成品的两部门模型。正如已经提到的,工资差异必定在制造业部门内,因而有些产业比其他产业面临更高的工资/租金比例。如果这种情况存在,除非要素市场扭曲在某种程度上与制造业的要素密集度排列有系统的联系,否则我们很难得出结论。如果是这样,我们必须分析两种情况。

（1）假定资本密集型产业比劳动密集型产业支付更高的工资/租金比率。[42]那么,如果一个国家在有效资源配置条件下其比较优势在于生产要素密度排列中间位置上的商品,例如商品 5,可以看到,在"自然的"专业化点的每一边上,其商品生产专业化的要素比例都不同。例如,劳动密集型产业较低的工资/租金比率有可能使产业 3 比产业 5 更有利可图,而资本密集型产业面临较低的租金/工资比率会导致产业 7 从产业 5 中夺去资源。所以,我们可以看到一种生产格局,在这种生产格局中,不同要素密集度的产业都是能够盈利的。

(2)假定劳动密集型产业比资本密集型产业支付更高的工资/租金比例。[43]如果各国专门生产由 HOS 模型预测的商品,那么我们可以把它看作为模型的证据:在这种情形下,即使 HOS 模型是正确的,但是要素密集度的逆转会导致列昂惕夫之谜的出现。但是如果 HOS 模型是有效的,"正确"商品生产的专业化不会产生于扭曲。

除了以上两种情况之外,我们很难找到其他的情况,虽然我们希望对不同于这两种情况的特殊扭曲类型进行考察,能够提供检验 HOS 模型的方法。

4.2.3 总结

对扭曲文献的思考产生了几种全新的可能性,当考察不同贸易战略的就业含义时,我们必须对这些可能性进行评价:适合于资源有效配置情况下的经验度量指标不能在扭曲情况下不加批评地接受下来。资源有效配置也许是这样一种正确的初始近似情况,它表明大多数工业化国家的要素市场的扭曲并不足以严重地影响生产格局、贸易格局,以及要素比例。而这对发展中国家来说却并非完全如此。

实行关税干预和征收出口税不会对检验要素比例模型造成根本性的困难。确实,一些可以检验的关于要素比例和贸易保护程度之间关系的假说,似乎已经提供了检验贸易要素比例学说的另一种方法。对出口品的补贴可以在任何方面影响贸易格局从而妨碍检验。当要素市场的扭曲严重时,所有的可能性都会产生:在资源有效配置下应该出口劳动密集型商品的劳动力丰裕的国家,可能实际上出口资本密集度明显高于其他商品的商品。其他一些与效率模型不同的格局也是可能存在的。

一般说来,如果在制造业和农村部门之间存在着扭曲,那么可以有一些用于检验扭曲和效率分别对贸易格局产生影响的方法。不过,当要素市场的扭曲存在于制造业部门内部时,没有一组观察值能使我们识别每一种要素的单独贡献。重要的教训是,在要素市场扭曲严重地影响资源配置的情况下,我们不能仅仅通过观察实际的生产格局和贸易格局来推断生产和贸易的有效商品构成。

注释

① 值得注意的是,即使存在着要素密集度的逆转,在任何有效资源配置下,所有产业将按较低的工资/租金比率使用更多的劳动密集型技术。若不是无法识别各国的同质生产要素,这个含义在经验上将会是有用的。

② 对于某一给定的价格集合来说,生产三种商品不可能比生产两种商品更有利可图。这正是使产出构成不确定的原因所在。

③ 在多种商品的模型中,专业化采取了不同于两商品模型的含义。在两商品模型中,专业化意味着只有一种商品处于正的生产水下。在多种商品情况下,专业化是指共同生产的商品数目至少不多于生产要素的数目。

④ 如果商品的价格真正是随机决定的,那么任何一个国家使更多种物品处于正的生产水平将是完全不可能的(并且我们可以断言,在生产要素密集度的两极水平上商品无论如何也不会被生产)。实际上,价格是在市场上决定的,并且通过供给和需求与生产成本相关:在某种商品生产的工资/租金比率上,存在着这样一些价格,在此价格上,其他商品也能够在竞争均衡水平上被生产;如果在这些价格水平上,产出组合需求中派生出来的要素需求不等于要素供给,那么工资/租金比率会随着商品价格的变动进行调整。

⑤ 这一结果的经验上的相似性是一个没有解决的问题,特别当我们考虑到运输成本时更是如此。模型中进行的简单证明表述如下:如果国家 8 的工资/租金比率低于国家 9,那么在现行的要素价格下,国家 8 生产的商品 6 比国家 9 生产商品 6 更加便宜,并且竞争利润的条件不会得到满足。因而,国家 8 和国家 9 的工资/租金比率必须相等。于是,逆推理可以用于国家 7 和国家 8 比较,因为国家 8 的工资/租金比率高于国家 7 意味着商品 5 不能被竞争性地生产[见巴格瓦蒂(Bhagwati, 1972)关于这个问题更充分的讨论]。

⑥ 一种产业是进口替代型还是出口型只是相对于其他国家来说该国要素禀赋的准确性质的问题,当然,还有需求条件问题。例如,让我们来考虑图 4.1 中的第一个国家。该国必须出口商品 1 并可以出口商品 2,这取决于生产是大于还是小于国内需求。然而,该国实际上可以把所有资源用于

商品 1 的生产,其结果是对商品 2 的需求超过国内生产。在这种情况下,该国将出口商品 1 和进口商品 2。

⑦ 事实上,这是"小国"的假定,并且这个假定不能无限地成立,因为持续的经济增长,在其他国家规模不变的情况下,最终会使该国变成大国。然而本节中的很多论断能够被解释应用于以下情形,即在这种情形下,除了这一国家以外的所有国家正在按照共同的速度积累资本,而该国却以更快的速度增长。根据这种情形对模型加以形式上的扩展是困难的,这里我们不进行尝试。问题在于这样一个事实,正如赖伯任斯基定理(Rybczynski Theorem)(见赖伯任斯基 1955 年著作)所表明的,如果一个国家正在生产两种商品,并且其资本/劳动禀赋程度在上升,那么资本密集型商品的产出增加速度必定快于资本存量的比例变化速度,而劳动密集型商品的产出变化低于劳动力数量变动的百分比(于是,如果劳动力数量不变,那么劳动密集型商品的产出就会下降)。所以试图描述世界经济增长便要求对需求条件加以考虑,因为价格变化肯定会被放进模型中。

⑧ 一种商品的生产可能在另一种商品生产开始之时停止下来。在这种情况下,不变的工资/租金比率的时期就不会存在。

⑨ 正如以下要说明的,引进运输成本可能消除这里描述的分阶段进展情况。

⑩ 严格说来,如果劳动力不断地增加,这些假定是不能足以保证这样一种结果的:劳动密集度更高商品的产出可能增长,但是其增长速度低于劳动力增长的速度。这正是"小国"假定不充分的所在之处。

⑪ 这一论点成立的必要条件在于食品是一种正常物品。

⑫ 严格说来,这个论断只有在假定农业中劳动力的边际产出不存在上限时才成立。

⑬ 如果在农村部门中存在"伪装失业",以至于随着城市工作岗位的出现,农村工人在某种固定工资水平上离开农村,那么实际工资将在较长的资本积累时期中保持不变,并且城市部门的产出会更加迅速地增加。在城市实际工资开始上升之前,产出的构成不会发生变化。见第 2 章中关于识别城市劳动力供给性质的讨论,又见森(Sen, 1975)。

⑭ 一旦进口竞争生产能够充分地满足国内市场,那么物品的国内价格就会在运输成本确定的范围内自由变动,它甚至可能低于国际价格,但是这个低于量不足以使出口能够获得竞争利润水平。因此,出口产品的国内价格必须严格地等于其国际价格减去运输成本;进口产品的国内价格可以介于国际价格减去运输成本和国际价格加上运输成本二者之间。只有当进口产品和国内产品同时在国内市场上出售时,国内价格才会严格地等于国际价格加上运输成本。

⑮ 关于在本国物品存在时,对 HOS 模型基本定理的概述,见巴特拉(Batra,1973,chap.12)。

⑯ 同样,即使假定国内物品的生产只需要劳动力作为一种投入,分析也不会受到影响。值得注意的是,中间商品也不会影响这一分析,只要这些商品都是可交易的。一旦它们是本国商品,上面讨论的复杂性就会出现。

⑰ 这是因为劳动力丰裕的制造业部门在使它们的企业能够与劳动密集型商品进行竞争时,需要较低的运输成本壁垒。

⑱ 请参阅赫夫鲍尔和奇拉斯(Hufbauer and Chilas,1975)。他们曾试图估计在西欧国家与美国各地区之间比较贸易保护对专业化程度产生的效应:他们发现美国各地区相应地比西欧国家更加专业化。因此这就为支持这一观点提供了一条间接的证据。该观点认为,对于经验研究来说,专业化格局,而不是进口竞争系数和出口系数的比较,才是恰当的形式。

⑲ 试图建立一个 n 个国家的模型,其中不止一个国家存在着扭曲,这是一项极其复杂的任务,因此,这里我们不试图从事这项工作。

⑳ 特拉韦斯(Travis,1964)的著作论述了这一论点,即正是贸易障碍破坏了 HOS 模型预测的准确性。

㉑ 见本书第 5 章中关于研究项目包括的国家中这些衡量标准的讨论。

㉒ 正如第 8 章证据所表明的,这种情况可能会在一些研究项目包括的国家中出现。

㉓ 这里没有明确地分析中间产品。如果对它们进行分析,那么有效保护率应该与资本密集度有相关性。

㉔ 对于大多数资本丰裕的国家来说,贸易保护率应该与受保护产业的劳动密集度成正相关。对于中间水平的国家来说,我们必须将商品分成两部分,一部分与制造业部门的要素禀赋相比是资本密集度较高的,另一部分与制造业部门的要素禀赋相比是资本密集度较低的。这一假说是指,诱发国内生产所需要的贸易保护程度与该部门要素禀赋某一边商品的劳动密集度呈正相关,同时与该部门要素禀赋另一边商品的资本密集度呈正相关。

㉕ 保护的存在,会比在有效保护格局下诱发资本密集度更高的产业进行生产的贸易保护,会提高进口竞争商品的资本密集度大于出口产业的可能性。不过这个结果只是对具有极端的制造业要素禀赋条件的国家才能成立。

㉖ 当然,我们必须使用恰当的贸易保护的衡量标准,包括相当于关税的进口限额和相当于补贴的信贷等,并且忽略所有的关税余额。另外,资本和劳动力的适当衡量总是必要的。

㉗ 严格说来,如果要素市场是扭曲的,国内物品的价格一般地将偏离其在所有市场上进行竞争的条件下达到的水平。因此,在本节中,我们必须假定不存在国内物品。既然运输成本不影响这些结果,由于国际价格被假定是给定的,所以运输成本也被假定是不存在的。因而,这里所讨论的情况是,存在一个 n 种制成品和食品的世界,其中所有被考察国家的价格都是由国际市场给定的。如前所述,存在着三种国内要素:土地,它总是在农业中获得充分使用;资本,它总是在制造业中得到充分使用;劳动力,它在两个部门中都得到使用。可以看到,存在着许多可能的扭曲,工资和劳动就业的一些条件构成了每一种扭曲的特征。充分就业的假定或许可能,或许不可能,农业和制造业之间或制造业内部的工资也可能相同,也可能不相同。

㉘ 当然,如果我们知道这些措施与补贴和税收的相当额度,那么它们可以被用来作为保护率,并且经验工作可以按对商品市场扭曲描述的相同方式进行。

㉙ 如果我们认为"实际工资下限"只能应用于制造业部门,那么充分就业的情形就会出现,这是一种下文将要讨论的不变差异的情形。

㉚ 这种解释的困难在于,两个部门一般都生产某些商品,如纺织品。

㉛ 让我们回想一下,最初假定国内价格等于国际价格。在要素市场扭曲方面引入关税的效果将在下面进行考察。

㉜ 如果劳动力丰裕的国家专门生产资本密集型产品并处在其转换曲线上[在图 4.2(a)中的 D 点上],那么该国将比生产这种商品具有"真正"的比较优势的其他国家使用更高的劳动密集型技术。值得再次强调的是,只有当承受扭曲的国家准备大幅度地提高资本密集型商品的相对价格,足以使利用劳动密集型技术在较高实际工资水平上从事生产有利可图时,上述情况才会发生。是否存在很多错误的专业化和充分就业的例子,这是值得怀疑的。

㉝ 农业中就业(和产出)将下降的情况直接来自于这样一个事实,即实际工资从其非扭曲的水平上开始上升。

㉞ 通过提出非扭曲实例的"对偶"概念,这一点最容易被理解。让我们考察商品 1 完全专业化情况下的工资率。假设工资上升到它能支付商品 1 和商品 2 的生产的那一点上,也就是说,工资增加到前两种商品的价格确定的工资/租金比率水平。于是,两种商品的生产都是有利可图的,并且由于总资本存量是相同的,就业人数必定更少。假设工资再增加一点,现在只有生产商品 2 是有利可图的。随着实际工资的上升(因为产出价格和资本存量是给定的),第二个产业的就业人数将减少。在某一点上,工资

将由商品 2 和商品 3 的价格来确定,并且两种生产都是有利可图的,等等。我们还应该注意到,按国际价格计价,制成品的产值将随着实际工资的上升而下降。

㉟ 在这个意义上"劳动密集"的简单定义显然是指一个部门创造的单位附加值比其他部门使用更多的劳动时间。

㊱ 如果农业相对于工业来说是劳动密集的,并且工业的实际工资较高,那么物质意义上的逆转根本就不会发生,虽然工业的劳动份额可能高于农业。

㊲ 如果所有制造业和农业之间存在着工资差别,那么对这个问题的分析就会等同于哈里斯—托达罗的分析。

㊳ 关于这方面文献的概述,见马吉(Magee,1973)。科登(Corden,1974,chap.5)对基本模型及其含义进行了很好的说明。

㊴ 我要感谢斯蒂芬·马吉,是他使我注意到这个主张。

㊵ 注意,劳动密集型商品的相对价格必须上升,否则生产变成完全的专业化。

㊶ 应该加以强调的是,除非该商品的相对价格高于它在自由贸易情况下的水平,否则,这个结果不会出现。例如,如果纺织品对某个国家来说是一种"有效率"的出口产品,并且相对于其他生产商品来说被看作是资本密集型的,那么我们就能排除这样一种观点,即除非纺织品在国内市场的相对价格高于国际市场的相对价格,否则它们自然是劳动密集型的。当然,这种情况可能发生,但是它要求以出口补贴和要素市场扭曲作为条件,其结果是出口产业的工资/租金比率高于其他产业。

㊷ 作为对差异的反应,我们总可以通过将该国的要素密集度位次与其他未受扭曲影响的国家进行比较来检验是否存在要素密集度的逆转。

㊸ 见注释㊷,在这里它也适用。

贸易的劳动系数:国别研究的成果

前一章陈述的理论以及不同的贸易战略引起产出和贸易商品构成极大差异的事实,有力地说明我们有必要在商品分类问题上超出通常的进口和出口两分法的范围,并把它作为确定不同生产活动之间要素比例差异的第一步。这项工作是第5.1节的任务。第5.2节将描述这些不同类别商品有关国内附加值的劳动系数。第6章给出关于技能、贸易方向、国际附加值和其他显著特征的详细说明。

5.1 商品、产业和部门的分类

从理论上说,存在着几种商品,每一种商品都容易识别并与特定生产企业相关。再从理论上说,一种商品是出口还是进口,可以简单地通过翻阅贸易统计数字加以断定;每种商品不是出口,就是进口。而且,分析上可通过假定将商品分成其比较优势是建立在"土地"或"自然资源"可获程度上的商品以及其比较优势是建立在劳动力和资本禀赋程度上的商品。

对于经验研究工作来说，这些假定中的每一个都显示出困难和挑战。由于存在着大量相互关联的原因，根据理论进行汇总和组织整理资料数据是极其艰难的任务。首先在贸易统计中和生产、就业统计中运用的分类方法经常不一致，因此我们必须把它们统一起来。统一本身可以通过很多种方法达到，我们所需要的是根据理论的要求从中加以选择，虽然判断的成分不可避免地会掺入。这项任务由于个别项目不是完全同质的而变得复杂起来，在制成品中尤其如此。其次，在资料数据任何可行的分解水平上，几乎可以肯定地说（部分原因是以上提到的），在贸易统计中记载着交叉流量——即一种商品作为出口产品和进口产品会同时出现。因此，我们必须对各种不同贸易类型中的商品项目进行分类。最后还有一些经验上和分析上的困难问题，这些问题涉及每一类别中不同项目的适当度量单位和权数。对于最后一点，答案根据所提出的不同问题而不同。

解决这些问题是本研究项目的一项主要任务。本节将说明如何解决这些问题以及为什么要解决这些问题。这对于解释以下列出的数据和判断这些数据在不同国家之间可比程度是很有用的。自然，我们也希望从本研究项目过程中获得一些对于将来研究工作有价值的教训。

5.1.1 问题

为了评估不同贸易战略对劳动力需求的含义，首先和基本的任务是，识别刺激措施改变后，哪些商品的产出会显著扩大，哪些商品的产出会显著收缩。现在让我们来考虑 20 世纪 50 年代后期韩国的某个研究者或政策制定者所面对的问题。当时，韩国整个经济极其偏重于进口替代，汇率被大幅度地高估。它的贸易逆差远远大于出口，并且出口产品的构成中 88% 是初级产品，12% 是制成品。甚至那些出口的制成品主要也是来自于个别进口替代产业暂时过剩的生产能力：50 年代贸易统计中制成品的特点显示，这些产品都是出口波动型的，但不是持续增长的产品。

如果20世纪50年代后期的研究者们试图估计韩国不同贸易战略对劳动力需求产生的可能影响时,如果他们强调所有出口产品全面扩张的话,那么他们就会严重地误入歧途。事实上,他们面对的主要挑战是识别那些在出口促进驱动下,出口能迅速扩大的商品类别。

对于巴西和哥伦比亚这两个国家来说,因为它们具有包括从进口替代到出口促进整个过渡时期的统计数据,因此作者们试图识别在两个不同时期出口物品的不同特点。下面我们将对这方面的努力加以说明。这里,首先的任务是设法说明一些不同选择的方法,这些方法可能适用于识别贸易战略和贸易商品构成之间关系的不同方面。

让我们来考虑以下几个问题:

(1) 什么是一个国家全部贸易的净要素含量?

(2) 以下要素市场的含义是什么?①为了维持贸易平衡,出口品生产扩张和进口竞争生产相应萎缩情况下的要素市场。②为了维持贸易平衡,HOS出口产品生产扩张和HOS进口竞争生产相应萎缩情况下的要素市场。

(3) 以下两种贸易平衡对于一国的含义是什么?①为了维持国内就业不变,或维持国内资本服务的需求不变,出口产品生产扩张和进口竞争生产相应萎缩情况下的贸易平衡。②为了维持国内就业不变,或维持国内资本服务需求不变,HOS出口产品生产扩张和HOS进口产品生产相应萎缩情况下的贸易平衡。

在某些条件下,回答每一个问题的信息很大程度上是相同的;但是在另外一些条件下,它们可能是不相同的。理解为什么会这样,对于解释在研究进程中对数据处理程序做出的许多决策是非常重要的。

现在我们有三个问题:商品的分类;选择权数以便寻找相关的总量;规定适当的度量单位。下面我们将依次讨论这些问题。

5.1.2 商品的类别

第4章概括的理论以及对一些国家制成品的出口增长大大快于初级

产品出口增长的认识,激励着人们去描绘一幅贸易商品分为"HOS产品"和初级产品的构图。一些作者最初运用他们的判断去决定哪些商品是初级的(或以自然资源为基础的)产品。于是所有其他商品都被划为HOS型。不过,在HOS分类中,存在着一些处理加工方法,其中一些作者对一个国家产品加工能力的判定从经济上来说很大程度上取决于国内初级商品的拥有量。在这些事例中,一些作者在HOS分类中设立了一个子类,称为PCB(以初级商品为基础的)HOS商品。

下一步,也是最麻烦的一步,是为每个国家识别哪些产业和生产活动生产出口产品以及哪些产业和生产活动是"进口竞争"的。一种办法是使用现存的贸易格局以及从中获得的权数。这种办法的困难是多重的:(1)只要进口替代国家为一些产业提供封闭性保护,那么使用记录下来的贸易数字就会完全忽略了进口竞争生产活动中这一重要成分——如果要考虑贸易政策的转变会引起什么变化这一问题,那么这将是一个严重的问题;(2)在许多进口替代国家中,制成品(HOS)出口极少,那么在贸易战略转变后,就有一个识别哪些部门和生产活动可能具有比较优势的问题;(3)正如已经提到的,有理由相信,在贸易战略改变后,传统出口产品的扩张不如非传统出口产品扩张迅速。巴西、哥伦比亚和韩国在其出口驱动方面的经验肯定地为这种观点提供了证据。

使用净贸易数字可以简化识别商品是进口产品还是出口产品的问题,但是根据本研究项目的目的,我们认为该方法的缺陷远远大于其优点。相反,我们选择了一种不同的方法。统计量 T_i 被定义为:

$$T_i = \frac{C_i - P_i}{C_i} \qquad (5.1)$$

其中,C_i=国内使用量;P_i=国内生产量。因而每个部门或每种商品被划分为:

$$
\begin{cases}
出口型,T_i < X_0 \\
进口竞争型,X_0 \leqslant T_i \leqslant X_1 \\
非竞争型,X_1 \leqslant T_i \leqslant X_2
\end{cases}
$$

其中,几个 X 是由国别研究者们选择的。[1]这样 T_i 就被国别研究者们用来划分商品种类。具有共同的截止点并不必然是可取的或合理的:在这些国家中 T_i 的范围会随着已有的生产和贸易统计数字的分解程度的不同而极其不同。加总水平越高,交叉流量被记录在某一种类中的可能性也就越大。[2]

统计数据的局限性排除了可比商品类别的运用或国家之间的加总水平的运用。而且,尽管有上述标准,但是不可免地在一些部门中,由于作者们对政策和其他因素的了解而重新划分某些特定部门。因此,需要记住的是,在所有下面的讨论中,现有的知识和数据阻碍了我们对国家之间可比商品类别进行说明,并且所做的比较也受制于这些限制条件。

T_i 具有以下几个值得注意的特点。第一点,也许是最有意义的一点,是 T_i 会随着贸易和国际支付制度性质的变化而发生变化。索米详细地分析了哥伦比亚 1970—1973 年期间贸易商品构成的变化方式,在这期间企业有时间对变化的刺激作出反应。一些变化是与一些特殊事件相关的,如哥伦比亚部分出口产品的世界价格的变化。不过,总起来说那些享有低有效贸易保护率的部门比那些享有高有效贸易保护率的部门更可能转向出口(Thoumi, 1981, p.195)。因此,在 1970 年作为进口竞争型出现的四个产业享有 11% 的平均贸易保护率;到了 1973 年,它们变为出口产业。相反地,1970 年被划为出口产业的四个产业到 1973 年变为进口竞争型。它们的平均有效保护率是 16%。对于那些仍作为同样类别的进口竞争产业来说,平均保护率为 18%。[3]

第二点,不同于用某一贸易统计量,如 T_i 进行分类的另一种方法,是根据其有效保护率来划分商品,具有最低保护率的商品被划入潜在的出口产业。正如我们将要看到的,一些作者也是这样做的。可是,这样一种方法具有多重困难:在一些国家,对于同样商品,是在国内市场销售还是出口,所给予的保护是有系统区别的。[4]第二个困难的产生,是因为一般说来我们只有在投入—产出表的加总水平上才能获得有效贸易保护率的估计值。在乌拉圭的某一时期,加总的投入—产出表是不存在的,而在其他一些国家,都有相当好的加总的投入—产出表。运用 T_i 统计比其他方法可以获得更多的分解项目。

最后,有效保护率反映了两件事实:一方面它反映了生产成本高于国际附加值;另一方面它还反映了对于那些能够在保护壁垒背后没有激烈竞争情况下出售其产品的生产者来说,他们可以获得自然增长的垄断利润。然而,在一些国家,一些作者们认为用有效保护水平来分类是有意义的因而将其包括在他们的分析中(见下文中的表 8.1)。

这样,对于出口产品我们具有下列类别:HOS-PCB(以初级产品为基础的要素禀赋优势出口产品)、其他 HOS(其他要素禀赋优势出口产品),以及 NRB(以自然资源为基础的出口产品)。决定每一种出口产品属于哪一类别部分取决于国别研究者们的判断。特别是在 HOS-PCB 制成品产业和其他 HOS 产业之间存在着一条明显的分界线。例如,韩国一直进口木材和发展相当规模的胶合板产业用于出口。显然在那里该产业不是建立在可得原材料的成本优势上,因此它应该被看作为一种其他 HOS 出口产业。如果印度尼西亚发展这类产业,那么问题自然会产生,这种产业的出现是来自于与原材料相关的成本优势吗?或者,它是一种比较优势来自于其他生产要素的产业吗?对这些问题的回答,没有简单的答案。国别研究的作者们被要求运用他们的判断将产业划分为两组:在他们认为存在很大疑问的情况下,估计值经常包括和排除一些有疑问的生产活动。

对于进口产品来说,有些类别不与国内生产发生竞争(非进口竞争产品),同时也有些进口产品是与国内生产竞争的。在非进口竞争产品和进口竞争产品产业中,存在着初级产品和 HOS 商品。然而,进一步的细分是必要的,特别在 HOS 商品中,有些产业即使在自由贸易下也是进口竞争型的,同时也有些产业的生存依赖于相当高程度的贸易保护。[5]这样,HOS 进口竞争商品可以进一步被划入"自然的"进口竞争产业和"保护的"进口竞争产业。

5.1.3　权数和度量单位

既然我们已经确定了商品的类别，现在让我们回到第 5.1.1 节中提出的问题。为了估计贸易战略的转变对劳动力需求的影响（在不变的要素投入价格下），HOS 出口产品和 HOS 进口竞争产品可能是我们主要关心的问题。

鉴别哪些商品和产业属于哪种贸易类别，仅仅是回答第 5.1.1 节提出的问题的开始。一旦有了关于各种不同类别的单个项目的统计数据，那么就有必要找到一些有意义的方法将这些项目加总成作为总体分类的平均数。还有，正如贸易权数（受到下面第 3 点中讨论条件的限制）对于估计贸易的净要素含量是适当的一样，T_i 统计量对于区分商品类别以估计贸易战略的转变所产生的潜在影响程度可能更合适，所以恰当的分类和权数问题也有不同的答案，取决于当时的问题，甚至取决于个别国家的情况。

1. 贸易权数还是生产权数

显然，如果我们正在考虑劳动力需求如何随着资源从进口竞争生产重新分配到出口产品生产而发生变化的问题，那么理想情况下，我们不但想知道哪些产业将扩张和哪些产业将收缩，而且想知道其扩张和收缩的幅度如何。作为对该问题最近似的回答，以及考虑到以上提到的哥伦比亚和韩国经验中得出的注意事项，我们似乎有理由根据 T_i 统计量确定一批商品为 HOS 出口产品，并把它作为那些随着贸易战略的转变而扩张的产业的一个指标。而在对不同项目进行加权时，贸易权数将是合适的。

可是，对于收缩的进口竞争生产来说，使用贸易权数似乎是不合理的，特别是在进口产品基本上是由国内不再生产的商品构成时更是如此。相反，在现存进口竞争 HOS 产业之间使用生产权数会更加合适。

相反，如果我们正在考虑贸易战略从外向型转向进口替代型所产生的影响，那么对 HOS 进口竞争产品和出口产品两者都使用贸易权数是合理的，因为进一步进口替代意味着发展的是需求在当时基本上由进口加以满足的产业。⑥

所以,如果说贸易权数似乎适用于出口产品以评价开始时提出的所有问题,那么在考虑进口竞争部门的收缩时,生产权数也许更适用于进口竞争产品。

2. 度量单位:附加值

附加值,而不是产出成为加权和度量的合适单位有以下几方面的理由。第一,中间产品可以参与国际贸易,并且如果附加值被用来作为所考虑的度量单位,那么当贸易战略转变,特别是转向出口导向型时,与此相关的劳动系数的估价将准确地反映可能的结果。

然而,由于最初贸易的不平衡,第二个理由在一些研究项目包括的国家中具有同样的重要性和相关性。如果我们是对贸易的净要素含量感兴趣,那么在最初的贸易平衡时,产出可以成为度量单位。进行加总时可以使用单项出口产品和进口产品分别与其总额中所占的份额相对应的权数。用 L_i 和 K_i 分别代表每个产业单位产出使用的劳动力和资本的国内系数,那么我们可以直接进行加总:

$$L_x = \sum_i e_i L_i \quad K_x = \sum_i e_i K_i \quad i = 1, 2, \cdots, n \quad (5.2)$$

$$L_m = \sum_i m_i L_i \quad K_m = \sum_i m_i K_i \quad i = n+1, n+2, \cdots, S \quad (5.3)$$

其中,商品 1 至商品 n 为出口产品,商品 $n+1$ 至商品 S 为进口产品,e_i 是第 i 种出口产品在全部出口中的份额($= E_i / \sum E_i$),m_i 是第 i 种进口产品在全部进口中所占的份额。L_x、L_m、K_x 和 K_m 分别代表进口竞争产业和出口产业中劳动力和资本的平均投入量。这样,贸易的净要素含量将被定义为从 L_x 和 K_x 中减去 L_m 和 K_m。我们可以得出结论,如果 $L_x - L_m > 0$,该国是净劳动力出口国;如果 $K_x - K_m < 0$,该国则为净资本进口国。根据第 4 章中提出的模型的预测,一个劳动力丰裕、资本和土地稀缺的国家是一个净劳动力出口国和净资本进口国。

现在考虑最初贸易不平衡的情形(由于各种各样的原因,其中包括资本流入或还本付息，气候波动对农业出口产品和农业进口产品数量的影响，或者世界市场的经济周期）。在不平衡情况下，存在着几种可供选择的方法。我们可以用 E_i 和 M_i 代替方程(5.2)和方程(5.3)中的 e_i 和 m_i。如果这样做了，那么在贸易顺差或贸易逆差两方面出现相当大的不平衡时，就可能会发现一个国家成为劳动力和资本两者的净进口国(在贸易逆差情况下)或净出口国(在贸易顺差的情况下)。[7]众所周知，往来账户的不平衡是表明资源在国家之间转移的一种方式，但是当按照这种特定方式进行计算时，"贸易的净要素含量"具有什么经济利益仍是不清楚的。

现在让我们来考虑处理贸易不平衡的第一种方法的含义。这相当于按照同等比例减少所有的出口产品(在贸易顺差的情况下)和所有进口产品(在贸易逆差的情况下)。如果出口产品和进口竞争产品仅仅是用国内初级生产要素而不是用中间产品生产的，那么这种方法可以作为解决这个问题最令人满意的答案。然而，一旦中间产品被用于生产过程，100 万美元出口产品的产出所代表的国内净产值与 100 万美元的进口品是非常不一样的。

如果按照一定量减少(增加)所有出口产品的生产，那么中间产品的进口也将下降(或上升)。这样净贸易收支的变化幅度将小于出口产品的变化幅度。因此，不考虑中间产品贸易的变化而假定出口和进口最初以相同幅度增加是不恰当的。

现在用相反的方式叙述这个问题。假定出口增加(减少)1 美元将导致贸易收支的改善(恶化)小于 1 美元，因为出口产业的附加值小于产值。在贸易平衡的情况下，这个现象不会产生任何困难[8]，但在贸易不平衡的情况下，当出口产业和进口竞争产业具有极为不同的附加值/产值比率时，这个问题就比较重要了。

但是仍然存在应该使用何种附加值概念的问题。毕竟存在着企业的附加值、产业的附加值和国家的附加值。例如，生产钢铁的国内附加值总额，可能由于使用的矿石是进口的还是国内生产的而有所不同：两个钢铁厂一样的产出可能具有不同的国内附加值总额，因为一个钢铁厂进口原料,而另一个钢铁厂使用国内原料。

在进口替代的体制下,不管是否可能,企业总是被要求从国内获得投入,而实际国内附加值不仅包括企业的附加值,而且还包括向该企业提供中间产品的国内生产企业的附加值。当然,在一个完全封闭的经济中,直接投入加上间接投入等于产值。

然而,经验表明,出口战略要求具有出口潜力的企业能够从国内或国外以最廉价的方式获得投入。在国内附加值方面,所有相关的问题是企业提供的附加值(直接)和企业对那部分不能从国外获得的国内商品的购买。如果企业选择从国内其他企业购入中间产品,那么根据假定,由于这些其他企业至少具有足够的比较优势,因而它们能够与进口品竞争。

因此,对于国别研究,作者们被要求计算每单位直接附加值所要求的直接投入量,以及每单位直接附加值加上国内商品附加值所要求的直接投入量加上国内商品的间接投入量。[9]此外,有些作者计算了国内商品以及其他各种商品的直接投入和间接投入的总和。这些计算对于说明进口替代体制下实际所发生的事情是有用的(甚至也许对于评价在该体制下某个部门的产量扩张所引起的变化也是现实的),但是它们无助于说明贸易战略的改变可能产生的影响:国内生产者被要求购买国内高价投入品总是一种事实,国内高价投入妨碍了他们在进口替代体制下能够从出口中赚取利润。

尽管决定用附加值而不是产出作为单位是合适的,但它仍遗留一个问题没有解决:应该用国内价格还是应该用国际价格对附加值进行估计。在这一点上,答案并不一样,它取决于开始时提出的第 2 个问题还是第 3 个问题是主要问题。回想一下,第 2 个问题与要素市场含义有关,而第 3 个问题与贸易平衡相关。为了搞清楚涉及的内容,将附加值问题暂时放在一边,直接考察国内价格和国外价格之间差异的含义是有益的。自然,如果存在着自由贸易并且国内要素市场运作完善,那么我们没有必要分别提出两个问题,因为国际价格和国内价格是相等的,并且出口产品的一个货币单位产出（或附加值）的增加或进口产品的一个货币单位下降是相同的，不管是用国内价格还是国际价格进行计算。

然而，如果对国内进口竞争产业进行显著的保护，那么按国内价格计算的单位进口竞争产品产出的下降将大于按国际价格计算的进口竞争产品产出的下降。因此，为了保持贸易平衡不变而使部分进口竞争生产活动下降和部分出口生产的增加，一般地会释放出一部分国内资源：按国内价格计算，为了维持贸易平衡进口替代生产活动中释放出来的资源多于出口生产活动所吸收的资源。

正如下文（见第 6.1 节）所见，从经验角度说来，这个问题是相当重要的：一些国别研究者发现，如用国际价格计算产出（和附加值），价值 1 美元的进口竞争生产活动比价值 1 美元的出口生产活动需要更多的各种资源（劳动力、资本和技术）。

正如前面讨论所表明的，对第 2 个问题的回答——要素市场的含义——要求用国内价格估价各种各样的商品。特别是，当附加值被用作计算的基础时（在中间产品比较重要时它应该作为计价基础），国内附加值会成为一个合适的度量单位。由于基本问题是有关国内资源的利用，并且是为了分析国内要素市场，因此（附加值和要素的）国内价格就会成为一个合适的度量单位。[10]

然而，对于回答第 3 个问题来说，国际附加值是一个合适的度量单位。这是因为只有当扩张部门与收缩部门的国际附加值相等时，贸易平衡才能得到维持。

因此，对于第 5.2 节和后面几章中的统计数据来说，附加值总是被用作为加权的基础，并且不管国内附加值还是国际附加值作为度量单位，也不管直接附加值还是直接附加值加上国内商品间接附加值作为加权的基础。如果不加特别说明，商品分成贸易类型根据 T_i 统计量进行。最后，除非在进一步进口替代被看作为一种相关的选择，否则权数一般地是指贸易权数。

5.2 贸易类别的劳动系数

5.2.1 直接劳动系数

根据第 2 章、第 3 章、第 4 章中提到的原因,观察到的劳动系数是内在的比较优势,贸易体制提供的刺激和国内要素市场条件的综合结果。不管怎样,这些因素本身就是有意义的,我们将在这里和第 6 章中对此加以说明。在第 7 章和第 8 章我们将对贸易战略和要素市场不完全性对观察到的统计数据的影响结果和影响方式进行分析。

表 5.1 给出了各种出口产品贸易类别单位国内附加值的劳动投入的估计值,它们表示为 HOS 进口竞争产业中单位国内附加值的劳动比例。以巴西为例,每单位国内附加值在 HOS 出口产品中的平均劳动投入为进口竞争 HOS 生产活动中单位国内附加值的劳动投入的 2.07 倍。

表 5.1 中的前两列分别给出了非初级产品为基础的 HOS 出口产品和以初级产品为基础的 HOS 出口产品之间可比的估计值。[①]最后一列是可获得的国家的以自然资源为基础的出口产品的劳动系数估计值。科特迪瓦的估计值表明了试图将一些特定的产业与不同的贸易战略联系起来的复杂性。在科特迪瓦,以自然资源为基础的出口产品占主导地位。这些出口产品的生产使用了“工匠”般的劳动力。NRB 出口产品生产(NRB 进口竞争产品生产)的扩张,会引起对工匠般的劳动力需求的上升(有些劳动力来自于邻国的移民)。手工业者的劳动自然不属于技术型,大部分 NRB 出口生产活动属于很高的劳动密集型。将 NRB 出口产品的劳动系数与所有 HOS 进口竞争生产活动的总劳动系数加以对比,它表明 NRB 出口产品单位国内附加值需要的劳动相当于后者的 9 倍之多。在 NRB 进口产品中,单位国内附加值的劳动较多也是事实,虽然不如 NRB 出口产品的劳动那样多。

现在,让我们将注意力转向科特迪瓦的现代部门。该部门所生产的

HOS 出口产品的劳动密集度比其 HOS 进口竞争产品高出 1/3,而现代
的 NRB 出口产品的劳动密集度比 HOS 进口产品高出 2 倍多。因此,在
现存的要素比例不变的条件下,增加等量的国内附加值,NRB 出口产品
和 HOS 出口产品生产的扩张都将比进口竞争生产活动需要更多的劳
动。然而,如果现代部门中国内附加值的增加是由于资源离开传统部门
(并假设平均劳动系数等于边际劳动系数),那么总劳动需求会下降。这
肯定会引起以前讨论过的许多问题,尤其是传统部门边际劳动需要量是
否与平均劳动系数接近的问题。⑫不过,在科特迪瓦的条件下,鼓励两种
类型出口生产活动的出口导向型战略将比进口替代战略导致对劳动需
求的更大份额的增长。

表 5.1　单位国内附加值的直接劳动系数

(贸易品类别的劳动系数与 HOS 进口竞争生产活动的劳动系数的比率)

国　别	时　期	HOS 出口品			NRB 出口产品
		非 PCB 制成品	PCB 制成品	全部	
阿根廷	1963 年	n.a.	n.a.	1.24	n.a.
	1973 年	n.a.	n.a.	1.30	n.a.
巴西	1970 年	n.a.	n.a.	2.07	2.02
智利	1966—1968 年	1.50	n.a.	0.80	2.02
哥伦比亚	1973 年	n.a.	n.a.	1.88	
印度尼西亚	1971 年	1.58	n.a.	2.09	
科特迪瓦(现代部门)	1972 年	n.a.	n.a.	1.35	2.28
全部	1972 年	n.a.	n.a.	1.16	9.04
巴基斯坦	1969—1970 年	1.23	1.69	1.42	n.a.
泰国	1973 年	3.20	1.58	2.07	n.a.
突尼斯	1972 年	2.08	0.79	1.28	3.31
乌拉圭	1968 年	n.a.	n.a.	1.53	1.45

注:科特迪瓦:现代部门的比率是与现代部门 HOS 进口产品中现代部门的
就业相关的;总就业(包括手工业者)是与所有 HOS 进口产业的就业相关的。
　　突尼斯:个别出口产品估计值不包括原油和精炼油;制造业消费品用来表示
受保护的进口产品;进口竞争部门不包括那些具有负国际附加值的部门。
　　乌拉圭:统计数据为每单位国内附加值的工人总数(Bension and Caumont,
1981,tab.11.12)。

　　有意思的是,在除智利之外的所有国家中,全部 HOS 出口产品拥有的单位国内附加值的劳动系数大于进口竞争部门。在智利,纸浆和纸张是 HOS 出口产品的主要构成部分[13];一旦纸浆和纸张被看作为 PCB 产业,那么智利的其他 HOS 制造品需要的劳动力是智利 HOS 进口竞争活动所需劳动力的 1.5 倍。全部 HOS 出口产品的劳动系数和 HOS 进口竞争产业的劳动系数之间的差额,对于很多国家来说是相当大的,在巴西、印度尼西亚和泰国,这个差额超过 2,如果 PCB 制造业不包括在内,对于突尼斯来说,这个差额也超过了 2。

　　也许多少更令人惊奇的是,根据这些可获得的资料,NRB 出口产品比 HOS 进口竞争产业每单位国内附加值使用更多的劳动。[14] 在多数情况下,这个结果直接反映了这样一个事实,即大部分 NRB 出口产品来自于农业部门,而农业部门中每个工人的产量是非常低的,生产技术属于高度劳动密集型。正如第 2 章中讨论的那样,现今仍存在着一些重要而又没有解决的问题,这些问题是关于农村劳动力市场的功能和对观察到的劳动系数的解释。劳动密集型 NRB 出口产品在全部出口产品中占支配地位也是为什么要分别对 NRB 和 HOS 商品的劳动系数进行估计的另一个原因。

　　读者可以看到,韩国的统计数据不包括在表 5.1 中。遗漏的原因是估计韩国的贸易要素含量是按照单位产出的劳动力和资本投入,而不是单位国内附加值的劳动力和资本的投入。洪氏对韩国的全部贸易进行了估计,他把 NRB 贸易和其他贸易都包括在一个类别中。这样做的一个主要困难,正如韦斯特法尔和基姆的估计所表明的[15],是韩国的初级产业一般地比制造业具有更高的劳动密集度,其他国家也是如此。不过,进口竞争初级生产活动(在韩国的实例中,它包括一些主要的食品、粮食行业)的劳动密集度大约是出口初级生产活动的两倍。[16] 因此,表 5.2 再现了韦斯特法尔和基姆仅仅对制造业部门的估计。鉴于韩国缺乏原材料,制造业部门几乎不可能从原材料方面获得比较优势,所以那些估计数字可以用来代表 HOS 类别。

正如我们可以看到的那样,在 1960 年韩国出口的制成品的劳动密集度平均说来低于在国内市场上出售的制成品,虽然出口制成品的劳动密集度比进口竞争制成品高出三分之一。这一年标志着韩国出口促进运动的开始。到 1963 年,相对于进口竞争商品和国内产出说来,出口产品的劳动密集度提高了。到 1968 年,出口产品中的劳动/资本比率上升到 3.55,而进口竞争产业中的劳动/资本比率则为 2.33:除了在国内市场销售的制成品外,所有制成品的劳动/资本比率都在转向出口促进过程中有所上升。[17]

表 5.2 韩国制造业的要素比例

(1960—1968 年,劳动/资本比率)

	1960 年	1963 年	1966 年	1968 年
国内产量	2.97	2.89	2.63	2.64
出口品	2.72	3.02	3.24	3.55
进口竞争品	2.09	1.93	1.98	2.33

资料来源:韦斯特法尔和基姆(Westphal and Kim, 1977, tab.7.10)。

表 5.3 中给出的中国香港的统计数据也是有意义的。因为实际上香港不占有原材料,所以所有的出口产品都可以被看作为 HOS 商品。孙氏的统计数据是建立在贸易值基础上的,但根据出口产品和进口竞争商品之间的附加值比例的差异作了某些调整。令人感兴趣的是,在中国香港,正如在韩国一样,进口竞争产业的国内附加值/产值的比率比出口产业高得多。在韩国,这部分地反映了这样一个事实,政府允许出口企业非常自由地进口所需的原材料,但对在国内市场上销售产品的生产企业,政府采取更多的限制手段。然而,这可能也部分地反映了这样一个事实,韩国和中国香港由于远离其主要市场,一直注重发现一些能够进口不需要支付高额运输成本的原材料而又能盈利的生产出口产品的行业。对于那些高额运输成本阻碍原材料和中间产品进口的生产活动来说,对国内资源的依赖可能造成其贸易中的比较劣势。

总之,描述性统计资料——每单位国内附加值的劳动投入——有助于支持这样一种看法,即 HOS 出口产品至少在研究项目包括的国家中,趋向于比进口竞争 HOS 生产使用更多的劳动。不管政策手段和其他有关要素比例和贸易商品构成等因素的影响如何,这个结论始终是成立的。可以肯定地说,这些统计资料提供的仅仅是对贸易战略的转变对就业的潜在影响程度的一瞥。然而,这些统计资料肯定说明,向外向型贸易战略的转移一般地不会与提高就业机会的目标相冲突。

表 5.3 香港贸易的要素比例

(每百万港币国内附加值,现期价格)

	1962 年		1973 年	
	出口产品	进口竞争产品	出口产品	进口竞争产品
直接附加值				
折旧(1 000 港币)	34	49	55	71
利润(1 000 港币)	303	290	223	315
劳动(人年)	265	279	74	60
专业劳动(人年)	0.87	1.98	0.56	1.10
直接附加价值＋国内商品				
折旧(1 000 港币)	34	47	60	74
利润(1 000 港币)	301	290	263	346
劳动(人年)	244	256	68	56
专业劳动(人年)	1.44	2.59	0.85	1.36

资料来源:孙(Sung, 1979)。

5.2.2 直接投入加上国内商品间接投入劳动系数

不管是使用直接劳动系数还是使用直接投入加上国内商品间接投入的劳动系数,一般地很少会影响不同贸易战略下的要素需求格局。上面表 5.3 中中国香港的统计数据是按两种系数给出的;由此可见,除了专业劳动类别外,所有其他劳动类别的数量排列都极为相同,关于专业劳动类别,以下我们还将讨论。对于一些研究项目包括的国家来说,表 5.4 给出了将国内商品需求考虑在内的劳动系数数据。[18]

表 5.4　每单位国内附加值中直接投入加上国内商品间接投入的劳动系数

（所标明商品类别中的劳动系数与进口竞争 HOS 生产活动中的劳动系数的比率）

国　别	时　期	HOS 出口品			NRB 出口品
		非 PCB 制造品	PCB 制造品	总计	
阿根廷	1973 年	n.a.	n.a.	1.15	n.a.
巴西	1970 年	n.a.	n.a.	1.65	1.97
智利	1966—1968 年	n.a.	n.a.	1.64	
印度尼西亚	1971 年	1.58	n.a.	1.92	n.a.
科特迪瓦	1972 年				
现代部门		n.a.	n.a.	1.35	2.21
全部部门		n.a.	n.a.	1.17	8.54
巴基斯坦	1969—1970 年	1.30	1.57	1.41	3.86
韩国	1968 年	n.a.	n.a.	1.09	n.a.
泰国	1973 年	1.88	1.32	1.53	n.a.
突尼斯	1972 年	1.67	0.93	1.24	2.41
乌拉圭	1968 年	n.a.	n.a.	1.13	1.10

注：阿根廷：统计数据来自于诺格斯（Nogues，1980，chap.2，tab.2.8）；智利的数据是指对发达国家的 HOS 出口产品；哥伦比亚没有统计数据；科特迪瓦的数据见表 5.1 中的注释；韩国的数据是单位产量；乌拉圭的比率为表 5.1 中每百万美元国内附加值的工资额。见本森和考蒙特（Bension and Caument，1981，tab.11.12）。

可见，HOS 出口活动每单位国内附加值比进口竞争活动使用更多的劳动。在大多数国家中，将直接投入和国内商品的间接投入都包括在内会在某种程度上有助于缩小 HOS 出口产业和进口竞争产业之间的差异。这是所期望的唯一事情：除非存在着未充分利用的生产要素或具有极端要素比例的 NRB 部门，否则一个国家的总体资本/劳动比率是每个部门比率的加权平均数，只有当国内商品比率不等于出口产品或进口竞争产品的比率时（就如 1960 年在韩国出现的情况一样），将国内产品中间接使用的劳动包括进来计算，出口产品或进口替代产品的生产，才能着重表现出直接劳动系数中的差异。

5.2.3　非竞争进口产品的劳动系数

正如我们在第 4 章中所看到的，我们有充足的分析理由认为，一国某一产业的要素密集度和要素禀赋程度之间的较大差别,有可能在生产专业化格局中得到反映。在不存在贸易保护的条件下,我们能看到的仅仅是"竞争性"进口竞争生产,其主要商品的要素密集度不会离该国的要素禀赋程度"太远"。例外的情况主要是生产一些单位国内附加值运输成本很高的商品。由于对一些进口竞争产业实行保护,这种联系变得不太紧密;不过,我们仍可以认为,一般说来,一国的要素禀赋和一种商品的要素密集度之间的偏离愈大,政府当局为了使该产业在国内有利可图而采取适当的贸易保护的意愿就愈弱。

因此,在试图估计那种国内不生产的商品的生产要素比例时,产生了一个主要的问题。只要统计数据许可,国别研究者们试图通过一个投入—产出表或制造业普查表来对一国进行这种估计,该国生产一些普通商品,同时也生产一些国内非进口竞争产品。作者们被建议用共同观察到的产业中的投入比率来调整他们对国内生产被划分为非竞争型产业中的要素需要量的估计值。

孙氏对中国香港的估计结果表明了这种估计的程序以及观察到的要素比例数量差异的程度。他将纺纱、织布和印染确定为中国香港最得到确认的产业,并且计算了中国香港1973年和美国1947年的每百万元产出的要素比例。美国和中国香港(按1973年价格)的系数如表5.5所示[19]:

表5.5　美国和中国香港的系数

	折旧(1 000港元)	人年	折旧/劳动比率(1 000港元/人年)
美国(1947年)	451	24	18.6
香港(1973年)	91	39	2.3

孙氏然后把美国1947年的系数作为中国香港的非进口竞争产品的系数并且将这些系数按相同比例提高,作为纺纱、织布和印染部门劳动密集度的可能估计值。以一宗价值100万港元有代表性的非进口竞争产品为例,他能够计算出香港生产这宗商品需要什么。根据他的估计,中国香港1973年为生产100万港元非竞争进口品所需要的折旧/劳动密集度比率为3 227,

相比之下出口产品为1 038,进口竞争产品为1 336。[20] 对于几乎毫无例外地实行自由贸易的香港来说,出口产品与进口竞争产品生产之间要素密集度的差异比它们两者中任何一个产业与非竞争进口产品之间要素密集度的差异要小得多。当然,这正是最初的预测结果。

旺达克·洪为韩国提供了类似的估计值。他提供的韩国1970年所有出口产品的资本/劳动比率的估计值为1 478美元,所有(HOS和NRB)进口竞争产品的资本/劳动比率的估计值为1 554美元。[21] 然后他用4组不同的系数(美国1947年和1958年的系数,日本1965年和1970年的系数)估计非进口竞争产品的要素密集度(全部按1970年的价格)。通过运用美国的系数,他得到以1947年系数为基础的要素密集度是20 551美元,以1958年系数为基础的要素密集度是22 630美元。相比之下,日本的系数分别为4 075美元和4 795美元。如孙氏一样,洪氏得出结论认为"要素密集度的最大差异不是存在于出口产品和进口竞争产品之间,而是存在于这两类产品和非进口竞争产品之间"(Hong,1981,p.34)。

纳布里使用了法国的投入—产出表估计系数,因而他能够对突尼斯进行可比的计算。根据他的计算,突尼斯的非竞争进口品具有的劳动/国内附加值比率大约是HOS出口品的64%,是进口竞争品的82%。这些差异符合预测的范围,但却比对韩国和香港计算的差异小得多。这部分地反映了这样一个事实,突尼斯经济已经很大程度上转向进口替代和使用着很高程度的资本密集型技术(见第6章中有关国内附加值和国际附加值的区别)。[22]

对于阿根廷来说,也可以获得类似的结果。诺格斯曾注意到阿根廷大批的非进口竞争产品来自发达国家。然后他根据美国1972年的工业普查资料计算了劳动密集度。根据阿根廷最重要出口产业与相关的美国类似产业劳动密集度的差异,他同比例地提高了加权平均的劳动密集度。这些产业从事肉食品的加工和贮存、生产奶制品、油脂和油料,以及粮食加工。诺格斯的结论是出口产业的劳动密集度比国内生产的非进口竞争产品的劳动密集度高出11%。

　　计算可比部门的投入系数的困难是如此之大，以至于其他一些国别研究者无法获得在无国内竞争情况下现在进口的商品在当时国内生产要素比例下的估计值。有关阿根廷、中国香港、韩国和突尼斯等国家和地区的统计数据具有启发性。所发现的事实肯定不会与这样一种假说相悖，该假说认为进口竞争产业和出口产业之间的专业化格局，而不是要素比例，反映了要素禀赋上的差异。

　　对这些结果的原因的探讨和对有关数量程度的决定因素的研究将留在第 7 章和第 8 章中进行。不过，在此之前，第 6 章将概括地评述来自于国别研究的一些更为详细的统计资料，而国别研究有助于说明第 4 章中提出的一些假说。

注释

① 一些拉丁美洲国家的作者认为，T_i 统计量不能恰当地区别进口竞争产品和非进口竞争产品。

② 孙云文(Sung, 1979)发现，对于中国香港来说，T_i 具有高度的偏态分布。因此他将该统计量转换成一个相关的统计量$(P_i/-C_i)/P_i$。由于该统计量具有事后校正的优点，或许全部使用该统计量较好，虽然它影响国别研究的结果是不清楚的。

③ 见下文有关巴西贸易构成转变的讨论。

④ 在表 3.3 中可以看到这种普遍现象。

⑤ 大体上，一个国家可以在出口方面具有极大扭曲的刺激体制，以至于一些出口商品在自由贸易条件下是不经济的，从而可以得到一类"受保护"的出口产品。在实际国别研究中这种情况不会出现，虽然一些国别研究著作确实将出口分解成"高度受保护"和"低度受保护"两类。

⑥ 还有一些问题是与估计发展新的进口替代产业所使用的要素比例相关的。见克鲁格等人(Krueger et al., 1981, chap.1)对这个问题的讨论。

⑦ 见利默(Leamer, 1980)关于一国相对要素丰裕的适当检验的讨论。

⑧ 这是因为在平衡的贸易下，"出口总额"，即国内附加值加上出口产品(不是可出口产品)生产使用的进口投入的价值，等于"进口总额"，即用于国内消费的进口产品加上用于生产出口产品的进口产品。同样地，净出口(出口总额减去再出口的进口产品的价值)等于净进口(进口总额减去再

出口的进口产品）。在非平衡贸易下，困难在于出口总额是可以观察到的，而净出口是观察不到的。

⑨ 关于这个程序及其基本原理的充分说明见本丛书的第一卷的第 1 章（Krueger et al.，1981）。

⑩ 本讨论假设单要素价格普遍存在于该国经济之中。不同部门生产者面对不同要素价格意义上的要素市场扭曲的存在将放在第 7 章和第 8 章中加以分析。

⑪ 让我们回想一下，在某些场合下，国内生产的原材料的可得性被认为是决定某一制造业部门的比较优势的主要因素。见第 5.1 节。

⑫ 在这方面，绝对数字是能说明问题的。蒙森（Monson，1981）关于总劳动系数的估计表明，现代部门生产每百万法郎出口产品的国内附加值将使用 2 488 劳动人·时。与此相比，以自然资源为基础的出口产品则使用 19 933 劳动人·时。以自然资源为基础的出口产品和 HOS 出口产品的平均值是每百万法郎的国内附加值使用 18 993 劳动人·时这一事实反映了以自然资源为基础的出口产品占着优势。

⑬ 纸浆和纸张的出口对象主要是智利拉美自由贸易区中的贸易伙伴。见第 6.2 节。

⑭ 如果突尼斯的数字被重新计算，包括自然资源基础型出口产品中的石油，那么突尼斯的自然资源基础型出口将是上述论断的一个例外。

⑮ 韦斯特法尔和基姆（Westphal and Kim，1977）也是依据产值，而不是附加值获得他们的估计值。按那种方法获得的劳动/资本比率是没有偏向的，因而表 5.2 给出了这些比例。

⑯ 根据韦斯特法尔和基姆对 1968 年的估计，初级出口产品的劳动/资本比率是 5.69，相比之下，初级进口产品的这一比率是 15.48。这与制造业出口产品的劳动/资本比率是 3.55 和制造业进口竞争产品的比率 2.33 形成对比。见韦斯特法尔和基姆（Westphal and Kim，1977，tab.Ⅴ11—10）。

⑰ 相应地，洪提供了韩国国内产出和出口产品的劳动密集度指数（其中 1960 年＝100）。根据这些统计数据，劳动密集度的情况分别如下：

	1963 年	1966 年	1968 年	1970 年	1973 年	1975 年
国内产出	1.000	0.553	0.610	0.500	0.382	0.333
出口产品	1.026	0.884	0.873	0.670	0.460	0.263

总起来讲这个格局是与韦斯特法尔和基姆的研究结果相一致的。到 1975 年为止，对使用资本实行补贴是出口刺激机制的一项重要内容。见克鲁

格等编(Krueger et al., 1981)一书中有关洪的讨论。

⑱ 索米没有能够获得统计数据来提供和表5.1中的劳动系数——直接劳动加上国内产品的间接劳动——相当的估计值。不过,他计算了每比索直接附加值所产生的产值、附加值和工资与薪金的增加额。进口竞争产业在这三项中具有最大的效应。他提出了这一结果的原因:"哥伦比亚制造业中的进口竞争部分包括了最重的(资本密集度最高的)产业。这些产业也是最耗费能源和水的,并且其投入的运输成本也是最高的。高资本密集度也产生了金融和保险方面的较高投入"(Thoumi, 1981, p.158)。

⑲ 见孙(Sung, 1979, tab.5.9a)。为了对他的研究结果进行检验,孙对服装部门进行了一次可比的计算。根据他的估计,美国的折旧/劳动比率是11.1,相比之下中国香港的这一比率是0.9。

⑳ 有关1962年的对应数字(按1973年的价格计算)分别是:非竞争进口产品为684,进口竞争生产为364,出口产品生产为296。见孙(Sung, 1979, tab.5.11)。

㉑ 回想一下,洪没有修正附加值/产出比率的差异,所以必须用资本/劳动比率来产生有意义的结果。

㉒ 索米的工作包括估计"非竞争进口产品"的要素含量,但是他的估计来自于国内系数。这些系数来自于国内有代表性的子部门,这些部门事先假定是不同于非竞争进口的子部门的。对于后者来说,要素投入的估计值是需要的。

关于技能、贸易流向、资本密集度和
国际附加值系数的有关证据

第5章中的统计数据已经表明,研究项目包括的国家至少在"揭示"的意义上,都在工业部门的劳动相对密集的产业中具有比较优势。不过,这些统计数据提供的仅仅是不同贸易战略和就业之间初步的和描述性的近似联系。

在本章中,我们将进一步考察有关要素投入和贸易的各种特性的统计数据。它将有助于详细说明贸易战略和就业之间的关系。在这个阶段,我们仍将本着"描述"的精神,也就是说,把系数看作为既定的,而不分析形成这些系数的潜在影响因素。

6.1　熟练和非熟练劳动投入

在研究发展中国家贸易过程中的一个经验规则是,作为比较优势决定因素的一些技能指标具有重要性(Branson and Monoyios, 1977; Baldwin, 1979)。第4章中展开的理论没有从根本上区分熟练劳动和非熟练劳动,但是将技能看作为一种资本成分或一种独立的生产要素要比把所有劳动都看作为同质的更具有意义。①

在第 2 章中,我们已经提到,不是所有的劳动都是同质的,特别是教育、训练、经验和其他因素影响着单个工人或一组工人的生产率。尽管我们的理想是试图获得不同国家不同产业中就业的技能构成的统一估计值,但是我们从一开始就认识到一些有关的问题是无法解决的。为了对人力资本以及技能和训练等其他量值进行估计,我们必须在某个国家中获得包含有工人素质的足够信息的统计数据,而这一工作是相当困难的。在不同国家中,有比较地估计技能的努力都是不可能的,这不但因为分类的不同,而且因为一些度量单位(如就学年限)是否有相同的经济意义是不清楚的。因此国别研究者们运用他们的判断去寻求有关技能的指标。在有些实例中,如泰国,他们受到严重缺少统计数据的限制。而在其他一些实例中,大量的分析是可能的。

在本节中,我们将对个别研究者的分析结果进行回顾。不过,读者应该保持谨慎,因为在劳动力市场的分析进行之前,特别是在对关于工资结构以及其他影响要素密集度选择的决定因素(包括对熟练和非熟练工人的使用)进行分析之前,是不可能全面地解释他们的研究结果的。在这里,我们把重点直接放在现存的差异上,而不关心贸易体制或要素市场结构发生变化后,这种差异会有多大的变化。

表 6.1 分别列出了国别研究者得到的熟练劳动、非熟练劳动和管理劳动的投入系数的估计值。在 HOS 出口品的技能系数和进口竞争 HOS 产业的技能系数之间似乎存在着很大的系统差异。这种差异比整体劳动系数的差异更为明显。尽管存在着第 7 章将讨论的各种因素,但是这种差异仍然普遍存在。第 7 章讨论的因素会在要素市场不存在扭曲时使这种差异小于其会有的水平。这种差异不但得到了国别研究的证实,而且得到了亨德森以及科博和米勒论文中分析结果的证实②,他们的论文被收集在《发展中国家的贸易与就业:要素供给和替代》(Krueger,

1982)一书中。

我们应该认识到,关于"熟练"的定义对不同国家说来是不同的,它取决于统计资料的可得性。由于劳动系数一般地涉及 HOS 出口产业和进口竞争产业中城市部门的生产,那么我们有理由猜想在大多数情况下,"非熟练"劳动力是指那些小学毕业后没有受到任何训练的个人。然而,在许多国家中,一定程度的识字水平是进入工厂就业的先决条件。这里提到的非熟练劳动系数事实上反映了适宜在任何现代部门就业的属于受到最少教育和训练类别的人数。

研究者们只能从 4 个国家——巴西、智利、科特迪瓦和突尼斯——中获得足够的统计数据来计算直接投入加上国内商品间接投入的劳动系数。在所有情况下,劳动系数都非常类似于表 6.1 中所显示的情况。

表 6.1 **每单位国内附加值中 HOS 出口产业的管理劳动、熟练劳动和非熟练劳动的直接系数与 HOS 进口竞争产业的管理劳动、熟练劳动和非熟练劳动直接系数的比率**

国 别	时 期	非熟练劳动	熟练劳动	管理劳动
巴西	1959 年	n.a.	0.954	n.a.
	1971 年	n.a.	0.978	n.a.
智利	1966—1968 年	n.a.	0.842	n.a.
哥伦比亚	1973 年	2.174	0.519	1.231
印度尼西亚	1971 年	2.273	0.810	1.100
科特迪瓦	1972 年	1.510	0.960	0.835
突尼斯	1972 年	1.582	0.810	n.a.
乌拉圭	1968 年	1.404	0.939	n.a.

注:哥伦比亚的非熟练工人是指蓝领工人;印度尼西亚的"非熟练"是"男性工作"和"女性工作"的人工作日的总和;科特迪瓦现代部门的 HOS 系数来自本森(Bension, 1981, tab.6.13);使用的是出口产业和进口竞争产业的平均数;乌拉圭的熟练工人是指"白领工人"。

对于表 6.1 中大多数国家来说,由于缺少恰当的统计数据,一些作者不得不对各种类别的劳动使用某些加权方法。在某些情况下,这些劳动类别不过是人口普查或劳动力调查中根据分类得出的劳动力的加总数。

例如,突尼斯有 7 种劳动类别的统计数据可用:季节性雇工、徒工、非熟练劳动力、半熟练劳动力和熟练劳动力、监督人员、白领工人以及管理和工程技术人员。为了估计不同生产活动的技能含量,纳布里通过这样一种方法构造了技能指数,该方法是将第 i 个技能类别的平均工资与非熟练劳动力的平均工资 W_i 相比,然后用该比率作为权数。这样第 j 个产业的技能含量的指数 SK_j 如下:

$$SK_j = \frac{\sum W_i S_{ij}}{L_j} \qquad (6.1)$$

其中,S_{ij} 是第 j 产业中具有第 i 级技能水平的人员数;L_j 是第 j 产业中工人总数。

权数从徒工的 0.36 到管理和技术人员的 6.77。对于非熟练劳动力,纳布里增添了季节性雇员、徒工、非熟练劳动力和半熟练劳动力的人年单位。由于是指数,所以它们对权数的选择,特别是对熟练劳动力类别的平均工资特别敏感。表 6.1 中给出的有关突尼斯的熟练工人和非熟练工人的比率是以这种计算为基础的。

为了避免使用任意的权数(如果我们有理由相信第 7 章中讨论的几种劳动力市场的扭曲会影响相对工资,那么任意权数尤其具有缺陷),卡瓦尔豪和哈达德采取了另外一套做法。[③] 他们的有利之处在于有了塞纳(Senna,1975)以前所做的工作。塞纳曾估计了巴西的收入函数,估计方程为:

$$\ln wi = \alpha_0 + \beta_1 S_i + \beta_2 J_i + \beta J_i^2 + U_i \qquad (6.2)$$

其中,S_i 是第 i 个工人在正规学校学习的年限,J_i 是第 i 工人加入劳动大军的年限。卡瓦尔豪和哈达德获得了有关巴西各个产业劳动力特征的统计数据,并且运用塞纳收入函数的回归估计值去估计单个产业劳动力的"人力资本含量"。通过使用这些估计值,他们计算了扩张出口生产和进口竞争生产的平均技能密集度并把它们换算成以 1970 年制造业平均工资为 100 的指数。

　　根据他们的计算,22种产业技能密集度的范围从89.4(建筑)到165.4(石油和化工)。然而,其中17个产业的技能密集度处在中间值的10%之内。正如从表6.1中可见,1959年出口产业的平均技术含量低于进口竞争产业:进口竞争产业的数字是100.3%,而出口产业的数字为95.7%。到1971年,进口竞争产业和出口产业的工资都高于平均值,也许它反映了巴西国内商品大量使用了非熟练劳动这一事实。卡瓦尔豪和哈达德还比较了他们对1971年技能密集度的估计值和他们若在直接使用某产业工资与产业平均工资比率情况下可能获得的估计值。他们得出的有关1971年的进口竞争产业和出口产业的技能密集度的指数分别是111.9和109.5,其差额为2.1%(与大约20%的范围形成对比)。如若他们使用平均工资来代替,那么他们计算的进口竞争产业和出口产业的指数分别为130和120,其差额大约为8%。虽然我们不能太依赖于单个例子,可是它在某种程度再次表明,技能密集度的差异方向和一般的量值排列看来是完全相同的,不管使用何种量度来反映它。

　　现在让我们回到表6.1中的统计数据,如果每单位国内附加值中的人工作日被分解成熟练的人工作日,非熟练的人工作日和管理的人工作日,那么我们看到的情况是HOS进口竞争产业的非熟练劳动的系数相对于HOS出口产业来说,甚至比总劳动系数还小。在可以进行分解的每种情况下,出口产业的非熟练劳动系数比率超过总劳动系数比率。同样,在所有情况下,进口竞争产业的熟练劳动系数超过了出口产业。中国香港的统计数据也显示了同样的图景。回想一下,中国香港1973年直接劳动系数的总比率是0.719。相比之下,进口竞争产业的专业劳动与出口产业的专业劳动的比率是1.77。诺格斯同样估计了进口竞争产业的技能系数,由于他使用了技能分类法,他的系数高了27%。用平均工资代替技能产生了几乎完全相同的数量程度。

　　所以,根据从研究项目包括的国家中获得的证据,不但HOS出口产品总的来说比HOS进口竞争产品耗费更多的劳动,而且前者的非熟练劳动的投入比后者要高出一个更大的份额,而进口竞争产业对这些国家的熟练劳动力有着更大的需求。

6.2 贸易流向的格局

我们在第 4 章中曾提到,我们有足够的理由相信,流向发达(资本较为丰裕)国家的出口产品和流向其他发展中国家的出口产品之间以及从不同国家流入的进口产品之间,存在着要素密集度的差别。这种看法主要地来自于国别研究者们的研究成果。

表 6.2 提供了被研究国家和中国香港的基本统计数据。在某些情况下,尤其是印度尼西亚和中国香港,出口的很大份额流向发达国家,以至于使分开的系数失去意义。不过,在另外一些国家中,与其他发展中国家的贸易量相当大,并且要素比例的差异很大。以智利为例,大约全部HOS 出口产品的一半流向其他拉美自由贸易区国家。智利对发达国家的出口产品的劳动系数是 61,相比之下对拉美自由贸易区出口的劳动系数为 29。同样地,乌拉圭对拉美自由贸易区也有大量出口,并且这方面出口产品的劳动密集度比出口到发达国家的出口产品要低得多。巴西也是如此,流向拉美自由贸易区的出口产品比流向其他地区的出口产品具有较低的劳动密集度。

科特迪瓦和巴基斯坦在进口竞争方面也存在着明显的差别:对这两个国家来说,与来自其他发展中国家的进口产品进行竞争的生产活动比与来自发达国家的进口产品进行竞争的生产活动具有更高的劳动密集度。

在某些国家中,根据出口产品去向所得出的劳动密集度差异类似于HOS 出口产品生产和进口竞争产品生产的总劳动系数之间的差异。以智利为例,减少一单位国内附加值的流向发达国家的出口产品并且用一单位国内附加值的进口竞争生产加以代替,那么它将蒙受减少 18 个工作岗位的净"损失",或者就业减少 28%。相比之下,每减少一单位国内

表 6.2　根据贸易流向、每单位国内附加值的直接劳动系数

国　家 （地区）	时　期	HOS 出口产品			HOS 进口产品		
		发达 国家	发展中 国家	全部	发达 国家	发展中 国家	全部
阿根廷	1973 年	164	147	n. a.	n. a.	n. a.	n. a.
巴西	1959 年	115	141	115	n. a.	n. a.	128
	1970 年	89	79	87	n. a.	n. a.	71
	1972 年	109	78	87	n. a.	n. a.	71
智利	1966—1968 年	61	29	34	43	43	43
哥伦比亚	1970 年	28	21	24	n. a.	n. a.	n. a.
	1973 年	32	24	29	n. a.	n. a.	n. a.
中国香港地区	1973 年	75	67	73	62	55	60
印度尼西亚	1971 年	2 176	2 149	2 175	994	1 117	1 038
科特迪瓦	1972 年	n. a.	n. a.	2 488	1 520	1 743	1 652
巴基斯坦	1969—1970 年	90	88	88	70	120	71
泰国	1973 年	22	20	22	11	22	11
乌拉圭	1968 年	441	239	366	n. a.	n. a.	238

注：巴西：统计数据来自卡瓦尔豪和哈达德（Carvalho and Haddad，1981，tab.2.14），该表数据表示每单位国内附加值的总劳动需要量，有关发达国家的数字是欧洲共同体国家，美国和加拿大系数的未加权平均数，而有关发展中国家的数字是指拉美自由贸易区的贸易；

哥伦比亚：发达国家的数字是美国和其他发达国家的未加权平均数；

印度尼西亚：总人工作日来自比特（Pitt，1981）书中的表 5.15；

科特迪瓦：数据（用人时表示）来自本森（Bension，1981，tab.6.11），它是指现代 HOS 部门。发达国家和发展中国家之间的 HOS 出口贸易没进行分解，因为发展中国家的 HOS 出口贸易不重要；

巴基斯坦：数据不包括 PCB 出口产品（Guisinger，1981，tab.7.14）；

泰国：HOS 进口产品的数据是由艾卡拉塞尼（Akrasanee，1981）提供，对发达国家的 21 种出口产品和全部项中不包括烟、酒类。

附加值的流向其他发展中国家（几乎全部出口到拉美自由贸易区）的 HOS 出口产品生产，并且用一单位国内附加值的国内进口竞争生产代替，它将使 29 个工作岗位增加为 43 个工作岗位——就业几乎增加了 50%。可以肯定地说，虽然劳动系数并非必然成为能够说明贸易战略的转变引起何种变化的完美指标，但是数量程度却能充分地说明贸易战略

的转变不但关系到贸易来自于哪些部门——NRB 或 HOS,而且关系到哪些国家会成为贸易伙伴。就智利而言,依赖于拉美自由贸易区市场的出口促进战略可能会引起向使用较少劳动的产业转移,同时以与发达国家贸易为基础的出口促进战略却会产生相反的结果。

这一发现是对第 3 章中提出的论点的有力支持,该论点认为并非所有旨在"出口促进"的政策真正构成了"出口导向"型贸易战略。除了许多其他国家外,乌拉圭和智利也严重地偏向进口替代:流向拉美自由贸易区的出口产品受到了特别的诱使,它不是任何真正的出口促进导向政策的结果而是进口替代刺激措施的结果。④因此它们的贸易体制仍偏向于进口替代产业,其程度严重到以至于刺激了其中一部分产业出口。这一研究发现对于考虑不同贸易战略对就业的全部含义具有重要意义。在第 9 章中我们将回到这个问题上来。

6.3 关于资本密集度的例证

由于资本存量的统计数据与劳动力的统计数据相比,在可获性和可靠性方面存在着更大的困难,因此在所有国别研究中我们把重点放在劳动系数上。当然,理论上讲,在自由贸易情况下两要素模型中的资本系数与劳动系数呈负相关。然而,只要统计资料许可,国别研究者们就积极地提供有关资本投入的信息。其有关结果被归纳在表 6.3 中。对于拥有统计资料的一些国家来说,除智利外,实际的结果都与预期的结果相同:HOS 出口生产活动使用的资本比进口竞争生产活动使用的要少。以印度尼西亚为例,比特用 4 个代表性变量近似地表示资本使用,所有变量都显示了很大的差异。只有在电力利用方面,HOS 出口产业和 HOS 进口竞争产业的差额小于 2∶1,而即使用耗电量来衡量,其差额也超过 50%。乌拉圭的统计数据分为流向发达国家的出口产品和流向发展中国家的出口产品两类,它们是分别给出的。可以看到,在与发达国家的贸易中每单位国内附加值用电量比进口替代产业(所有正在取代来自发达国家进口产品的 HOS 进口竞争产业)用电量少 21％。至于与其他发展中国家的贸易,主要是与拉美自由贸易区的贸易,每单位国内附加值的用电量是 2 573 千瓦,或者说是进口竞争产业的 2.2 倍。当然,用国际附加值来衡量,这些数字会更高一些。就智利而言,回想一下,出口到拉美自由贸易区的纸浆和纸张在智利 HOS 出口产品中占很大比重,它们支配了劳动系数。

表 6.3　关于单位国内附加值中资本投入的例证

	HOS 出口产品	HOS 进口竞争产业
阿根廷:能源成本	29.96	51.03
智利:千元固定资产	1 643.00	852.00
中国香港地区:利润(1973 年)	222.94	315.39
折旧(1973 年)	55.46	70.71
印度尼西亚:电动马力	2.46	7.99
总马力	7.23	17.66
耗电量(千瓦/小时)	2 386.00	3 886.00
能源消耗量(千卢比)	45.00	91.00
原动机马力	4.77	9.67
韩国:	99.00[a]	115.00[a]
乌拉圭:与发达国家贸易的耗电量	915.00	1 163.00
与发展中国家贸易的耗电量	2 573.00	

注:a:每单位产出。

　　总起来说,可得到的统计数据进一步加强了有关劳动系数的一些结论:与进口竞争产业相比,每单位国内附加值 HOS 出口产品趋向于使用较多的劳动力和较少的资本。

6.4　不同贸易类别的单位国际附加值系数

　　正如第 5 章所示,如果分析的问题是关于如何选择利用既定数量的国内资源,那么对每单位国内附加值中的劳动(或其他投入)系数加以考虑是恰当的。相反,如果我们希望评价贸易平衡保持不变时资源不同配置的效应,那么我们就应该使用每单位国际附加值的劳动系数。这种系数较为接近于要素利用的有效概念,而国内系数更接近于充分就业的条件。

当然,在自由和平衡贸易条件下,不管是使用国内附加值还是使用国际附加值,产业特定的系数是相同的,也就是说,劳动/国内附加值和劳动/国际附加值的比率是 1∶1。而且,如果存在着合适的统计数据,使我们能够依赖资本/劳动比率,那么要素密集度的排列是不变的,不管是使用国内的还是使用国际的度量方式。

然而,一旦关税或其他保护性措施导致不同商品或产业具有不同的国内价格/国际价格比率,那么国际附加值和国内附加值之间的 1∶1 关系就会被打破。⑤即使在两要素 HOS 经济中,劳动/国内附加值和劳动/国际附加值的顺序也可能发生逆转。图 6.1 说明了这种可能性。在图 6.1 中商品 A 和商品 B 的单位等产量曲线分别由 aa 和 bb 来表示。W^0W^0 线的负斜率表示工资/租金比率,在该比率上,产业 A 是劳动密集型的,使用的劳动力和资本的组合由 a^0 点的坐标值表示;而产业 B 是资本密集型的,其投入由 b^0 点坐标值表示。W^1W^1 直线的斜率(W^2W^2 的斜率相同)表示投入的价格,产业 A 使用的投入组合用 a^1 表示,而产业 B 使用的投入组合用 b^1 表示。因此,一个具有要素价格 W^0W^0 的国家,在自由贸易下,能够按 1∶1 的价格比率同时生产两种商品。一个具有要素价格 $W^1W^1(=W^2W^2)$ 的国家却不能按 1∶1 的价格比率同时生产两种商品。如果 W^0W^0 代表的工资/租金比率决定两种商品的国际价格,那么一个具有要素价格 W^1W^1 的国家只有对产业 B 实行保护,才能同时生产两种商品。在这种保护下(其程度为 W^1-W^2 除以 OW^2),两种产业可以在竞争条件下进行生产。在共同的工资/租金比率下,产业 A 总是劳动密集型,因为该产业的劳动/资本比率超过了产业 B。此外,产业 A 的劳动/国内附加值也超过产业 B。但是产业 B 的劳动/国际附加值超过产

业 A，因为在要素价格 W^1W^1 上，对于每单位产出，产业 B 比产业 A 需要更多的劳动力和资本投入。

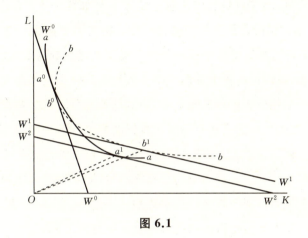

图 6.1

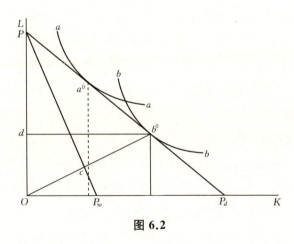

图 6.2

关于这一点的理由在图 6.2 中更容易得到理解。图 6.2 是与国家之间具有不完全的专业化和相同的生产函数的 HOS 世界不一致的。[⑥] 在图 6.2 中，商品 A 和商品 B 的等产量曲线用来表示以国内价格衡量的每种商品的单位产出，P_dP 直线的斜率表示国内要素价格，在此价格条件下，两个产业使用的要素比率是 a^0 和 b^0。产业 A 又是劳动密集型的。现在假定产业 A 是出口产业并且不受到贸易保护，而产业 B 受到高度贸易保护。举例说来,如果世界价格比率为 PP_w,那么产业 B 中每单位国际附加值的劳动将是国内附加值与国际附加值比率(或 Ob/Oc)的 Od 倍。由此可见,Ob 和 Oc 之间比例上的差异是如此之大,以至于使得产业 B 中每单位国际附加值的劳动(和资本)超过了产业 A。

不管两种可能的情况中哪一种会引起要素比例的逆转,我们都可以明显地看出,以国内附加值和国际附加值为基础的劳动密集度之间的逆转代表了一种相应于工程意义上的"绝对低效率"的情况:在要素比率逆转时,受到较少保护的产业有可能获得较高的单位劳动和单位资本的国际附加值。换句话说,当劳动力丰裕的国家生产的劳动密集型商品中的单位国际附加值耗用更多的劳动力和资本时(同时每单位国内附加值使用较少的劳动力),对于按现存要素比例从事生产的产业来说,不存在一个保证该产业有效运行所需的投入相对价格的集合。[⑦]

只要记住这一点,我们就能够对来自国别研究的劳动/国际附加值系数加以分析。[⑧]为了便于比较,这些系数以与表 5.1 中数字可比的形式出现在表 6.4 中。让我们来回想一下,所有的比率都是相对于 HOS 进口竞争活动中每单位国际附加值的劳动表示的。为了将每单位国内附加值的劳动估计值转化为每单位国际附加值的劳动系数,我们必须用国内附加值与国际附加值的比率乘以劳动/国内附加值系数(1＋有效保护率)。如果所有出口品的有效保护率是零,那么对于出口产业来说,劳动/国内附加值和劳动/国际附加值是相同的。如果一种体制偏向于出口替代,以至于进口竞争产业的有效保护率为正值,那么劳动/国内附加值会小于劳动/国际附加值。这正是引起要素比例逆转的原因所在,特别在对出口产品采取消极的有效保护(以至于劳动/国际附加值小于劳动/国内附加值)和对进口替代产品采取积极的有效保护(以至于劳动/国际附加值大于劳动/国内附加值)时,情况更是如此。[⑨]

在实践中,有些出口产业具有正值贸易保护水平,有些出口产业具有负值贸易保护水平,因此出口中劳动/国内附加值与劳动/国际附加值的比率和进口替代中劳动/国内附加值与劳动/国际附加值的比率之间的关系并不像初看起来那样简单。

不过,正如表6.4中所示,在国际附加值中HOS出口产业的劳动系数与进口替代产业的劳动系数的比率,一般地小于在国内附加值中的这一比率,这反映了贸易体制对进口替代的一般的偏向。以智利为例,HOS出口产品每单位国内附加值的全部劳动需要量与HOS进口竞争产品每单位国内附加值全部劳动需要量的比率是0.8,而对每单位国际附加值来说,其比率为0.47。只有在巴基斯坦和科特迪瓦,这一比率是上升的,因为在这两个国家HOS出口产品得到了正值的有效贸易保护。

表6.4　每单位国际附加值的直接劳动系数(贸易类别中直接劳动系数与HOS进口竞争活动中单位国际附加值的直接劳动需要量的比率)

国　别	HOS出口产品		全部
	非初级产品型制成品	初级产品型制成品	
阿根廷	n.a.	n.a.	0.55
智利	n.a.	n.a.	0.47
哥伦比亚	n.a.	n.a.	1.63
印度尼西亚	1.31[a]	n.a.	1.65[b]
科特迪瓦			
现代部门	n.a.	n.a.	1.42[b]
全部部门	n.a.	n.a.	1.33
巴基斯坦	1.28[c]	n.a.	1.53
泰国	2.36	0.85	1.23
突尼斯	n.a.	n.a.	0.91
乌拉圭	n.a.	n.a.	0.66

注:a:每单位国际附加值的直接劳动加上国内商品的间接劳动。为了比较,非初级产品为基础的制成品的国内附加值的可比比率是1.46,相对于进口竞争商品的所有HOS出口产品的国内附加值的可比比率是1.92。

b:见表5.1中关于科特迪瓦的注释。这里的数值是指每单位国际附加值的直接劳动加上国内商品的间接劳动的比率。

c:来自于吉辛格(Guisinger,1981,tab.7.12)的直接劳动加上国内商品的间接劳动。为了比较,有关国内附加值的数字是1.41和1.30。

我们有三个要素逆转的实例:阿根廷、突尼斯和乌拉圭的HOS出口产品。在这些实例中,进口竞争活动中每单位国际附加值的劳动系数超过了出口生产活动。其原因准确地反映在图 6.1 和图 6.2 中:国内附加值与国际附加值的比率超过了劳动投入中的同等比例的差异。在乌拉圭,这种差异是巨大的:每单位国内附加值的 HOS 出口产品比进口竞争产品多耗费 50% 的劳动,而 HOS 出口产品的每单位国际附加值耗费的劳动只相当于进口竞争产品的三分之二。这反映了乌拉圭对进口竞争产业实行很高程度的贸易保护(见表 7.1)。

乌拉圭要素逆转的数量程度可以从下列计算中看到。假设乌拉圭的进口竞争产业每创造 100 万美元的国际附加值所使用的直接资本——用每千千瓦能源耗费量(4576)来反映——反而被配置到 HOS 出口产业。在进口竞争产业中,每百万美元的国际附加值使用 934 个工人;在流向发达国家的 HOS 出口产品中,310 万美元国际附加值的资本系数是 4 576 千瓦。HOS 出口产业中每百万美元国际附加值需要 707 个工人;因而,在不变系数下,为了利用相同数量的资本(如果能源耗费能够恰当地代表资本投入),它总共需要 2 191 个工人,而进口替代产业只需要 934 个工人,并且出口产业产出的国际价值增加了三倍。可以肯定地说,估计值是不精确的,并且在任何情况下,乌拉圭经济都不可能承受长时间的资源转移。果真如此,劳动力无疑会变得稀缺起来,并且要素比例会随着工资/租金比率的变动而发生改变。然而,这些数字如此之大,足以说明在既定的实际系数和相应的贸易战略下,潜在的福利将遭受莫大的损失。

当然,对大多数国家来说,这些数字不会如此极端,虽然对智利和突尼斯来说,这种差异是明显的。虽然没有一种用来准确反映一个国家对进口替代偏向程度的单一衡量标准,但是国别研究中的例证足以表明,三个要素逆转的国家是属于那些对进口替代有着最大偏向的国家。当然,在科特迪瓦和印度尼西亚,劳动/国内附加值比率和劳动/国际附加值比率之间的差异要小得多,在这两个国家中,大量的例证说明它们对进口竞争产业实行低得多的贸易保护(见表 8.1)。

如果我们只研究资本/劳动比率,它们在基本 HOS 模型给定时看来是合理的,那么我们就可以忽略劳动/国内附加值和劳动/国际附加值可以转换这一事实。确实,在研究项目开始时,我们没有期望这一结果可能出现:注重于劳动系数而不注重于劳动/资本比率的理由,是我们相信关于工人数量(无论是根据工作小时进行调整还是没有调整)、技能和经验的统计数据比关于资本存量的统计数据多少更加可靠和更容易普遍获得。劳动/国内附加值比率和劳动/国际附加值比率之间的差距那么大,说明了在有效贸易保护率出现显著变动的情况下,分别对资本系数和劳动系数加以考察的重要性。即使我们可以得到两者的可靠的统计资料,也是如此。

6.5 结论

第 5 章和第 6 章基本上是描述性的,它们考察了有关不同类别贸易产品劳动系数的例证以及有关不同贸易战略对就业产生的效应进行分析的其他统计数据。这些劳动系数都是研究项目包括的国家中市场运行和政府干预的结果,因此对这些系数的决定因素进行考察要求我们在第 7 章和第 8 章中对要素市场进行分析。然而,根据基本理论,在不同刺激措施和要素市场不完全情况下,要素投入和贸易商品构成之间几乎不可能存在任何系统的联系。令人感兴趣的却是,在研究项目包括的大多数国家中,HOS 出口产品生产大体上比进口竞争商品生产具有更高的劳动密集度。一旦我们考虑每单位国内附加值的就业系数,这种情况就会出现;如果资本存量规模限制了制造业部门规模,那么就业在 HOS 出口产品生产上升的情况下比在 HOS 进口竞争生产上升的情况下增加得更多。这是因为 HOS 出口产业有着更大的劳动需求并且这些产业一般地说具有较低的资本系数,这意味着制造业的总附加值能够增加。以国际附加值衡量,就业系数的差异一般地说是较小的,主要因为进口竞争产业比 HOS 出口产业受到更高的有效贸易保护。其结果进口竞争产品的每单位国际附加值比出口产品使用更多的劳动力和资本两种要素。在一些国家中,这种情况确实存在。这与其说表明了就业的潜力,倒不如说反映了一些进口竞争产业经济上的低效率:资本/劳动比率并没有由于单位从国内附加值改变为国际附加值而发生改变。

一旦我们把注意力转向就业构成,特别是转向就业人员的技能方面,实例会再次足以证明 HOS 出口产业比进口竞争产业使用更多的非熟练劳动、更少的熟练劳动以及更多的管理劳动。这个结果使得我们有理由进行谨慎的分析,特别是对研究项目包括国家中工资结构的决定因素的分析。然而,即使在这种情况下,直接从 HOS 模型中演绎出来的思想,即国际贸易使发展中国家能够用它们相对丰裕的要素——非熟练劳动力——替代相对稀缺的要素,看来已被统计数据证实,不管要素市场的不完全性如何影响这一结果。

最后,有关证据说明,地区贸易安排,特别是拉美自由贸易区,诱发了这样一种贸易格局,在这种格局中出口产业使用的要素比例与其说相似于向发达国家出口的 HOS 出口产业,倒不如说更相似于进口竞争产业。这一结果具有直觉上的意义:如果在世界经济中,所有发展中国家在相对密集地使用非熟练劳动生产各种商品方面具有比较优势,那么它们不大可能相互地进入到对方市场——运输成本的差异和贸易保护有可能阻止其他情况下有利可图的贸易,但是 HOS 模型指明了具有不同要素禀赋的国家之间进行贸易可以获得很大的收益。因而,这样一种可能性似乎是存在的,一旦关税优惠范围被加以扩大,它就有助于鼓励进口替代产业的产出在地区内部出口。增加还是减少实际收入,取决于从地区贸易伙伴进口的资本密集型商品是否能够取代定价更高的国内产品,或者它们是否能够取代来自发达国家的进口产品。如果是后一种情况,就有明显的贸易多样化伴随着从地区优惠安排中遭受相应的福利损失,并且一种既定的贸易战略所具有的非常不同的就业含义,取决于该战略性质上是属于全球性的,还是区域性的。

注释

① 见科博和米勒(Corbo and Meller，1982)有关这个问题的研究结果。又见布兰森和莫诺伊奥斯(Branson and Monoyios，1977)。

② 见第 7 章中有关最优要素比例和技能/资本/劳动替代性的讨论。

③ 见保罗·舒尔茨在《发展中国家贸易和就业：要素供给和替代》(Krueger，1982)一书中的研究结果。本书的第 7 章和第 8 章还将对他的成果加以讨论。舒尔茨认为，一部分有效保护给受保护产业的人们带来了较高的收入，这一发现强烈地表明在必要的统计资料可以得到的情况下，卡瓦尔豪—哈达德的中值收入分析程序更可取。

④ 诺格斯曾写道，阿根廷流向拉美自由贸易区的出口产品中 72％是进口竞争型的。而且，这些出口产品在阿根廷所有出口产品中劳动密集度最低。

⑤ 然而，资本/劳动比率的排列仍不变。

⑥ 对于不完全专业化来说，必须至少存在一组要素价格，使得在既定的国际价格下，两种商品的生产有利可图。由于图 6.2 是根据标明的要素价格和国际价格制作的，那么每个国家在每个产业都有共同的生产函数并且同时生产两种商品就是不可能的。

⑦ 虽然表 6.1 和表 6.2 揭示了从劳动/国内附加值到劳动/国际附加值的"逆转"，但是，它们的根本不同之处在于表 6.1 中有一组要素价格(以及由此产生的禀赋程度)，按照这种价格，两个产业同时生产是合算的；而在表 6.2 中，只要国际价格保持不变，产业 B 在任何正值水平上进行生产都是不合算的。在后一种情况下，如果某个其他国家在没有保护的条件下同时生产两种商品，那么这可能是两个国家生产函数差异的证据。

⑧ 并非所有国别研究者都计算了国际附加值统计量。研究项目包括的、但没有列入表内的是一些统计数据难以获得的国家。当然，对于中国香港地区来说，国内附加值系数和国际附加值系数是一致的，因而这里不加重复。

⑨ 值得注意的是，当国际附加值是负值时，劳动/国际附加值是不确定的。

7

要素市场扭曲的程度

虽然理论上讲充分的要素市场不完全性会产生出口产品和进口产品"逆转"的可能性,但是国别研究的证据表明,除地区贸易安排外,这种情况没有出现在 HOS 贸易中。这一发现本身就是重要的,它表明我们可以非常自信地认为,采取一项真正的出口导向型贸易战略不会导致相反的结果,并且在有关贸易战略选择中就业和实际产量目标之间不存在潜在的冲突。

然而,没有发生逆转并不意味着要素市场不完全性是不存在的或不重要的。理论没有说明逆转必定发生或可能发生;但它却指出,在扭曲出现的情况下,观察到的要素比例和产品组合将不同于它们在不存在扭曲情况下的情形。

因此,存在着一些重要的问题:要素扭曲的程度有多大?扭曲对产业内的要素比例有多大的影响?产品市场和要素市场扭曲对产出构成的效应是什么?在不存在市场不完全性情况下,不同的贸易战略的就业含义在数量上有什么不同?在不存在市场不完全性情况下,通过选择贸易战略,额外就业的潜力会有很大增加吗？或者恰好相反,这些扭曲在数量上非常之小或极不重要,以至于它们的消失难以影响第 5 章和第 6 章中提到的数量程度吗？贸易战略的选择通过什么样的政策有可能增加劳动需求或降低劳动需求？这些扭曲是贸易体制不可分割的部分还是无关紧要的附属物呢？

从经验方面看来,这些问题的解决有着内在的困难。"完全市场"从来没有出现过。信息成本、经济增长过程中的摩擦、运输成本和其他现象,都是为什么我们从来没有在所有市场上见到过完全统一的收益率、价格和工资的原因——在有调整代价的情况下,它们也是不可能存在的。这说明,一个首要而又困难的经验任务,是区分观察到的差异的不同成分。然而,更为基本的是,市场不完全性总是存在的,它们仅仅表现为范围上和数量上的不同。一个根本的问题是,在何种情况下这种不完全性大到足以严重影响市场的功能以及对市场信号作出反应的性质。

我们对可能出现的要素市场不完全性的数量程度及其结果所知甚少。由于分析的复杂性,这是不足为奇的。鉴于统计资料的缺乏和先前的分析,我们不能期望国家经济研究局的研究项目能够提供回答这些问题的数量估计值。但是我们看到了一些数量例证。本章的目的就是评价关于研究项目包括的国家中扭曲程度的研究结果。

虽然本研究项目的重点是放在创造就业机会这一问题上,但是劳动力市场和资本市场不完全性能够影响不同技术的相对利润率,这意味着资本市场和劳动力市场的扭曲必须通过估计扭曲来加以评价。因此,在本章中,资本市场和劳动力市场的扭曲效应根据它们对资本和劳动力使用的相对成本的影响来加以评价。对这些差异和产品市场扭曲对劳动系数的影响进行评价是第 8 章的任务。

第 7.1 节进行一些必要的基本分析,即考察资本市场扭曲的类型及其对使用资本和劳动力的成本可能产生的效应。然后,第 7.2 节提供有关要素成本扭曲程度的证据。第 7.3 节包括这些扭曲对工资/租金比率产生的数量效应进行估计。在第 7.4 节中,这些估计值被用来说明工资/

租金比率受到影响的数量程度。在第 8 章中,我们将考虑这些成本差异对要素比例的影响以及它们对不同贸易战略的就业含义的影响。

7.1 资本市场扭曲分析

除了第 2 章中讨论的劳动力市场扭曲可能对使用劳动力和资本的相对成本发生影响之外,资本成本还会受到以下三种方式的严重影响,从而影响不同技术的相对吸引力并或多或少地影响资本密集型产业的相对成本。首先,贸易体制本身可能按照这样一种方式进行管理,该方式会影响到资本设备不同使用者的相对成本。其次,可能存在能够影响不同产业的劳动力和资本相对成本的信贷配额政策。最后,税收结构能够影响劳动密集型和资本密集型产业的相对利润率。影响资本成本的三种方式将在本节中依次加以讨论。

7.1.1 贸易体制和资本设备的成本

各种机制,特别是在进口替代体制下的各种机制,已经得到了识别,通过这些机制贸易体制可以影响相对于劳动力成本的资本成本[①],同时也影响不同生产活动的资本相对成本。[②]一般说来,其中最为明显的是资本设备的进口总是享受优惠汇率,特别是在进口替代情况下更是如此。

关于资本市场扭曲的很多问题,可以从引起扭曲的一种最简单的机制方面进行分析:对机械设备的进口实行有别于其他进口产品的不同(和较低)的有效汇率。在大多数进口产品受到高关税的限制而资本货物以较低的关税或免税进口时,这经常地会引起本国货币高估的问题。首先让我们考虑进口所有资本货物和国内不生产替代品的情形。如果资本货物被允许按高估的汇率进口,而其他种类进口产品受到禁止或受到非常高的有效外汇价格的限制,那么显然,购买进口的资本设备只要支付比在没有扭曲情况下更低的价格。

然而,只有在对一种决定进口资本设备总量的机制加以详细说明之后,才能对这种政策的效应进行分析。为了说明这一点,我们应该充分认识到,如果所有愿意在现行(补贴)的价格下进口资本设备的人可以自由地进口,那么资本货物和设备进口量会高于它在非扭曲价格下的水平。净效应造成了比在没有扭曲情况下更大的资本设备存量:国内消费量大概比它在没有扭曲情况下更小,而投资量则更大。③ 在这种情况下,扭曲对相对于将来的现期消费水平发生作用:市场决定的结果是更多的现期消费和更少的将来消费。然而,从所有进口机械设备的使用者都面对同一的(扭曲的)价格这个意义上来说,国内资本货物市场不存在任何扭曲。

然而,发展中国家进口体制的研究者们很少相信资本货物的进口量高于其最佳水平。在汇率被高估和资本货物被允许按照比其他商品更低的有效汇率进口的情况下,由于各种原因,外汇的需求通常大于外汇的供给。其结果是政府当局通常使用某种配给机制来决定在暗补水平上谁被允许进口多少物品。正是这种配给机制和有权进口的人享受的暗补,决定了扭曲的真正性质及其对单个企业家觉察到的资本成本的效应。

几种配给机制被使用,它们对资本成本产生的效应是不同的。几种突出的配给机制是:(1)指定能够以优惠汇率进口的“优先”产业和部门;(2)在进口资本货物的财政总预算的限制下,决定哪些投资项目可以得到批准;(3)按比例地削减进口物品许可证的申请。

一些“优先”产业和部门被批准相对自由地进口资本货物,这些部门中企业的资本服务成本相对说来低于其他部门的企业。没有获得批准进口的企业面临的资本成本高于它在没有扭曲情况下的水平。

第二种机制发生作用的方式主要取决于投资项目如何被审查批准。一方面,如果个别经营者感到他们进口资本货物的申请获得批准的概率与其投资项目的资本密集度无关,那么资源配置的净效应将相似于第一种机制：这些被批准和被允许进口资本货物的投资项目比假设按市场出清价格付费的情况下具有更高的资本密集度（虽然根据假说，由于总的外汇收入会比在一个不那么高估但又较高的有效汇率下较少，市场出清价格可能高于它在没有汇率高估时的水平）。

另一方面，如果申请者认为他们的申请获得批准的概率取决于该项目的资本密集度，那么其结果是不同的。在极端的情况下，如果有关当局正确地制订资本和劳动力的影子价格来保证充分就业并使资本对劳动力的边际替代率在各处都相等，那么项目评价的结果应该等同于一种有效的供给外汇的拍卖市场产生的结果，除非所有的进口资本设备许可证的获得者暗地里接受相当于其许可证价值的补贴，并且进口产品总量会低于完全均衡情况下的水平。④

可以肯定，虽然这种"完全的影子订价"机制是不可能实际存在的，但是考虑这种价格突出了第一种极端情况和这样一个事实：汇率高估对资本成本产生两种明显不同的效应。一方面，由于外汇收入较少，预计资本货物的进口会相应较少，而企业平均支付的资本成本会高于它在外汇较易得到情况下的水平。另一方面，由于进口许可证机制必然是不完善的，对既定资本存量的错误配置是可能的。在"完全的影子订价"下，所有生产活动中的边际替代率会相等并且资本设备的进口者会获得相等的一次性补贴，这种补贴不会影响他们的行为。在另一种极端情况下，整个暗补价值都被生产过程中使用高于最优水平的资本密集度（或生产资本密集度很高的商品）所吸收。

进口权分配的某种特定形式对资本成本产生极易识别的影响。这就是，当局为了做到"公平"，制定一些有关进口许可证分配的标准。这些标准经常是依据如现存生产能力的份额或产出份额等那些能够为许可证发放提供准则的现象制定的。这些准则一旦被宣布，就会不同程度上影响资本成本，因为建立新的生产能力或其他一些做法事实上构成了获取进口许可证的一部分成本。⑤

第三种机制，即按比例地削减进口资本货物许可证的申请，在很大程度上是介于前两种办法之间的。不过,它对资本成本的影响取决于多少企业、多少产业和部门有资格申请进口机械设备,以及取决于申请者对按比例削减实现机制的预期。如果许可证根据进口机械设备的价值量发放,那么它所产生的刺激不同于许可证根据进口特别种类机械设备发放时所产生的刺激。在前一种情况下,获得进口某特定价值的资本货物的许可证对获得者会产生一种预算限制,结果是在许可证规定价值小于他在现行汇率下想得到的进口量的情况下他就会选择劳动耗费型和资本节约型技术。另一方面,如果进口许可证被授给进口特定的自动织机或其他资本密集型设备,那么节约使用进口资本货物的动力是完全不同的。

在以上三种机制中的任何一种存在的情况下,资本暗补的效应必须分成两方面加以分析:(1)配给机制对符合条件的部门中技术选择产生的效应;(2)配给机制对那些使用比它们在最优资源配置下资本密集度更低技术的部门产生的效应(现存的产出格局既定)。

在阿根廷和一些通过汇率高估方式对资本货物的进口实行暗补或明补的国家中——智利、巴基斯坦、泰国(在较小程度上)、突尼斯和乌拉圭——获得补贴的部门看来是一些大规模的城市工业部门,它也是受到关税和贸易壁垒鼓励生产进口替代产品的部门。⑥没能获得补贴的部门看来是一些不正规或小规模的城市部门和农业—乡村部门。进口资本设备的暗补数量级将在第7.2节中加以讨论。

至此,我们的讨论是在进口替代体制条件下进行的,在这种体制中所有的资本货物必须进口。事实上,建筑通常是一种国内物品。⑦此外,在进口替代被作为一种政策实行多年的国家中,某些类别的资本货物也是在国内生产的。在这些情况下,贸易体制会产生出第二组效应:一方面,资本货物进口的暗补如前一样会鼓励进口许可证获得者采用资本密集度高于最优水平下的技术;另一方面,有关当局经常禁止进口与国内生产相竞争的物品。

如果进口许可证的获得者被要求从国内生产者购买一部分工厂设

备,后一种效应可能部分地抵消对资本货物的暗补。根据贸易保护假说,由于国内设备一般订价高于国际市场价格并且受到贸易体制的保护(保护程度高于与高估汇率相关的暗中消极的保护),因此对用资本替代劳动的动力所产生的净效应就变得相当复杂。国内生产设备所提高的成本是大于还是小于进口设备所降低的成本,将决定对投资物品成本产生的净效应。在后一种联系中,存在着有关进口资本设备和国内资本设备之间替代程度的重要问题。[8] 由于资本货物的生产范围受到限制,因此还存在着何种投资受到最严重影响的问题。[9]

对于不能获得进口许可证的个人和企业来说,保护国内资本货物生产者所产生的净效应可能会提高使用资本的相对成本。[10] 被拒绝给予进口许可证的集团是否是经济中一些非正式的部门和农村部门,这是不确定的:它可能也包括有组织部门中的一些企业。

总之,对于那些获得进口许可证的企业和个人来说,进口资本设备的暗补会对使用资本的成本产生不同的效应,它取决于配置机制,国内资本货物产业受保护的程度,这些货物的范围和国内货物在投资中所占的比重。对一部分人和企业实行进口资本货物的暗补,自然地使经济中那些不能进口资本货物的个人和部门承担相对高的资本成本。进口替代体制一般会通过这个机制倾向于使经济中大型企业和有组织的部门获得好处。暗补有可能会抵消由比较劣势造成的该物品生产的较高成本。不过,这包括了对资本使用产业和选择资本密集型技术的暗补。

7.1.2 信贷配给和国内资本市场的不完全性

为了强调发展中国家市场的不完善功能在经验上对影响资源配置和经济增长是重要的,很多研究者集中研究了金融市场、信贷市场和证券市场。[11] 它们的一个过于简单化的特征包含以下几个内容:一种零散的或实际上不存在的证券市场,其结果大多数私有企业是家庭工厂;政府对银行体制的限制,特别是对利率的限制,使得贷款的过度需求普遍存在和金融机构对客户实行某种程度的信贷配给;缺乏长期借贷市场。

　　不充分的证券市场或证券市场的不存在以及缺少长期信贷一起造成了巨大的成本。因为，即使银行系统能够以正值的实际利率顺利地运行并对所有申请者提供贷款[12]，企业家可能不愿意借入短期贷款用于长期投资。相反，如果家庭资产规模在产权地位方面使潜在的借款者受到限制，那么银行可能不会愿意借出大量短期资金。由于这两种情况的结合意味着每个企业将按照主要由其自有资金决定的（反过来自有资金产生于其自有资源）速度扩大生产，因此每个企业都有各自的资本供给曲线和不同的资本成本。

　　一些发展中国家的政府对金融市场的这些现象作出以下各种反应：一些国家进行货币改革来使信贷市场自由化并诱使金融机构提供产权资本和长期贷款。在另一些国家，政府利用这些市场不存在作为引进"选择性信贷分配"的原则，其中政府所有或政府管制的金融机构根据各种不同的标准对短期和长期信贷实行分配。[13]在这种情况下，贷款的利率明显低于市场出清的水平，并且也低于在没有实行管制时银行和其他金融机构的贷款利率水平。通常，利率甚至比通货膨胀率还要低得多。

　　一旦使用这种干预方式，由此产生的信贷配给可能对单个企业的成本产生重大的效应，这种效应取决于可贷资金的分配方式。

　　现在我们必须对两个问题加以考虑。第一，国内信贷市场中存在着多种机制能够严重影响单个产业和企业的资本成本。第二，政府运用一些信贷分配机制将资源疏导到它们所需要的方面。这些方面经常与贸易战略的选择紧密相关，并且贸易战略和国内信贷市场的相互作用对资本使用相对于劳动的成本产生很大的影响。

　　首先让我们转到国内要素问题上，在实际利率下，带有暗补成分的信贷分配机制经常能够对不同产业的资本/劳动成本产生重大的和不同的效应。在政府所有或政府控制的金融机构是主要贷款者的一些国家中，情况尤其如此。在投资构成主要是进口资本货物的一些国家中，在信贷机制和进口许可机制之间存在或能够存在很大范围的选择，来作为控制投资方向的一种手段。由于此种原因，信贷配给及其对资本成本效应的分析,是与进口许可证及其效应的分析极其相似的。

特别地,如果金融机构在不考虑投资项目的技术选择的情况下对信贷申请加以评价和决定,那么企业就会将现行的利率看作为他们的借贷成本。另一方面,如果所有的投资者有权以补贴的利率获得一部分资金,同时又必须以场外实际利率获得另一部分资金,效应可能是极其不同的。例如,在韩国几乎所有的企业似乎有权以比预期通货膨胀率低得多的暗补利率获得他们融资中的一个固定份额。然后他们到场外市场寻求融资的其余部分,支付比通货膨胀率高出 5%—15% 的实际利率。只要融资方式既定,并对潜在投资项目的规模来说不变,潜在投资者面临的"真实"利息率等于补贴利率贷款乘以借贷利率加上其余贷款乘以场外利率。

另一方面,如果投资项目是可分的并且不需要上报或执行精确的扩建计划,那么场外利率可能成为借款真正的边际成本。因为在这种情况下,以低于市场出清利率获得的贷款包含着大量的暗补,它确切地意味着:选择劳动密集型较高的技术会节省按场外利率的借款。

图 7.1 说明了几种不同的可能性。在第一种情况下,官方借贷利率是 r_o 所有企业有权按此利率获得他们申请贷款的 2/3,同时场外利率是 r_c,企业按此利率获得其全部贷款的 1/3。在这个例子中,企业面对的实际借款利率是 r_a,等于 $2/3 \times r_o + 1/3 \times r_c$。如果所有企业都可获得补贴信贷并且知道他们将要获得的比例,那么他们会将投资决策建立在 r_a 基础上,如果所有企业都这样做,并且所有企业都有权以补贴利率获得相同的份额,那么潜在借款人之间资本配置不会发生扭曲。

在第二种情况下,r_o 和 r_c 如同第一种情况,但是有关当局向一部分申请贷款企业提供贷款,另外一部分企业则得不到贷款。这样就出现了两类企业。具有 MEC_1 曲线那样的投资计划的企业无权获得或被拒绝给予补贴贷款,因而他们只好完全求助于场外融资,以利率 r_c 获得贷款 Ol_1。第二类企业的投资计划用 MEC_2 曲线表示,该类企业以补贴利率获得他们投资项目的全部资金,其数量为 Ol_2。在这种情况下,扭曲是明

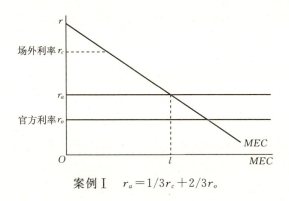

案例Ⅰ　$r_a = 1/3 r_c + 2/3 r_o$

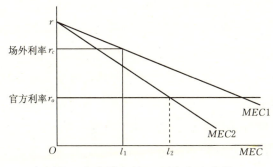

案例Ⅱ　企业甲支付 r_c 而企业乙支付 r_o

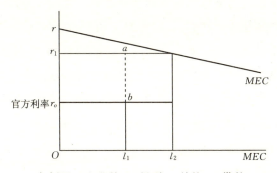

案例Ⅲ　企业按 r_o 得到 l_o 并按 r_1 借款

图 7.1

显的:存在着收益率高于 r_o 的投资机会时,第一类企业无法从事投资,而对第二类企业来说,投资的收益率是 r_o。

第三种情况是企业获得数量为 Ol_1 的贷款,但除此之外,它们就可以按利率 Or_1 在场外市场上自由地决定借款数量。如图所示,场外市场的贷款量为 l_1l_2。在这个例子中,长方形 r_1abr_o 完全是对借款人的一次性补贴。如果所有借款人都得到这样一种补贴并且从场外市场中筹借额外的贷款,那么他们就会面对相同的资本边际成本。只有当一些借款人发现从场外市场筹资无有利可图的时候,资本成本才会在资本使用者之间有所不同。

在大多数国家中,以上三种情况的一些因素无疑都会出现。在韩国,按官方利率的融资额度是如此巨大(见第 7.2.8 节),以至于有一部分借款人(如第二种情况)没有资格获得贷款,并且另外一些借款人将实际借贷成本看成相当于第一种情况中的水平。在泰国和巴基斯坦,大型企业是官方利率的主要借款者,所以第二种情况是资本市场信贷配给效应的较为确切的描述。在巴西,按低利率融资的投资份额是非常小的,因而它最接近于第三种情况。

剩下的问题是三种信贷配给机制中的一种或全部如何与贸易战略的选择发生相互作用的。一种明显的机制是在何时有资格获得补贴信贷的优先产业应与贸易战略的选择联系起来。这是一种经常性的情况。在进口替代的国家中,计划当局经常开出他们想要鼓励的产业的名单并且使这些产业获得贷款。甚至在出口促进的国家中,特殊融资机构经常服务于出口商。这种机制肯定是韩国出口促进战略的一个重要特征,也是洪氏强调的导致韩国经济内部资源配置不当和技术过度资本密集的一个原因。此外,低成本资本服务的存在,至少使一些相对资本密集型产业能够出口而不管是否缺乏比较优势。这些因素的经验重要性将在下一节中加以评价。

7.1.3 税收及其对资本成本的刺激效应

一般说来,有关税收对要素比例刺激效应的分析是易于理解的。最经常遇到的税收种类是有关劳动力方面的税收:社会保障税和其他税收措施会大幅度地提高雇佣劳动力的成本。下面我们将对有关这个问题的证据予以回顾,除了在只对一个经济部门征收有关劳动力的税款时,该部门就会面对着比其他部门更高的工资并有使用资本密集度较高的技术的强烈动力外,我们没有什么可多说的。⑭总起来说,这对于研究项目包括的很多国家来说似乎是真实的。

其他几种税收(或用于鼓励特定生产活动的税收减免)也会影响技术的选择。对一些研究项目包括的国家来说,也许最值得注意的是指定(一般为"优先")产业中企业享受的免税期。因为免税期只限于非劳动收益,因此这些措施一般旨在鼓励某些产业的发展而不管这些产业的技术选择,但无论怎样它们加强了对使用资本密集型技术的刺激。⑮

相反,巴西广泛实行的一种销售税减免似乎没有对要素比例产生明显的效应。虽然巴西的税收结构特别优待在国外市场销售的商品,但是它几乎没有对单个企业的技术选择造成偏差。

7.2 要素成本扭曲的数量程度

在本节我们将根据第 2 章对劳动力市场的分析和第 7.1 节对资本成本的分析来重新考察研究项目包括的国家中要素市场的扭曲程度。⑯如下所述,在一些国家和地区中扭曲的性质和程度有着相当的不同。中国香港没有包括在内,因为所有的证据表明中国香港的劳动力市场和资本市场相比之下没有受到扭曲。

7.2.1 阿根廷

在阿根廷似乎存在着以上所述的各种不同类型的资本成本;同时也存在着提高雇佣劳动成本的许多因素。

贸易体制本身影响使用资本设备的成本,其中通过高估汇率和获得进口资本货物许可证可以得到大约 40% 的暗补。与此同时,阿根廷的进口替代走得如此之远,以至于到 20 世纪 60 年代后期造成了一个国内生产资本货物的庞大产业。根据诺格斯的估计(Nogues,1980),用于交易的资本货物生产投资的大约 68% 是由国内供给的。国内生产者在生产机械品方面受到 97% 的名义保护率的保护,在生产运输设备方面受到 109% 的名义保护率的保护。诺格斯没有能够估计进口资本货物的许可证在产业之间有差别的分配,但是他猜测到近来受到产业促进法鼓励的进口替代部门中的国有企业和厂商在许可证方面享有优惠。平均说来,他估计相对于自由贸易的水平,贸易体制将资本货物的价格提高了大约 8%。

国内政策也会影响使用资本货物的成本。阿根廷通过了产业促进法来鼓励发展新兴的进口替代产业。从这些法律条文中获益的产业、企业和地区有资格享受国内税收和关税的减免待遇以及以优惠利率获得信贷。免税期和还款延期(后者在高通货膨胀国家非常有用)与以上优惠条件是一致的。诺格斯估计,在 20 世纪 70 年代初期有以上资格的投资者通过财政机制得到了大约等于其资本成本的 40% 的补贴。与此同时,对于 10 年期的贷款,负实际利率中的暗补成分大约为 66%。虽然只有 14% 的制造业投资受到这种贷款的资助,但是该贷款在制造业部门之间的分配造成了资本成本的显著差异。平均说来,财政补助大概减少了制造业资本成本的 9%。

阿根廷政府对劳动力市场的干预也对劳动力和资本的相对成本产生重大的影响。在诺格斯估计的时期中,政府对非熟练工人规定了最低工资。该规定对大规模制造业部门可能很大程度上是一种约束。此外,老年人退休计划的收费、家庭津贴基金和其他劳动福利立法无疑包含了很大的税收成分。诺格斯估计,平均说来,这类税收大约使劳动力成本增加了 15%(大于最低工资法的影响)。劳动力成本在遵守政府规定的企业和违反这些规定的企业之间的差别高达 40% 之多。

7.2.2 巴西

正如我们在表 3.3 中看到的,在 20 世纪 50 年代后期进口替代阶段巴西的有效贸易保护结构对资本货物进口特别优惠。消费品的平均有效保护率是242%,中间产品的有效保护率为65%,资本货物的有效保护率为53%。由于在那个时期汇率被大幅度地高估,因此这也许导致明显地比最优状态情况下更强烈地使用资本密集型技术,特别是由于在那段时期中所有资本货物实际上都从国外进口。

在20世纪60年代,关税改革实质上统一了有效保护率,这一点在表3.3中反映出来。这样,在进口替代时期,对于那些具有足够优惠条件进口的企业来说,贸易保护结构以及对资本货物的进口免受其他商品同样的限制可能导致了资本货物的价格低于其最优水平。随着转向出口促进战略,由汇率支持的优惠资本的歧视政策基本消失了,但是它却部分地由提供暗补的信贷所代替。⑰

直到1964年,提供中期和长期信贷的金融机构实际上才开始出现。在那个时期,国家经济发展银行(BNDE)开始以相当低的利率从事中期和长期贷款的业务,通常实际利率低于5%。相比之下,在那段时期,资本的实际收益率每年大约为12%。对1965年到1974年这段时期来说,卡瓦尔豪和哈达德计算出国家经济发展银行贷款中包含的暗补是贷款额的10%—50%,根据贷款期和偿还计划计算,暗补在贷款额中的份额的平均值大约为20%。国家经济发展银行平均承担了他们资助项目中资本货物成本的60%—70%,其余部分来自于按市场利息获得的信贷。这样,从国家经济发展银行贷款中得到的暗补大约是资本货物成本的12%。因此,对于该种贷款获得者来说,补贴部分的数额是很大的。不过,对于经济中大多数制造部门来说,国家经济发展银行贷款资助的总投资的份额是相当小的:除了金属生产55%的投资是由国家经济发展银行资助之外,其他部门从国家经济发展银行中获得的贷款额在其总投资额中的比例少于15%。

虽然对于整个制造业部门来说,国家经济发展银行贷款中的补贴总值大概只是3%—4%,但是这一点是显而易见的,即信贷配给的方式导致了不同资本使用者支付不同的资本价格,甚至单个企业为不同的投资项目承担不同的资金成本。所以信贷配给的歧视效应是令人瞩目的。

也许值得注意的是,在 1967—1969 年期间,从国家经济发展银行资金中获得最大投资份额资助的一些部门——金属制品(55%),运输设备(14%)和机械、电力设备(12%)——在 20 世纪 60 年代后期出口努力的阶段中,也是出口额占很大比重的部门。在 1970 年冶金部门的产出占制造业出口的 20%,机械和电力设备占制造业出口的 14%,运输设备占 4%。国家经济发展银行为了支持出口促进战略,在何种程度上将其贷款资金疏导到出口部门或出口经济活动是不为人知的。我们所知道的是,对于贷款获得者来说,贷款包含着很大的补贴成分,并且贷款的效应在部门内部和部门之间都有着明显的差异。

在巴西还有一些影响劳动力成本的现象。例如,对雇员工作条件的要求和规定以及夜班津贴的规定,使得多班运行工作成本比没有规定要高。还有一些限制企业解雇工人的规定。然而,卡瓦尔豪和哈达德有选择地强调了劳动力市场上的两类政府规定,依据他们的判断,这些规定是劳动力市场扭曲的最大的潜在根源。

首先,他们考察了最低工资规定的效应。如果该规定有效,那么它将对非熟练劳动人员的就业产生最大的影响。事实上,统计资料分析表明,不论在 20 世纪 60 年代后期还是在 70 年代初期,通货膨胀上升得如此之快,以至于法定最低工资的上升变得无效:在那段时期中,实际最低工资几乎不变,而平均实际工资却增加了大约 20%。还有,很大一部分工人的工资比最低工资高出很多:在 1972 年,44% 的工人的工资高于最低工资 2.7 倍,相比之下在 1968 年只高出 14%。虽然最低工资法可能提高了 60 年代初期雇用非熟练工人的成本,但是到了 70 年代初期它的效应很快消失了。

然而,引起劳动力成本上升的第二种扭曲——社会保险税——在 20 世纪 60 年代和 70 年代期间日益具有重要性。可以肯定地说,如果所有的企业受制于相同的社会保险税率,那么在一个其他情况下是具有完善功能的劳动力市场中,雇员的报酬相对说来不会由于较低的实际工资和较高的附加福利（当然包括社会保障的权利）而受到影响。只有当雇员选择现期高收入和低退休金，或政府在征税或对收益投资方面与提供抚恤金的私有企业相比效率较低的时候，福利的损失才会产生。而事实上，巴西出现了两种加重扭曲的环境：一方面，并非所有的企业受制于相同的法定利率；另一方面，有证据表明非正规部门中的一些小型企业和小规模经营活动（包括个体户）不纳税。

社会保险税的平均税率，作为工资的一个比例，在 1945 年为 7.9％，在 1971 年增加到 43.9％。在以后的时期中，它可能一直上升。与法定税率相比，1970 年所有制造业活动支付的实际平均税率为 27％，其中一些两位数的产业支付了 22.8％的有效税率，而其他产业支付 29.7％的税率。

相对于没有实行社会保险税的生产活动来说，社会保险税的存在提高了实行社会保险税的企业雇用劳动力的成本，同时它也在税率基础上对不同的制造业部门实行歧视。

7.2.3 智利

科博和米勒着重分析了贸易体制引起的扭曲对 20 世纪 60 年代后期智利投资货物的相对价格产生的效应。当然，在那个时期，贸易体制是进口替代导向型的。然而，由于对投资货物的进口没有严格的数量限制，他们能够通过评价汇率高估的幅度和贸易保护结构对资本设备进口的优惠程度来获得价格扭曲的估计值。

科博和米勒通过运用泰勒和巴夏（Taylor and Bacha, 1973）得出的一种比官方汇率高出 30％的估计的均衡汇率和资本货物的平均有效汇率与均衡汇率的比率（1.054 3），估计出若所有交易物品都统一订价，则进口资本设备的相对价格将会比它实际水平高出 37％。由于批准进口不需要严格的许可证制度，这个估计值可以被看作为进口替代贸易体制导致的（非建设性）投资货物过低定价的一个象征。

科博和米勒没有考察信贷配给、赋税结构和劳动力市场的不完善对使用劳动力和资本的相对成本产生的效应。

7.2.4　哥伦比亚

索米把分析重点放在 20 世纪 70 年代初期,在此之前,哥伦比亚实行爬行钉住汇率制,并且本国货币的高估即使存在,似乎也是微不足道的。正如表 3.3 中所示,1969 年资本货物进口的有效保护率是 88%,它比消费品 33% 和中间产品 15% 的有效保护率高出许多。因此,在索米分析的时期中,哥伦比亚温和的出口导向型贸易体制似乎没有遏制进口资本货物订价方面可以识别的严重扭曲。[18]

同样,虽然在 20 世纪 60 年代存在着严厉的最低工资立法和对解雇与开除工人的条件有着相当严格的规定,但是到 70 年代,最低工资法的作用已小得多了,并且其他规定与早期相比对劳动力市场的影响也小得多了。然而,对于哥伦比亚说来,没有有关劳动力特征的统计数据能用于估计以上规定的遗留效应。[19]

所以,如同巴西一样,哥伦比亚在 20 世纪 60 年代明显地具有相当强的使用资本密集型生产方法的动力。但是,这些扭曲随着 70 年代转向出口导向型而明显减轻。

7.2.5　印度尼西亚

在 20 世纪 50 年代后期和 60 年代初期过度强调进口替代阶段中,国内货币的极端高估对有幸获得进口许可证的企业在使用进口资本货物方面产生强刺激,这一点是毫无疑问的。然而,随着 60 年代后期实行的贸易体制的改革,这种刺激基本上消失了,其原因是汇率的定值更趋于现实并且进口的数量限制基本上被取消了。不过,印度尼西亚的有效贸易保护结构继续对进口资本设备提供一定程度的特别优惠,同时限制其他进口。比特提供的 1970 年印度尼西亚有效保护率的估计值表明,非电力机械的有效保护率非常之低,只有 5.3%;电力机械为 16.3%;铁路设备为 3.5%。相比之下,所有进口物品的平均有效保护率为 65%,而无线电、电视和通信设备的有效贸易保护率却高达217%,并且摩托车和自行车的有效保护率也高达204%。到70年代中期(这个时期不属于比特的研究范围),对新投资实行的信贷补贴、关税减免和免税期进一步增加了使用资本的技术和产业的吸引力。

由于劳动力相对迅速地增加,创造新的(生产性的)就业机会是印度尼西亚的一个急迫的政策问题。直到不久以前,阻碍劳动力市场发挥作用的因素几乎都不存在。直到1975年,最低工资法才开始生效。比特提供的证据表明,在他的研究包括的时期中,"工资是在一个没有扭曲的劳动力市场中决定的"(Pitt, 1981, p.193)。

7.2.6 科特迪瓦

在蒙森的统计数据包括的时期中,象牙海岸的贸易体制总起来说是外向型的,并且汇率相当真实。科特迪瓦的实例为贸易体制与其他政策手段可能的结合方式提供了有意义的说明。促进经济活动的一个主要手段,特别是在科特迪瓦现代经济部门中,是根据政府指定的经济活动对重点企业给予一种特殊的法定地位。具有优先地位的企业有资格获得很多特权,这些特权可以使得使用资本密集型技术比通常更加便宜。

在以下几个方面,贸易体制会与其发生明显的相互作用:(1)一些从事政府想要鼓励的经济活动(现代部门的出口产品和消费品的进口替代)的企业被赋予优先地位,从而政府可以使用国内政策手段鼓励其偏好的贸易活动;(2)具有优先地位的企业一般比普通法律地位的企业从贸易体制中获得更多的保护。所以,HOS出口产业中78%的附加值是由优先地位企业生产的;而其中的79%是HOS进口竞争物品。生产出口产品的优先地位企业获得的平均有效保护率是58%,相比之下,普通法律地位的企业只能得到9%的有效保护率。同样地,优先进口替代企业获得的平均有效保护率是105%,而普通法律地位企业得到的平均保护率只是62%。[20]

优先企业除了获得较多的保护之外,它们一般地还享受较低的税率和较低的借款成本。这些情况反映为不同种类生产活动费用上的差别，从蒙森给出的表 7.1 中的比例数字，我们可以看出这种差别[21]：实际利率不是负的。

表 7.1

	税额/总利润	利息支付额/债务额
HOS 出口产品	0.059	0.049
保护性 HOS 进口产品	0.197	0.067
所有现代生产活动	0.305	0.038
优先企业	0.179	0.038
所有制造业企业	0.307	0.033

在 20 世纪 60 年代和 70 年代初期，科特迪瓦的平均年通货膨胀率是 3%，而保护性 HOS 进口产品支付的平均实际利率接近于 4%。同时，一般制造业企业支付的借款资金的实际利率接近于 0。至少对于科特迪瓦来说，这似乎表明利率的差别也许在数量上比利率的差别对税后利润的决定更为重要。

贸易体制和优先企业特权两者之间相互作用的另一个方面也是有意义的，即用优先企业的地位来吸引外国投资者。在某种程度上，根据科特迪瓦的情况，外资企业较高的资本密集度可以归结为这样一个事实，即外资企业比国内企业具有更强烈的使用资本密集型技术的动力。

劳动力市场也有一些明显的特征，它们使得扭曲程度的分析变得特别困难。科特迪瓦比它邻国具有更高的实际工资，并且允许邻国移民进入本国。同时，许多管理人员和技术人员的工作岗位是由非非洲人占据，所以在工资和薪水分配的高低两极上的工资结构受到了供给条件的影响。

蒙森识别了由最低工资制度——对不同种类工人分别设立的——与实际数额相当于基本工资 40% 的社会保险税一起引起的劳动力市场的主要扭曲。除了非熟练工人外，对于大多数工人来说，实际工资比规定的最低工资水平高出一大截，以至于我们有一个有力的根据足以推断当时的立法是无效的。可是,对于非熟练工人来说,最低工资加上根据它征收的社会保险费在 20 世纪 70 年代初期大约超过了非正规部门平均工资的 23%。由于科特迪瓦非熟练工人比该类中移入的外国非洲人拥有更高的收入,所以我们有根据推论,一方面最低工资立法可能挫抑了非洲移民的就业,另一方面,雇主能够在不支付社会保险费的情况下雇用这些工人。在 1971 年,对非熟练非洲移民支付的平均工资是 8 700 法郎,相比之下,科特迪瓦每月的最低工资(不包括社会保险费)是 10 100—11 500 法郎。

7.2.7 巴基斯坦

吉辛格关于政府政策对资本成本的影响的分析是针对 20 世纪 60 年代初期和中期的,在这段时期中,政府政策一直把重点放在进口替代上。巴基斯坦的经验代表了贸易体制和国内政策相互作用的另一个例子。一方面,进口资本货物的许可证包含有大量稀缺溢价(premium)并且由政府发放给“优先”产业。“优先”产业一般是指一些大型制造业企业,它们通常比同一产业中规模较小的企业使用资本密集度更高的技术。所以,来自于汇率高估的稀缺溢价,被用作为引导经济活动按照设想的线路运行的一种政策手段。另一方面,不同产业迫切要求获得重点贸易地位,显然会对哪些产业和哪些部门获得优先地位的决定发生影响。一般说来,从事进口替代活动的企业似乎比出口生产企业更有可能获得优先地位。

根据吉辛格的估计,在 1959—1960 财政年度,均衡汇率大概是 7.6 卢比/美元,相比之下,官方汇率是 4.76 卢比/美元。这说明与统一汇率相比,进口资本设备的成本下降了 38%。正如表 3.3 所示,低有效关税并没有进一步扩大由汇率高估引起的歧视:一般来说进口资本货物的有效关税是较高的,并且由于每个企业都与其他企业有所不同,关税减免又是给予优先企业。

除了按高估的汇率实行资本货物进口许可制度之外,巴基斯坦还使用税收手段和信贷政策来进一步使资本使用者面对着人为的资本设备的低成本。根据利息支付不纳利润税这一简化的假定㉒，吉辛格计算了在 1959—1960 年期间这些措施对那些有幸获得补贴信贷和税收优惠的企业来说的暗含价值。在巴基斯坦，能够获得贷款的企业可以以 5.75% 的利率借款，这与吉辛格估计出的真实利率为 15% 形成对比。在不存在任何国内货币高估的情况下，以 15% 的利率融资购买国外价值为 21 美元的进口机器，其平均利息费用是 24 卢比。如果贷款的利率是 5.74%，利息费用将减至 9.16 卢比。另外，如果进口者按高估的汇率购买机器，那么他的置存资产成本将降至 5.7 卢比。所以，国内货币的高估会直接减少资本使用者 38% 的成本；人为低利息收费可以减少资本使用者 53% 的成本；货币的高估和低利率一起会减少资本使用者 66% 的成本。

此外，吉辛格计算了加速折旧条款用于巴基斯坦税收优惠企业的价值。这项措施主要是用来代替免税期的，它经常给予新建企业。这是因为加速折旧条款在免税期间不起任何作用，并且免税期允许的加速折旧率越高，免税期的价值就越小。即使如此，如果汇率不被高估以及借款按真实利率收费，那么加速折旧——允许设备在 3 年后注销而不是在 16 年经济寿命结束后注销——将使资本使用的成本减少 45%。然而，在信贷配给和汇率高估的情况下，资本使用的成本大约减少 20%，同时免税期也造成了资本使用的成本进一步少量的减少。总起来讲，资本货物进口的补贴汇率、补贴信贷、免税期和加速折旧条款在 1959—1960 年期间使巴基斯坦进口资本设备使用者的年使用成本减少大约 75%。换句话说，如果取消这些条款，实际成本将增加 300%。尽管这些计算只代表数量程度，但是不管怎样，它们对于贸易政策和国内市场干预能够相互作用，从而在社会理想政策和私人动机之间造成很大差异这方面来说，是一个指示器。

吉辛格接着运用国内货币高估幅度、利率和税收方案的估计值去估计资本的均衡租金率和实际租金率的比率的时间序列。其中均衡租金率被定义为在没有这些措施情况下存在的租金率。根据他的估计，资本的均衡租金率与市场租金率的比率在 1959—1960 年期间是 3.62，而在

1966—1967 年期间上升为 4.34。以后这个比率有所下降，但在 1971—1972 年期间仍停留在 3.68 的水平。由于 1972 年巴基斯坦的货币贬值，这个比率急剧下跌到 1.27，直到 1974—1975 年期间，即时间序列的后期，它一直停留在原来水平上。

在巴基斯坦，大型企业一般有权获得进口许可证、暗补利率的信贷和税收优惠条件。小型企业常常被迫求助于市场，为他们的贷款支付场外市场利息和购买国内资本设备或购买能够进口国外设备的补贴凭证。这样大型企业似乎比小型企业更有使用较多资本的动力。

与 20 世纪 70 年代以前的资本市场相比，巴基斯坦的劳动力市场的扭曲看起来很不明显。虽然，一个庞大的非正规部门与大规模产业和政府就业同时并存，但是可用的零碎的统计数据并不能说明具有可比特征的工人在两个部门中具有不同的收入。工会似乎没有形成一个决定工资的强有力因素，城市部门的实际工资似乎主要受到供给（部分地由于农业实际工资的提高引起的）和需求（部分地反映为劳动力技术构成的变化）的变动影响，至少到 70 年代初期情况是这样。

在 20 世纪 70 年代初期，随着政府开始实施最低工资规定和大幅度提高政府部门的工资，这种情况开始发生变化。例如在 1971 年和 1972 年初，年度奖金是强迫实行的，其他的附加福利（包括利润分享、人寿保险和医疗福利）也是强制性的。

所以，在吉辛格对不同贸易类别中劳动系数分析所包括的时期中，巴基斯坦，如同印度尼西亚（和韩国）一样，大概最有资格被称为拥有无扭曲的劳动力市场的国家。同样的结论在今天是否有效是很值得怀疑的。

7.2.8　韩国

由于韩国的工会不强大，在出口导向型战略阶段中，政府一直没有实施任何最低工资规定或其他严重影响工作条件和有关赔偿的规定。确实，实际工资急剧地上升了，但是这似乎是由于城市部门资本积累和劳动力需求的高涨造成的市场力量的结果。使用劳动力和资本的相对成本的扭曲存在于资本市场。

由于韩国在20世纪60年代和70年代实行出口导向型战略,它的汇率是相当实际的。在这整个阶段中,资本货物的使用几乎没有暗补。然而,用来鼓励出口的各种政策产生了一种副作用,即韩国出口企业为购买进口资本货物支付较低的价格。出口企业总是被批准免税进口资本设备用于出口生产。对机器设备的投资70%以上是用于购买进口资本货物。实际上政府对进口机器设备征收的平均关税率一般大约为5%,反映了出口企业在投资者中的绝对地位和它们的关税减免程度。至于某个国家的企业与国外企业竞争国际市场问题,资本设备的关税是否对出口产业构成一种负有效保护是值得争论的。不过。这一点是清楚的,与为国内市场生产物品的企业相比,有资格免税进口资本货物的出口企业相对来说具有较低的进口资本货物的成本。[23]我们应该加以注意的是,1960年以后韩国所有外资项目也有资格免税进口资本货物。

在整个出口导向型贸易战略(开始于1960年)期间,出口企业总是有权比其他企业在其纳税申报单上享有较高的折旧提存费待遇。在20世纪70年代,这种增添的提存费的数额大幅度地上升,而且其范围也广泛地扩大。

政府用来鼓励出口的另一个主要手段,是以低于市场利率的利率向出口企业分配信贷。根据洪氏的估计,这种贷款实际支付的利率在1962—1966年为8%,在1967—1971年为3%,在1972—1975年为−6%。[24]

这种贷款的大部分被分配给制造业用于生产出口产品,根据洪氏的估计,1970年以后贷款中隐含的补贴成分急剧地上升,从1962—1966年净资本存量的大约8%上升到1975年的35%左右。此外,韩国银行给予国内企业向国外借款的权利。由于当时国际利率低于国内通货膨胀率,所以这种贷款也包含了大量补贴成分。[25]根据洪氏的估计,国外借款中包含的暗补额在1970年大约是净资本存量的6%,到1975年上升为11%。

这类暗补的绝大部分流向了制造业部门。洪氏计算出不同经济部门的资本的实际收益率(包括补贴)并且发现对于制造业来说,实际资本收益率在 1954—1961 年期间为 12％左右,在 20 世纪 60 年代初期上升为 17％,在 60 年代后期上升为 26％,在 70 年代初期上升为 27％,这与 1967—1975 年期间所有非初级产品部门的总体的实际收益率为 15％形成反比。他的结论是,这种明显的上升意味着在韩国产业中大量地使用国内外低利率的借贷资本,造成了投入资本的非常高的收益率(Hong, 1981，p.374)。

关于韩国的情况,仍有一些难解的问题。在低利息贷款明显地诱发企业使用资本密集型技术的时期,实际工资上升得很快。由于当时相对说来存在着充分就业,这意味着经济中其他一些部门面临着比它们通常会有的更高的资本成本。但是洪氏的分析没有扩展到哪些部门是相对资本短缺的问题。如果存在着这样一些部门,那么我们有以下论点,即在最优资本订价的情况下,实际工资甚至比它在 20 世纪 70 年代初期的实际水平上升得更快。实际工资已经快速上升的事实为这样一种观点提供了证据,该观点认为低资本成本与其说提供了边际上的刺激,倒不如说提供了一次性的补贴。这一点我们在第 7.1.2 节中已经讨论过。

问题仍然是,在韩国实例中,或者可能在其他一些汇率高估和进口许可制不能用来保护政府想要鼓励的一些产业的实例中,国内信贷政策和信贷配给能够发挥许多相同的效应。只要这些手段被用来鼓励出口产业,它们就可能减少出口企业使用资本密集型技术的成本。

7.2.9　泰国

让我们回想,在 20 世纪 70 年代初期,泰国经济的贸易重点稍微偏向进口替代,虽然汇率一直被确定在相当现实的水平上。泰国当时国内实行了一系列影响资本和不同企业收益率的政策,并且这些政策无疑是指向政府认为最合适的进口替代产业中的企业的。在这个意义上,国内政策被用来支持贸易体制,虽然这些政策主要是行政决定的。

在贸易体制中,相当现实的汇率消除了汇率造成的扭曲。然而,进口资本货物的关税实质上比其他进口产品的关税低得多,因此,由于这一原因,使用进口资本设备就享有特别的优惠。艾卡拉塞尼没有能够对实际支付关税的差异程度提供数量上的估计值。然而,根据他的判断,虽然某种扭曲是存在的,但是在数量上与其他国家相比,它是相当小的。

免税以及特别是对政府想要鼓励的企业实行的免税期,看来是影响泰国资本成本的一个最大的单项因素。某些产业,如纺织、化工、钢铁和汽车,是 20 世纪 70 年代初期免税期的主要受惠者。那些有资格免税进口资本货物的企业,一般同样地有权享受免税期的优惠,这再次说明了国内政策和贸易政策之间的联系。

艾卡拉塞尼没有对免税期或关税减免的数量上的重要程度提供任何估计,但是他确实注意到了在泰国的实例中信贷配给不是一个重要因素。在相对低的通货膨胀率情况下,利率幅度从对"大主顾"的 10.5% 到对小型企业的 14%。他没有能够发现产业或行业的不同在银行待遇或贷款条件上的任何差异。

直到 1973 年泰国才开始实行最低工资法,在此之前,政府也没有实行过多的干预。因此,在 20 世纪 70 年代初期任何劳动力市场的不完全性产生于工会的存在或其他私有部门现象。

估计收入函数的努力受到了单个产业中缺乏劳动力技能构成资料的阻碍。的确,唯一能够得到的可能与技能构成有关的信息是每个产业中雇员的男/女比例。在用男/女比例变量代表工人的技能和缺乏任何其他变量的情况下,艾卡拉塞尼报告了他和丘蒂库尔在分析泰国工资决定方面所做的工作。在男/女变量方面,以及平均企业规模和产业联合方面,他们发现了有力的解释因素。

由于统计数据的限制,这些结果仅仅是启发性的,并且它们表明了进一步研究的需要。尽管有证据表明,工会和其他因素对工资结构发生着影响,但是这种影响似乎并不明显。

7.2.10 突尼斯

突尼斯的经济,看来与其他研究项目包括的国家一样,也具有很多种要素市场的扭曲。㉖资本成本受到信贷配给、其他国内政策措施和贸易体制的影响。一般来说,在突尼斯资本货物的进口通常是被允许的,因而所有想要进口资本货物的企业都可以按几乎同样的价格进口:没有不同部门面对不同价格的问题。㉗那么,我们的问题是:汇率在多大程度上被高估?资本货物的进口和其他商品的进口之间关税差别程度如何?根据纳布里的估计,食品的有效汇率比工业设备的有效汇率高出28%,并且工业消费品面对的汇率据估计高估了大约18%。此外,对资本设备进口的数量限制也小于对其他商品的限制。

根据纳布里的估计,食品和工业消费品的进口许可证包含的溢价大约相当于进口产品价格的25%。纳布里将这种估计与布莱克关于1969年本国货币高估相当于20%—40%的估计结合起来,他得出结论认为,本国货币高估幅度的上限大约是50%,并且差别关税(和许可证制度)的待遇降低了进口资本设备的价格。他本人选择的估计是,支付进口资本设备的价格中包含大约30%的暗补(Nabli,1981,pp.467—468)。

当时突尼斯的利率是相当低的,根据纳布里的估计,借款人支付的实际利率从没有超过4%。相比之下,一种"保守"的估计认为,实际利率将应该至少是10%。因此,信贷被加以严格配给,贷款类型的详细条款明显地影响了资源配置和资本密集度的选择。在突尼斯那些显然拥有相对有利条件获得低息贷款的部门中,纳布里把公共部门企业列为最优惠的贷款获得者。私人部门在获得信贷方面受到明显不同的待遇,这取决于"人际关系、非市场因素和政府政策"(Nabli,1981,p.468)。根据纳布里的"猜测",平均说来,大型企业在获得贷款方面比中小型企业具有某种更佳的机会。

突尼斯在工人特征和收入方面的统计数据比研究项目包括的其他任何国家都要全面,即使这里有一些重大的遗漏,这是由于缺乏教育、年龄和工作经验等变量的统计数据所致。但是按产业、技能类别(熟练和非熟练等)和部门类型划分的雇佣劳动力的分项资料是可以得到的。纳布里希望技能类别能够充分地反映收入中的"人力资本"成分,他使用了回归分析来估价其他因素——雇主的生产规模、垄断和非垄断部门、私人和公共部门——对突尼斯工资的影响。

这里,工资包括社会保险费,它占研究项目包括的部门中工资报酬的15%—25%。纳布里把两个技术变量——白领工人的比例和熟练和半熟练工人的比例——和一个反映女性劳动力比例的变量用作解释变量,同时结合一些反映产业结构特征的哑变量。从该分析中,他得出的结论是:

(1) 劳动力的技能构成可以解释产业之间很大一部分工资差异。

(2) 有些不太明显的证据表明女性劳动力的报酬低于男性劳动力,但是不能肯定地说,这是由于性别歧视还是由于男/女劳动生产率和技术差别引起的。

(3) 劳动力市场可以按三种方法加以分类。

① 非垄断私人成分,表现为劳动力市场的最小程度的扭曲以及以技能差别解释的产业之间最大工资差异程度同时并存。

② 公共部门,表现为技术无法解释的较高程度的工资差异。有证据表明公共部门对非熟练劳动力支付较高的工资。

③ 垄断私人成分,表现为一个高度差异的工资结构,这一工资结构是无法用技能差别加以解释的,并且该部门支付很高的平均工资率(Nabli, 1981, pp.466—467)。

所以,在统计数据的充分性和可靠性的条件限制下,有关突尼斯的证据表明,工资结构虽然部分地反映了工人技能上的差别,但是它也受到其他因素的严重影响。产业结构和公共部门看来对工人的工资产生的影响最大,在公共部门中的非熟练工人比其他部门工作的非熟练工人大约多得 20% 的工资。

7.2.11 乌拉圭

乌拉圭国内管理体制和贸易控制体制是如此复杂,以至于根本不可能对这些控制方式对资本密集度选择的影响从数量上加以确定。汇率被大幅度高估的事实似乎是明显的,虽然通货膨胀率高到使得汇率高估幅度月月有所不同的地步。这种情况看来与阿根廷的情况相似。事实上,乌拉圭的所有种类的进口产品的关税都是出奇得高。这意味着一旦存在国内生产的替代品,资本货物的进口就会受到限制。根据本森和考芒特的估计,即使对于非电力和电力机器设备,有效保护率也分别为55％和591％。这些数字,与对货币高估幅度的了解一起,说明了每个既定资本使用者面对的资本货物的有效价格特别地依赖于他们想要购买的各种设备在国内生产的程度,依赖于他们需要支付的关税和他们想要投资的日期。所以,尽管贸易体制无疑会影响资本设备的成本,但是我们不可能获得有关这个问题的单个数量特征。

由于在乌拉圭收集有效保护率和劳动系数的估计值方面的困难,所以对工资差别的原因进行分析是不可能的。一个重要的困难是,虽然在1968年有关名义工资的统计数据可以被利用,但该年的通货膨胀率超过60％,其结果工资差异中的实质部分仅仅反映了全年中名义工资调整日期上的时间差别。

7.3　对工资/租金比率产生的总效应

根据有限的几个国家的经验总是难以概括出一般性的结论,而对工资/租金比率的总效应作出一般性的结论会更加困难,因为几个国别研究者没有能够从数量上确定要素市场扭曲对劳动力成本和资本成本产生某些或全部影响。可是,考虑到课题的重要性和缺乏可用的证据,我们有必要对研究结果进行一次基本的评价。我们将依次考虑贸易体制的影响,对资本成本产生影响的国内要素和劳动力市场现象。然后对它们的相对重要性作出基本的评价。

7.3.1　贸易体制

汇率高估,伴随着政策制定者不愿意对资本物品征收关税,构成了进口替代体制下导致低资本成本的一个重要因素。存在五个国家,研究者们能够估计其进口替代体制下的数量程度,它们是阿根廷、巴西(对50年代的估计)、智利、巴基斯坦和突尼斯。在所有的实例中,研究者们确信,货币的高估以及与其他商品的关税形成对比的进口资本货物的低贸易保护率,导致了进口生产品价值的严重低估。在智利和突尼斯,资本货物的进口看来是相当自由的;而在阿根廷和巴基斯坦,许可证制度却是一项重要的制度内容。非常有意义的是,在所有实例中,研究者们对来自贸易体制和隐含于资本货物订价之中的补贴数量的估计值是30%—40%,这绝不是一个可以忽略不计的数量。在乌拉圭和1965年以前的印度尼西亚,补贴的数量可能不是更小,而是更大。在不用许可证程序对资本货物的进口实行控制的情况下,在资本设备被允许按高估的汇率和低关税进口时,问题依然是何种部门受到歧视待遇。在智利和突尼斯这样一些国家中,以低价进口资本货物的权利是否经常地得到实施,以至于使得进口资本货物的数量超过其合理汇率条件下的水平,这似乎是值得怀疑的。

因而,做出这种结论似乎是合理的,即汇率高估在许多进口替代国家中刺激了高于最优水平的资本货物的进口。这个结果并非是进口替代战略的一个副产品。它的出现是因为政策制定者对资本设备的进口实行的高关税不足以抵消货币的高估。在这个意义上,构成了进口替代体制特征的资本设备的低成本,并非是贸易战略的一个组成部分,而是有关当局不愿意或者没有能力对资本货物的进口实施补偿关税或征收其他费用的副产品。

一旦国家转向出口促进战略,情况会有所不同。政府会相当合理地确定汇率,其结果资本货物价值低估的机会难以出现。经验进一步趋于表明,国内刺激方式,如低息贷款,被给予了一些出口产业。

7.3.2　国内资本成本

用贸易体制比较,进口替代型国家比出口促进型国家更多地降低进

口资本设备的成本,但是信贷配给或者至少某些低息贷款的条款成为几乎所有国家的一个特点。⊗

对使用资本设备和进口资本设备提供一种或多种补贴的事实,可以在所有分析的实例中找到。隐含的补贴看来是大量的,在某些实例中估计它超过了与货币高估相关的费用减少额。即使在韩国,利息补贴看来已成为一种扭曲因素,特别在洪氏研究时期以后的 20 世纪 70 年代后期尤其如此。

我们得到另外两个结论:第一,在很多例子中,使用资本设备费用的大量减少促使企业追求与贸易体制相关的目标。这样,科特迪瓦的"优先产业"的确获得了优惠利率的贷款和税收减免,但这不过是有关当局引导某些类别商品按照他们的意图进行生产的一种方式。同样,巴西的国家经济发展银行的贷款似乎主要地提供给与出口促进战略相关的一些部门。这些例子和其他一些例子再次有力地说明,我们不能将贸易体制及其效应的分析与对国内市场条件的考虑相分离。

第二,低息贷款和币值高估在很多方面是一种替代关系,这主要就它们影响使用进口资本设备成本而言。在一些实例中,如巴基斯坦,它们的相互作用使成本大幅度地降低。然而,原则上说,汇率高估或提供低于市场借款利息的信贷能够对使用资本密集型技术产生强有力刺激。

7.3.3 劳动力市场扭曲

从单个国家研究结果的评价中得出的第一个、也许是最重要的一个结论,是我们对发展中国家劳动力市场条件所知甚少。这部分地是因为对这些现象进行令人满意的分析需要大量的统计数据,而明确的、系统的统计数据更难以找到。但是,要对工资结构的决定因素进行深入研究这一点是显然的,而且我们得出的结论将会大大地深化我们对发展中国家一些重要现象的理解。

第二个结论必定比第一个结论具有更强的印象色彩。该结论认为劳动力市场扭曲的范围和程度看来要比想象的范围和程度小得多,特别是,资本货物和资本服务的订价不合理程度似乎比劳动力和劳动服务的订价不合理程度在比例上大得多。

劳动力市场中最常见的阻碍竞争工资决定的干预,是征收社会保险费和劳动就业的其他费用。正规部门的大型企业必须支付这些费用,而非正规部门的企业却可以逃避交纳。这种情况曾出现在阿根廷、巴西、哥伦比亚、科特迪瓦(与最低工资法相结合),也有可能在泰国。在突尼斯,政府企业和小型企业之间存在着同样类型的非熟练工人的工资差异,而在小型企业中是同样的因素在起作用。

至少到20世纪70年代初期为止,这些规定的效应看来一直限制着正规部门和非熟练劳动。如果我们把注意力集中在不同的贸易战略对就业产生的效应这一问题上,那么准确说来,正是非熟练工人以及企业或产业密集地使用这些非熟练工人参与国际市场竞争的能力,必然成为我们分析的重点。也许我们应该注意的是,巴西和韩国在它们出口高速增长时期,对工资的决定极少干预。并且在巴西,曾经存在过的一些干预,在这段时期中就其重要性而言,也在大幅度地降低。同样,不同贸易类别的劳动系数出现很大差异的一些国家——值得提到的是,印度尼西亚、巴基斯坦和泰国——至少在我们分析包括的时期中,从来没有对非熟练工人的工资决定进行过较强的干预。

7.4 结论:要素成本扭曲的总规模

让我们再回想一下,这些估计值仅仅标明了扭曲的数量程度,而没能表达企业之间和产业之间成本的差异,所以试图进行全面的数量估计是有可能的。我们可以将以上评述的证据综合起来,以便提供工资/租金比率偏离完好功能的要素市场中的正常程度的估计值。

表7.2提供的统计数据是建立在前面讨论的基础上的。如果我们能够提供这些成本增加型和成本减少型扭曲变动的估计值,以及它们的平

均值,那么这些数字可能具有更大的可比性,但是这样做是不可能的。因此,国家之间的可比性受到了极大的限制,例如,根据诺格斯的估计,在所有资本货物都需进口的情况下,由阿根廷贸易体制引起的资本成本的减少程度是 40%,相当接近智利、巴基斯坦和突尼斯(以及处于进口替代阶段的巴西)的估计值。不过,对于阿根廷企业来说,由于在均衡水平上国内生产的资本货物比进口的成本高,因而两者之间存在着一个补偿额。所以,诺格斯计算出来的 8% 的平均数字代表了对一个制造业企业产生的净效应,该企业以整个部门使用进口资本和国产资本货物的比例。毫无疑问,在现实中存在着一些几乎全部使用进口资本设备的企业和另外一些几乎全部依赖国内资本货物的企业。在进口替代产业生产国内资本货物的情况下,由贸易体制引起的阿根廷资本成本平均增加8%,而几乎进口全部资本货物的巴基斯坦的资本平均成本减少 38%,但是前者比后者的扭曲更大还是更小(因此,减少可能是相对统一的和超越国界的)仍是一个没有解决的问题。

表 7.2　不同来源的劳动力和资本成本的扭曲百分比

国　别 (地区)	时　期	由于以下因素,资本成本下降百分比					工资/租金率 增长百分比
		劳动力成本 增长百分比	贸易 体制	信贷 配给	其他	总计	
阿根廷	1973 年	15	8	9	n.a.	17	38
巴西	1968 年	27	0	4	n.a.	4	31
智利	1966—1968 年	n.a.	37	n.a.	n.a.	n.a.	n.a.
中国香港 地区	1973 年	0	0	0	0	0	0
科特迪瓦	1971 年	23	0	3[a]	12[a]	15	45
巴基斯坦	1961—1964 年	0	38	53	10	76	316
韩国	1969 年	0	0	8	2	10	11
突尼斯	1972 年	20	30	6	n.a.	36	87

注:哥伦比亚、印度尼西亚、泰国和乌拉圭等国缺少数量统计值。
　　a:估计值是根据蒙森(Monson,1981,tab.6.15)给出的差异,在第 7.2.6 节中被加以复制。

在考察表 7.2 中的统计数据之前,我们提出另一个初步的评论,这就是说,在理论上很显然,扭曲的出现会影响所有经济部门的工资/租金比率。例如,如果某个部门为使用某种生产要素而纳税,那么该生产要素和其他生产要素的收益将会受到影响,不管是受到税收影响的部门,还是经济中其他部门。众所周知,这样的条件是存在的,在该条件下,如提高某一部门劳动力的价格,会降低两个部门工人的实际工资。㉙在下面的经验估计中,这种现象没有被加以考虑,只是假定没有受到扭曲限制的一些部门中的工资/租金比率并不受到其他经济部门中扭曲的影响。在某种意义上,这里给出的扭曲程度的估计值实际上是扭曲部门和非扭曲部门之间相对要素价格差异的估计值。

尽管存在着这样一些条件,在该条件下,这种估计值可能也反映受到影响的部门中工资/租金比率与处于均衡水平上的工资/租金比率的绝对偏离程度,但是这些条件是相当严格的。例如,假设资本在国与国之间是完全流动的,其结果是被考虑的国家面对着既定的使用资本服务的租金率。进一步说来,如果对于受影响的产业来说,存在着阿瑟·刘易斯式的充分弹性的劳动力供给(或者因为存在着想要迁移到城市的农村工人的大量供给,或者因为受影响的部门在全部经济中占很小一部分),那么该估计值也将反映扭曲促使受影响部门的工资/租金比率离开其一般均衡水平的程度。在研究项目包括的一些国家中,这些假设无疑过于严格。一般均衡工资/租金比率受到扭曲的影响程度肯定在国与国之间和在不同时期之间是不同的。

现在让我们回到表 7.2 中的统计数据。显然,劳动力市场诸因素、贸易体制、信贷配给和税收制度都有助于提高受到以上因素限制的企业的工资/租金比率。然而,在这些因素之间,不存在相对重要性的单一格局。尽管巴基斯坦似乎为资本密集型技术的使用提供了最高程度的暗补,但是它仍拥有(准确地说过去拥有)相对自由的劳动力市场。与此相反,突尼斯和科特迪瓦一样,具有导致实际所有各类成本差异的因素。扭曲的数量估计值的排列秩序似乎与被识别的不同类型的扭曲数目无关,所以,诺格斯能够证明劳动力市场的几种干预方式、贸易体制和信贷配给对资本成本的影响。可是,他对阿根廷的估计,大大低于纳布里对突尼斯的估计,而在突尼斯看来存在着同样类型的普遍扭曲。

根据这些印象性的统计数据,这样一点似乎是很清楚的:出口国家和地区——中国香港、韩国、巴西和科特迪瓦(在某种程度上)——相对说来比一些进口替代国家具有较低程度的要素市场扭曲,而阿根廷可能是个例外。甚至在阿根廷,统计数据也许要高于大量补贴的企业和无补贴的企业之间的平均值:根据诺格斯的估计,在某些假定条件下,现代部门中工资/租金比率可能是传统部门的8倍之高。

第二个结论也许与第一个结论相关,它认为本国币值高估和对资本货物进口的优惠待遇,是降低有资格进口的企业的资本使用成本的有力根源。对于阿根廷、智利、巴基斯坦和突尼斯以及处于进口替代时期的巴西来说,这一资本货物订价过低的根源被认为是重要的。

根据洪氏和吉辛格的估计,以补贴利率实行信贷配给构成了资本服务订价过低的主要根源。最后,社会保险税使得纳税企业和部门与经济中其他企业和部门之间在劳动力价格上形成了20%—30%的差额。

企业和部门之间订价不一致的每一种根源本身会严重地影响刺激机制,而这些效应结合起来会具有相当的威力。所有的效应按同一方向发生作用,与按适当的影子价格进行选择相比,会产生更低的资本成本和更高的劳动力成本。

然而,至于第4章中展开的贸易的要素比例模型所解释的比较优势,至少对于HOS模型来说,我们不禁要问,国别研究者们报告的扭曲的数量程度会在多大程度上被"抹去",不管存在着什么样的比较优势。

当然,这会提出一个根本性的经验问题,关于这个问题几乎没有什么现存的信息。这就是,在世界资源有效配置的情况下,观察到的"自然"工资/租金比率的差异有多大?如果事实上巴基斯坦的最优工资/租金比率是它主要贸易伙伴的1/50,那么贸易政策和国内政策通过以上四种因素中的一种,使工资/租金比率发生扭曲的环境,不一定会对其商品贸易的潜在格局产生明显的不利影响。另一方面,如果巴基斯坦的最优工资/租金比率是其主要贸易伙伴的 1/5,那么吉辛格估计的扭曲的数量程度会对贸易收益的潜力产生严重的影响。而且,如果在比较优势链上的一些"邻国"在要素市场扭曲程度方面小于巴基斯坦,那么我们就会再次想象到,巴基斯坦的扭曲会对有利可图的(和经济的)出口扩张产生不利的影响。

在这个阶段我们必然无法回答这些问题。我们能够估计的是,国别研究中提供的扭曲数量程度可能会影响要素比例,这个问题留在第 8 章中加以解决。

在这个时候,另外两个观察是合适的,虽然我们必须根据非常有限的可用统计数据再次规定一些限制条件。第一个观察是有关"非正规"市场的普遍存在及其与要素市场不完全性的关系,而第二个观察则集中于工贸扭曲与国别研究者们发现的贸易的技术密集度之间的联系。

正如第 2 章提到的,发展中国家经济的一个经常性特征是存在着大规模的非正规部门,通常它包括小业主、服务人员,甚至那些装配人员,这些装配人员一般事实上不支付社会保险税、销售税和不受那些针对较大企业经济活动的法令的制约。这些小规模的经营活动一般地也比大企业在获得低息贷款和进口许可证方面享受较少的优惠条件,并且要素比例在两个经济部门之间的各项活动中以及各项活动之间有着严重的差异。社会保险支付以及对资本市场和信贷市场的干预能够以一定的程度影响相对投入成本的有关证据当然表明,非正规部门和正规部门行为之间的明显划分本身可能是政府政策实施造成的扭曲的结果。如果情况是这样的话,它将会严重影响对发展中国家的分析和所观察到的要素价格差异的解释。

第二个推测——主要集中于技能——是关于最低工资法规被遵守的程度,这种法规被认为是无效的,也许非熟练工人除外。在最低工资法起作用的情况下,在系统中可能会出现雇用更多高技术工人的偏向:如果企业不管怎样都必须支付工资并且存在着更高资历的工人,那么用技能使用型技术替代使用非熟练劳动力的生产过程是合算的。也许这是巧合,但是,关于使用熟练劳动力的国别研究成果似乎比非熟练劳动力的研究成果具有更加显著的差异。只要熟练工人的工资决定是无扭曲的,同时非熟练工人的工资决定受到最低工资要求的影响,那么这一点至少是可能的:由于企业家在选择不同类型技术工人时比他们在非熟练劳动力使用的密集度方面具有更加清晰的刺激信号,因此贸易类别和技术密集度之间的可观察到的系统差异随之而产生。在工资差异恰当地反映熟练工人的稀缺程度上[30],研究项目包括的一些国家在熟练劳动密集型商品方面的比较劣势可能比它们在使用非熟练劳动力方面的比较优势更加明显地表现出来。尽管这仅仅是一个推测,但是它使人想到,最低工资法会消极地影响非熟练工人——准确说来是一群原应受到最低工资法帮助的人——的就业。

注释

① 大体上讲,我们还应该考虑贸易体制的选择影响劳动力成本的方式。但是,指出这种效应产生的机制是困难的。有些人曾指出,跨国公司支付不同于国内企业支付的工资,但是,除了这种可能发生在任何种类的劳动体制下的事实之外,并没有证据表明这种做法是如何影响产业之间劳动力的相对成本的。以下情形也是可能的,即进口的资本设备导致了不同于国内生产的资本设备所产生的劳动力需求类型,但是在由资本货物进口的待遇形成的贸易体制下,这会通过扭曲而影响国内劳动力市场。这些观点缺乏来自于国别研究的证据,并且认为这些或那些机制在数量上是显著的看法也是没有基础的。

② 有些出口促进战略,其中包括引人注目的韩国战略,部分地依靠向出口者提供易于获得的信贷优惠机会。一般说来,正因为存在着信贷配给,这种机会严格说来是很宝贵的。因此,优惠机会的效应将在下面与国内资本市场的不完全性结合起来加以讨论。

③ 如果国内消费量较小,那么这可能是因为消费品的进口小于它们在均衡状态下的水平(由于进口消费品较高的价格),或者因为消费品的出口大于它们的可能水平。后一种可能性只有在出口产品的有效汇率高于资本

设备进口产品的有效汇率时（并且高于其统一外汇体制下的均衡汇率时），才会出现。

④ 这会由于出口者每单位外汇得到比均衡汇率下要少的国内货币而转移到进口许可证接受者手上。

⑤ 如果所有的申请者都知道许可证按照申请额的 π 比例颁发，那么所有的申请者的申请额将等于 $\frac{1}{\pi}$ 乘以他们想要获得的进口量，这样的配给机制会变得无效。可以肯定，如果存在着外汇的过度需求，实际比例会低于 π。

⑥ 加纳、印度、菲律宾和土耳其的工业部门也有这种刺激措施，这一点在国家经济研究局关于外贸体制和经济发展的研究项目中有所记载。

⑦ 韩国近几年开始在外国承建大型工程，尤其是在中东地区，所以这种工程不必是国内产品。但是在进口替代国家中，这样看待这些工程项目似乎是合理的。

⑧ 例如，见麦凯布和米卡洛波罗斯（McCabe and Michalopoulos, 1971）的著作。诺格斯（Nogues, 1980）的著作也分析了有关阿根廷的这个问题。见第 7.2 节。

⑨ 关于一个有意义的案例研究，见里和韦斯特法尔（Rhee and Westphal, 1977）的著作。

⑩ 国内建筑是否体现了对进口机器设备的可行的替代是更成问题的。有一些证据表明，在进口替代体制的极端限制时期，建筑在总投资中的比例是上升的。然而，这一现象看来反映了投资从工业和商业部门转向民用建设部门。见克鲁格（Krueger, 1978, pp.252—257）关于这个问题的讨论。

⑪ 资本市场的不完全性是发展中国家的主要扭曲这一观点见麦金农（McKinnon, 1973）。

⑫ 由于"道德危害"（moral hazard）和其他不确定性，银行在该利率上确定利率和给借款人提供比他们想要得到的贷款更少的款项可能是一种理性的行为。有关信贷配给的"道德危害"和不确定的观点被杰菲和拉塞尔（Jaffee and Russell, 1976）加以充分论述。这里讨论的信贷配给和负实际利率是指更加极端的情形，其中如果金融机构被允许收取较高的贷款利率，它们就会这样做（当贷款未偿还或当其他条件有效地增加了借贷成本的时候，由于所需要的最低余额比较大，它们有时还会通过私下的支付方式来这样做）。

⑬ 关于这些实践原理的概述，见凯特卡哈特和维拉诺瓦（Katkhate and Villanueva, 1978）。

⑭ 这里假定，在非征税部门（为了补偿某些利益的缺乏）的现金工资可能较

高的情况下,税收并非仅仅是资助工人想得到的附加福利。

⑮ 确实,这是一个有意义的问题,但也是一个国别研究没有充分说明的问题。跨国公司是否正是因为它们愿意在所在国设厂的意图受到了免税期和税收减免的吸引,而所在国公司却不能享受这些优惠条件,才不会使用比其所在国公司更高的资本密集型技术。虽然利普西、克拉维斯和罗丹(Lipsey, Kravis and Roldan, 1982)指出,使用资本密集度较高的技术的范围比人们普遍认为的要小得多,但是他们没有获得有关本国所有的资本和外国资本在刺激差异上的统计数据。

⑯ 不应该忘记的是,贸易保护结构包括了产品市场的扭曲。对生产要素使用实行差别关税所产生的效应在第 8 章中加以考虑,同时还将考虑这里讨论的要素市场扭曲的效应。

⑰ 以上陈述的结论来自于卡瓦尔豪和哈达德,同时也是关于巴西经济最有见识分析的结果。因此,这是一个无法解释的谜:巴西资本设备的价格指数既比名义工资指数上升得慢,又比批发物价指数上升得慢。卡瓦尔豪和哈达德指出,从 1955—1974 年,实际工资上升 80%,而资本货物的名义价格的上升率小于批发价格指数上升率的二分之一。见卡瓦尔豪和哈达德(Carvalho and Haddad, 1981,p.59)。

⑱ 然而,有证据表明,单个企业的投资决策主要受到可使用的外汇的影响。见比尔斯博罗(Bilsborrow, 1977)研究的有意义的结果。

⑲ 见克鲁格(Krueger, 1982)有关舒尔茨对贸易体制的收益效应的分析。

⑳ 统计数据来自于蒙森(Monson, 1981,tab.6.14)。

㉑ 统计数据来自于蒙森(Monson, 1981,tab.6.15)。

㉒ 这个假定大大简化了分析,因为不然的话信贷补贴的价值决定于税率,并且减税额决定于销售收入减去其他成本后的利息支付额。如果利息支付受到税款的限制,那么或者较低税率的增加值,或者利息补贴的增加值都会减少。

㉓ 然而,韩国的平均关税率一直不是很高的,1970 年对进口产品征收的关税率是 9%,1974 年以后免税条款被修改成延迟支付安排。

㉔ 在从进口替代向出口促进转化时期中所采取的各项措施中,韩国进行了一次相当彻底的金融改革,这项改革提高了名义利率并降低了通货膨胀率,不过,到了 20 世纪 70 年代,实际利率迅速下降。

㉕ 这里假定,韩元在贷款期间没有贬值。关于这种扭曲的效应分析,见弗兰克、基姆和韦斯特法尔(Frank, Kim and Westphal, 1975, chap.9)。

㉖ 一个可能的例外是乌拉圭,但是没有足够的数据来证实这一点。

㉗ 当然,由于不同企业或不同产业具有不同的获得信贷和其他特权的机会,

这种机会影响他们对资本货物的需求。由于国内信贷市场的不完全性在突尼斯似乎非常重要,因此,所有的进口者都可以按相同的价格进口的论断是会有点使人误入歧途。见纳布里(Nabli, 1981, chap.10)。

㉘ 中国香港地区是个例外,巴西的国家经济发展银行是否实行信贷配给是值得争论的。这种证据对智利和哥伦比亚来说简直不存在。

㉙ 例如,见马吉(Magee, 1976, p.45)。

㉚ 如果最低工资被定在均衡水平之上,并且雇主受到诱惑,比通常雇用更多的熟练工人和更少的非熟练工人,那么由此产生的熟练工人的"短缺"将比非熟练工人的工资率不受约束情况下要严重。在这种情况下,支付给熟练工人的实际工资一般地会高于没有最低工资约束情况下的水平。

贸易战略和国内要素市场扭曲对就业产生的效应

第 7 章中证据表明,在项目研究包括的一些国家中存在着相当程度的要素市场不完全性。但是即使承认这种不完全性是巨大的,其本身并不能告诉我们这些扭曲对劳动系数和就业潜力所产生的效应。

本章的任务是分析贸易体制(产品市场)的干预和国内要素市场的扭曲对劳动系数的影响。当然,其目的是为在不同的贸易战略和不同的要素市场条件下出现的劳动力需求——特别是非熟练劳动力需求——潜在增长的数量程度提供一个粗略的估计。

8.1 战略内部的低效率

第 5 章和第 6 章提供的出口和进口竞争的 HOS 产业的劳动系数反映了以下几种不同因素影响的结果:在比较优势条件下的"自然"要素密集度;第 7 章中讨论的国内要

素市场的刺激措施;以及为了促进贸易战略每个国家选择的特定手段。

至于运用汇率高估或其他手段来影响使用不同生产技术的刺激措施的贸易战略,其影响已在第7章中给出的一些估计值中得到反映。但是,贸易战略影响劳动系数会通过另外一种途径:即通过影响既定体制下所鼓励的产业构成的方式。从经验上看,这种现象在进口替代体制下比在出口促进体制下远为重要:在进口替代体制下不同产业贸易保护程度有着很大的不同,并且至少下述假说是有道理的,即有效保护的不同结构可能造成与出口和进口竞争活动相关的劳动系数不同于第5章和第6章中提供的劳动系数。

在本节中,我们所关心的是根据贸易类别所观察的劳动系数受到贸易保护结构的一些因素影响的程度。两种证据是可用的:第一,国别研究者们对(出口和进口竞争产业两者)贸易保护程度和贸易战略中较大的劳动力使用潜力的推论[①](该推论能够从贸易类别中劳动系数的变动中得出)之间的关系作出的估计;第二,从一些确实改变其贸易战略的国家中获得的可观察到的系数变化效应的证据。

首先我们应该注意的是,我们有足够的基础相信,任何试图在现存贸易体制中估计某种改善的资源配置可能对观察到的系数产生何种程度影响的努力都可能造成对"真实"潜力的估计不足。在某种程度上,这一点将被以下讨论的某些国家的改变贸易战略的经验所说明。不过,也存在着其他一些原因。在一个未知的范围内,贸易战略的选择和实施与要素市场的扭曲会相互作用,因而阻止某些生产活动的出现,并且对于这些"失去"的生产活动的潜力进行推测是不可能的。例如,利普西、克拉维斯和罗丹(Lipsey, Kravis and Roldan, 1982)得出的结果说明,跨国公司对经营活动区域的选择受到所在国普遍存在的实际工资率的影响。由于一些拥有相对过剩劳动力的国家仍然设立和强制实行高额的法定最低工资水平,所以某种类型的劳动密集生产活动可能不会在这些国家出现。相反,它们会在世界其他一些地方发展,甚至有可能在一些拥有较高资本/劳动禀赋、但较低实际工资的国家中发展。

　　同样,亨德森的研究成果——在第 8.3.2 节我们将进行更详细的讨论——显示了韩国和中国台湾地区在相对广泛基础上的比较优势,与一些进口替代国家在相对狭窄基础上的比较优势形成对比。这说明进口替代下观察到的劳动系数和生产活动,在贸易战略和国内要素市场结构发生转变的情况下,可能根本不反映进口替代或出口活动方面所发生的变化。换句话说,使用进口替代体制下所观察的现存的 HOS 出口活动作为表明工业出口的比较优势处于何处的指标会在很大程度上低估了出口生产中资源配置效率改进的潜力。很有可能的是,在一种进口替代战略下某些潜在的出口活动甚至不存在,而一些出口部门之所以出口主要只是因为进口替代体制产生了刺激。

　　在记住了对贸易体制中低效率的估计可能会低估通过资源再配置获得收益的潜力之后,我们就可以考虑来自于国别研究的证据。我们把注意力放在对 HOS 出口和进口竞争产业中平均劳动投入系数产生的潜在效应上,这些潜在效应可能是由现存贸易战略中的不同刺激措施产生的。

8.1.1　贸易保护水平的差异

　　有关主要贸易产品类别平均有效保护程度的统计数据在表 8.1 中给出。[②]正如我们可以看到的,不但贸易保护水平对进口竞争和出口活动来说是不同的,而且有时在同一种类别中不同类型物品的贸易保护率的差异也是很大的。例如,印度尼西亚对 HOS 进口竞争物品有效保护的平均水平是 66%,但是对于比特划为保护物品的有效保护水平是132%,而被认为是竞争性的物品的有效保护率是−14%。

　　表 8.1 中的统计数据仅仅是描述的开始。正如我们在第 3 章中所知道的,在贸易产品类别内部经常存在着巨大的差异。例如,科博和米勒计算了智利每类贸易产品的有效保护率的范围。对于 HOS 出口产品来说,出口的有效保护率的范围从−23%至 14%;对于在国内销售的 HOS进口竞争物品来说,有效保护率的范围从−15%至 1 830%。卡瓦尔豪

和哈达德估计了巴西在不同年份的有效保护率。在 1958 年正值巴西进口替代时期,制造业中的有效保护率从药品的 17％和机械的 22％到塑料的 281％和食品的 387％。在突尼斯,HOS 出口产品的平均有效保护率是 23％,标准差为 44％,而 HOS 进口竞争产品的平均有效保护率是 300％,标准差为 772％(Nabli,1981,tab.10.6)。③乌拉圭的有效保护率的范围也是很大的,甚至在两位数的水平上。为国内市场生产的物品的有效保护率范围从皮革和皮革制品的 20％到运输设备的 689％和饮料的 1 014％,而对于出口产品来说,有效保护率范围从皮革制品的 24％到初级金属产品的 156％(Bension and Caumont,1981,tab.11.7)。

表 8.1　按贸易类别划分的有效保护率

国　别	年份	出口品			进口品		
		以初级产品为基础的 HOS	其他 HOS	总计 HOS	受保护的 HOS	竞争的 HOS	总计 HOS
阿根廷	1969	n.a.	−3	−3	n.a.	n.a.	130
巴西		n.a.	n.a.	n.a.	n.a.	n.a.	n.a.
智利	1967	n.a.	0	n.a.	n.a.	n.a.	267
哥伦比亚	1969	n.a.	34	−17	n.a.	n.a.	n.a.
印度尼西亚	1971	n.a.	−11	n.a.	132	−13	66
科特迪瓦	1973	−40	35	−36	84	−21	13
巴基斯坦		n.a.	n.a.	n.a.	n.a.	n.a.	n.a.
韩国(制造业)	1968	n.a.	5	n.a.	n.a.	n.a.	−9
泰国	1973	−18	0	−10	69	25	53
突尼斯	1969	−13	−8	n.a.	n.a.	n.a.	90
乌拉圭	1968		37	—	384	—	

资料来源:阿根廷见诺格斯(Nogues,1980,tab.2.3);所有其他资料见克鲁格(Krueger,1981):巴西见表 2.9;智利见表 3.10;哥伦比亚见表 4.4;印度尼西亚见表 5.11;科特迪瓦见表 6.10;韩国见表 8.9;泰国见表 9.9;突尼斯见表 10.6(布莱克的估计值);乌拉圭见表 11.7。

8.1.2　不同贸易保护水平的劳动系数

这自然就产生了一个问题。既然劳动系数会系统地随着保护水平的变动而不同,并且在贸易战略中存在着使产业组合转向较低保护水平的产业的机会,那么我们可以假定,在既定投资水平下,对于制造业部门中某一类生产活动内部,通过转向一种较低保护程度的生产活动,存在着增加国际附加值、就业和实际收入的机会。

国别研究者们为三个国家提供了不同保护水平的劳动系数的估计值。④ 表 8.2 重现了这些估计值。正如我们所知,在这些实例中,的确出现了这样一种关系。在智利,有效保护率高于平均水平的出口产品的平均劳动系数低于进口竞争产业的劳动系数。在进口竞争产业内部,受到较低保护的生产活动的劳动系数比受平均水平保护的生产活动的劳动系数高出大约四分之一。在印度尼西亚,低于和高于平均保护水平的进口竞争活动中也出现了同样的格局,虽然具有平均保护水平的企业比低于平均保护水平的企业多少具有较高的劳动系数。在科特迪瓦,出口产品的劳动系数随着有效保护的降低而下降;可是对于进口竞争物品来说,低于平均水平的保护意味着某种较小的劳动系数。这部分地反映了这样一个事实,科特迪瓦的一部分 HOS 进口竞争产业正在与其他低工资非洲国家进行竞争。该产业受到高度保护并且不管其劳动系数如何,它都比与来自发达国家的进口产品进行竞争的生产活动具有高得多的资本/劳动比率(Monson,1981,pp.266—267;第 8.1.3 节的第 3 点)。

对于突尼斯来说,纳布里曾试图用回归分析估价劳动系数和有效保护率之间的关系。他计算了每种要素密集度的指标和有效保护率估计值之间的简单相关系数。在计算中,他排除了负有效保护率的估计值和有效保护率高于 400％的估计值。尽管对于全部劳动投入来说,不存在一种明显的关系,但是有证据表明,非熟练劳动密集度和有效保护率程度之间存在着负相关性(Nabli,1981,p.484)。纳布里在指出这些结果的缺陷可能由测量程序所引起的之后,根据有效保护水平把生产活动划分成七组,并且计算每一组单位国内附加值使用的平均劳动。结果再次对非熟练劳动较为有力:具有最低平均有效保护水平(负的和低于 50％的)的两组平均非熟练劳动系数比受到最高有效保护的两组高出 37％

（Nabli，1981，pp.460—461）。

表 8.2　不同贸易保护水平的劳动系数

（每单位国内附加值的劳动单位）

	智利	印度尼西亚	科特迪瓦[b]
具有不同有效保护率的出口产品			
低于中值或平均值	91.98	—	2 695
中值或平均值	—	2 175	2 488
高于中值或平均值	44.39	—	2 160
具有不同有效保护率的进口竞争产业			
低于中值或平均值	67.77	1 130	1 534
中值或平均值	—	1 326[a]	1 652
高于中值或平均值	52.81	752	1 709

资料来源：克鲁格等（Krueger et al.，1981）；智利见表 3.17；印度尼西亚见表 5.19；科特迪瓦见表 6.13。

a：该数字是指具有"中等"保护水平的投入。

b：数字仅仅是每百万法郎的 HOS 活动的总人·时（管理、熟练程度、非熟练程度和手工业）。

泰国也出现了相同的总格局：艾卡拉塞尼对每个雇员的附加值和有效保护率进行回归，他发现，不是直接附加值加上国内物品的附加值，而是直接附加值与有效保护率有显著的正相关（Akrasanee，1981，p.429）。

8.1.3　贸易战略内获益的潜力

因而在研究项目包括的国家中，出口产业和进口竞争产业内部劳动密集度和有效保护水平之间联系的证据似乎是存在的。仍需要估计的是，在贸易战略内系数变化有着多大的潜力。要这样估计，最好的办法是依次考虑来自每个国家的证据。

1. 阿根廷

虽然在各进口竞争产业中间有效保护率和劳动系数有着相当大的差异，但是诺格斯仍得出结论认为，阿根廷过去曾实行过极端的进口替代，以至于到了 20 世纪 70 年代初期在进口竞争产业内改变生产活动的范围极小。在出口方面,明显地存在着较大的潜力,虽然战略内差异的主要来自于向拉美自由贸易区出口物品的劳动密集度比向发达国家出口物品的劳动密集度低得多。总起来讲,阿根廷向拉美自由贸易区出口的 HOS 出口产品是由进口竞争产业生产的,并且这并不说明在对国内市场实行高度贸易保护条件下,现存的贸易战略内存在着较大的改善资源配置的潜力和更多的劳动就业。

2. 巴西

有关巴西的统计数据过于总体化,以至于不能为战略内劳动系数的差异提供有意义的论据。比较 1959 年和 1968—1974 年的贸易水平和劳动系数对于进口替代战略下刺激措施的无差异性质是具有可用性和启发性的。如果我们以 1959 年或 1970 年的劳动系数为例,并将它们应用到这些年份中的实际 HOS 贸易流量,其结果是惊人的。它们在表 8.3 中给出。前两列给出了以 1959 年不变劳动系数为基数的每个部门实际出口和进口的每百万克鲁塞罗平均劳动投入的估计值。最后两列提供了以 1970 年劳动系数为基数的相同的估计值。这些统计数据是建立在 21 个部门投入产出表上的,并且对这些部门的进一步分解极有可能显示某种不同的结果。但不管怎样,这些数字是有启发的。若使投入系数以 1959 年为基础而保持不变,巴西在 1959—1974 年期间出口构成的改变会要求在同样水平的出口价值下增加 70% 的就业。若用 1970 年的系数,估计值甚至更大,大约是 83%。回想一下,巴西政府在 20 世纪 60 年代中期开始改变贸易战略,以及在 1968 年出现了出口高潮。

统计数据似乎表明进口竞争产业的产业构成(反映为实际进口物品组成)在贸易战略转变后几乎没有发生变化。出口物品中的劳动系数的变化是相当大的,并且不管是使用 1959 年的系数还是使用 1970 年的系数,估计的数量程度都是惊人地相似。这也许反映了出口产业中更加合理的资源配置,它产生于更加统一的出口刺激(与较早时期中出现的来自于进口替代产业的出口形成对比)。由于更高程度的统一性,出口物品的劳动密集度的增加是巨大的。如果这种解释是正确的,那么它就支持了以上的观点。该观点认为,在进口替代体制下出口产品和进口竞争产品之间的劳动投入系数在时点上观察到的差异低估了潜在的差异。[5]

表 8.3　巴西的 1959 年和 1970 年劳动系数(1968 年＝100)
中所包含的每单位贸易量的就业

年份	1959 年的劳动系数		1970 年的劳动系数	
	出口	进口	出口	进口
1959	70.9	100.2	69.6	102.5
1968	100.0	100.0	100.0	100.0
1969	104.3	101.6	105.0	101.3
1970	106.2	102.2	107.5	101.9
1971	107.0	103.6	109.9	103.8
1972	112.8	104.8	117.4	105.7
1973	125.2	103.1	131.7	103.1
1974	120.4	90.0	127.3	90.6

资料来源:卡瓦尔豪和哈达德(Carvalho and Haddad, 1978, tab. A1、A5、A7、A10)。

3. 智利

在科博和米勒研究的时期中,智利是研究项目包括的国家中贸易体制偏重于进口替代的国家。我们可以看到,受到高于平均水平保护的出口产品比受到低于平均水平保护的进口竞争产业使用更少的劳动力,从而证实了贸易类别内部存在着很大的差异。

进一步的证据来自于科博和米勒提供的有关个别的四位数产业的单位国内附加值劳动系数的统计数据。这些统计数据仅仅包括 8 个最大的出口产业和 10 个最大的 HOS 进口竞争产业。即使在 HOS 出口产品中,大部分产品或者出口到其他发展中国家(Corbo and Meller, 1981, tab. 3.12),或者是与资源可获性相关的,如水果和蔬菜罐头产品、酒、锯床、纸浆和纸张。8 个出口产业的劳动系数的范围从每百万埃斯库多直接国内附加值的 21.5 人(啤酒业和原材料产业)到锯床的 112.2 人。对于进口竞争产业说来,其范围是从单位直接国内附加值的 20.3 人(汽车业)到结构金属产品的 71.5 人和飞机零部件及修理业的 83 人(飞机修理业几乎总是一个不适于进口的国内生产行业)。

当然,这些范围的重叠是可以预料的,并且在出口产业或进口竞争HOS 产业中没有强烈的选择性。科博和米勒获得的研究结果进一步加强了下述印象:当他们根据非熟练劳动和资本系数在四位数的 ISIC 水平上对个别商品类别的净进口进行回归时,虽然正负符号在预料之中,并且一些系数对于熟练劳动(正值)和非熟练劳动(负值)说来是明显的,但是这些变量的解释能力是不高的:R^2 的范围从 0.33—0.39(Corbo and Meller,1981,tab.3.18)。因此,这进一步表明在出口和进口竞争产业中间要素比例有着很大的差异。

4. 哥伦比亚

索米仔细地考察了哥伦比亚在 1970—1973 年期间的有关产业,正是这些产业改变了哥伦比亚的贸易类别。这个考察成为关于进口替代体制导致广泛差异的生产活动的最令人信服的证据之一。让我们回想一下,哥伦比亚在 20 世纪 60 年代末期改变贸易战略,放弃了在国内市场进行销售的大多数偏向。我们有理由相信,哥伦比亚 1971 年的产出构成主要反映了早期的刺激结构,并且在随后几年中,随着新的刺激措施诱导生产企业改变它们的产品构成,产出和贸易构成的变化是与比较优势相一致的。除了食品和烟草之外,曾是进口竞争的 6 个产业到 1973 年为止已成为出口产业。这 6 个产业的非加权平均劳动系数是 32.9。相比之下,在 1970 年曾是出口的 4 个产业,到 1973 年也被划为进口竞争产业。它们的平均劳动系数是 11.3,虽然产业的数目较少并且该系数的可靠性也可怀疑。

对 1970 年贸易格局的考察表明,一些具有较高劳动系数的进口竞争产业和具有非常低的劳动系数的产业,相对于刺激措施的改变来说,强烈证明了哥伦比亚进口替代战略曾毫无选择地鼓励了进口竞争产业。这种情况表明,如果在进口替代下把更多的资源转入那些相对来说使用了较多劳动力的产业是可能的话,那么进口替代战略的就业含义将比它实际上所具有的意义更加有利。同时索米对改变贸易类别的有效保护率的考察表明,这样一种改变也会改善资源配置。它考察的有效保护率是与产业相关的:截至 1973 年,那些从事出口的产业具有 11% 的有效保护率(与所有制造业 19% 的有效保护率形成对比),而那些从出口转向进口竞争的产业具有 16% 的平均有效保护率。1973 年以后,随着重新制订的贸易战略将资源持续投向新的方向,哥伦比亚改变了其贸易格局——对此进行探索是具有极大意义的。虽然统计数据不允许我们对出口战略引起的部门之间投入系数较高程度的一致性作出判断,但是它们强烈表明,在进口替代体制下诱发的贸易格局比另外一种贸易格局在投入系数方面具有更大的差异。

我们能够从以下思路中推断出出口产业和进口竞争产业中劳动系数比例发生的变化。根据索米的估计,所有 HOS 出口产品的每百万(1970 年)比索直接附加值的工人数目从 1970 年的 23.8 人上升到 1973 年的 29.1 人,上升了 22%;如果制糖业、石油化工业和珠宝业排除在外,那么人数从 28.6 人上升到 35.5 人,上升了 24%。没有迹象表明进口替代物品发生了相应的变化。如果这种变化近似地具有相同的数量程度(由于进口竞争产业中耗费劳动的一些产业转为出口业,进口竞争产业具有更高的资本密集度),那么进口竞争产业改变构成将会引起资本密集度上升 25%。但是,巴西的经验说明,对进口方面产生的效应会比对出口方面产生的效应小得多,所以 10% 的数字似乎更合理。根据这个估计值,1970 年进口竞争产业隐含的资本密集度将是 14.00(该数字的计算是以 1973 年劳动系数比例 1.88 为基础,推算出 1973 年进口竞争产业的系数为 15.39,然后乘以 0.9)。该估计值隐含着,在 1970 年相对于进口竞争产业来说,出口产业的劳动系数为 1.7 左右,而 1973 年为 1.88。

还有一点需要强调。不但 1970 年的哥伦比亚进口替代产业是劳动密集活动和资本密集活动的混合,而且那些当时正在出口的极少数产业也包括了类似的要素使用的范围。所以,既然我们有可能得出以下结论,即采用更大差别的方式实行进口替代有可能导致更高的产出(按国际价格计算)和对劳动力的更大需求,那么我们也可以认为,HOS出口产业会出现某些形式的合理化,这一点已被索米对哥伦比亚后几年产业重新组合状况的研究所证实。从索米的统计数据或其他国家的有关证据看来,不清楚的一点是出口产业中间出现的无差别格局的原因。它可能产生于贸易体制中的刺激机制,或相反地表现为国内政策的函数,这些国内政策是为了减少资本使用的成本并使资本密集型活动更加有利可图。以下情形似乎是清楚的,即两种影响——与贸易体制本身相关的币值高估以及以暗中补贴利率提供信贷的国内政策——都发挥了作用。但是,评价它们的相对重要性是不可能的。

5. 印度尼西亚

根据比特的估计,HOS出口产品每百万卢比的国内附加值包含2 175个人日,对于进口竞争行业说来,是1 038个人日(Pitt,1981,tab.5.19)。不过,根据不同的贸易保护水平,劳动系数有着相当大的差异(tab.8.2)。在受到高度保护的产业中每一人日使用的技术和资本也是比较高的:对于受到相对较低保护的进口替代产业说来,每一人日的技术天数是1.08,而对于受到高度保护的产业说来,相应的数字是2.60。每一人日的能源耗费也显示了同样的情况:低于平均保护水平的进口替代产业的每一人日耗费能源价值是72.43卢比,高于平均保护水平的进口替代产业的每一人日耗费的能源价值是120.8卢比(与出口产业的20.5卢比形成对比)。

这些统计数据表明,也许在进口替代部门中存在着相当大的增加附加值(按国际价格)和提高就业的潜力。如果资本——作为反映能源耗费的指标——构成了对进口替代部门规模的制约因素,那么当资源全部流向低保护部门,则进口替代产业中的就业也许会增加66%。相反,如果技术可得性是制约因素,这种潜力的增加也许会更大。可以肯定,在相同的资本或技术条件下,资源以比特所提供的系数流向出口产业,也许会引起国际附加值和就业更大幅度的增加。不过,印度尼西亚进口替代产业中存在着改善资源配置的余地似乎是清楚的,资源配置的改善会使城市部门的就业比它实际所发生的增长得更快。

然而,印度尼西亚的 HOS 出口产品中不存在很大的差异。所以,在印度尼西亚,进口替代部门中的合理资源配置可能降低出口和进口竞争产业之间的劳动系数的差异。

6. 科特迪瓦

表 8.2 显示了高于和低于平均保护水平的企业的劳动系数。正如我们可以看到的,科特迪瓦与其他国家相比,进口竞争产业与出口产业中的差异似乎要小一些。蒙森得出的结论是,这主要因为不管何种刺激机制——具有内在的偏重使用资本密集型技术和获得低息贷款等优惠条件的优先企业的地位——都被给予某些企业,而不管这些企业的贸易地位如何。

蒙森揭示了进口替代产业中要素比例具有很大差异的一个根源:与来自其他发展中国家的进口产品进行竞争的进口替代产业比与来自于发达国家的进口产品进行竞争的进口产业受到更高的保护,并且它们使用明显不同的要素比例。与来自发展中国家的进口产品进行竞争的优先企业在这些活动中生产 89% 的附加值,并且只有每一人日 3 824 法郎的资本/劳动比率,这与来自发达国家进口品进行竞争的优先企业具有 1 522 的平均资本/劳动比率形成对比(Monson,1981,tab.6.14)。

蒙森提到,一些鼓励进口替代产业与发展中国家的进口产品进行竞争的政策实际在 20 世纪 70 年代初期开始实施,因此在 1972 年这些产业构成了国内全部进口替代活动的较小部分。在进口替代部门中鼓励一些产业与发展中国家的进口进行竞争,与倾向于为较低成本的进口替代活动提供刺激的政策相比,需要付出高得多的代价,并且也降低了增加额外就业的幅度。确实,如果增加的资本存量构成了科特迪瓦的制造业部门的附加值增加和就业提高的限制,并且如果蒙森的估计正确地反映了两类进口竞争产业之间资本/劳动比率的差别,那么对与发展中国家进行进口竞争的活动的鼓励只能使就业提高 40%,国际附加值增长大约 57%(这个数字是根据蒙森的表 6.13 中给出的有效保护率计算的)。

虽然在 1972 年,与来自发展中国家的进口进行竞争的生产活动规模不太大,但是我们有理由认为,从那时开始,它在不断增加,并且由该政策造成的就业(以及相应的国际附加值)的下降幅度是相当大的。[⑥]

7. 巴基斯坦

巴基斯坦经济对国内变量和贸易变量之间的相互作用的复杂性提供了极好的说明。表 8.4 给出了与进口替代战略相关的单个产业内部劳动系数的统计数据。第一列给出了 1970—1971 年期间普遍存在的有效保护率,接下来的三列给出了劳动系数的范围,包括产业内部企业较高的、较低的和中间的劳动系数。最后三列给出了按企业规模分类的产业的平均劳动系数。

表 8.4　1969—1970 年期间巴基斯坦按产业分组和
企业规模划分的劳动系数的差异性和有效保护率

产　　业	1970—1971 年有效保护率（%）	每百万卢比国内附加值的人·年					
		产业分组的范围			企业规模的劳动系数		
		中间	高	低	小型	中型	大型
食品和饮料	130	62	91	29	127	57	54
棉纺织品	172	122	274	122	184	171	111
鞋类	n. a.	113	244	85	307	236	91
纸张和纸制品	177	101	102	100	248	170	82
印刷和出版	36	124	271	110	198	131	109
皮鞋和皮革制品	177	79	84	30	126	25	58
橡胶和橡胶制品	132	62	299	20	434	168	39
工业化学用品	106	63	95	15	229	64	31
基础金属	220	119	240	117	124	17	126
金属制品	235	207	538	115	296	157	205
电力机械	192	101	242	45	286	86	98
非电力机械	188	222	473	189	279	208	209

注:食品和饮料的有效保护率是指食用油而言。
资料来源:吉辛格(Guisinger, 1981, tab.7.9、7.11)。

正如我们能够看到的,虽然在每一类别中存在着很大的差异性,但是表现出来的最为明显的格局是,小型企业比大型企业拥有更高的劳动使用率。例如,基础金属部门中的大型和小型企业具有几乎相同的系数,而中型企业具有的劳动系数仅是其他企业的劳动系数的大约八分之一。[7]巴基斯坦的小型企业明显属于使用更多劳动力的事实主要反映了第 2 章中讨论的非正规部门的存在。

为了分析贸易战略内的低效率,这些统计数据引起了大量的麻烦问题。一种鼓励小型企业发展的贸易战略无疑会比一种鼓励同一产业中大型企业发展以创造同样额外的国内附加值的贸易战略,对劳动的需求产生更大的积极影响。但是几乎不存在站得住脚的证据可以识别在任何一种战略中企业的扩张规模。在一个国家中,进口替代企业的规模也许平均说来比出口企业的规模更大。但是如果出口产品是由潜在出口产业中的大型企业所生产,那么就会产生一个抵消因素。[8]

在产业内部劳动系数存在很大差异的情况下,对巴基斯坦实现贸易战略中的效率收益(通过向较低有效保护率的产业转移资源而反映出来)的程度进行估计是困难的。在有效保护水平和劳动力使用程度之间甚至不存在明显的相关格局。

8. 韩国

正如第 3 章中所看到的,在 1960 年以后,韩国的贸易保护格局主要是建立在商品贸易地位的基础上的:同一产业面对不同的保护水平,而不同保护水平取决于产品是用于出口还是在国内市场销售。这样,鼓励措施看来是依据于未来出口的状况,这意味着对不同产业说来出口刺激是相对统一的。

这种刺激模式看来引起了资源配置效率的改进。这一点可以从亨德逊根据韩国 1966 年、1970 年和 1973 年的投入—产出表获得的结果中看出。第一年即 1966 年,是韩国开始转向出口导向型经济的早期,而到 1973 年出口导向型经济已完好地建立起来了。

亨德逊计算了每种生产活动的 g_j 系数,它反映了在每种生产活动增加一单位的情况下,国际附加值将会发生变动的程度(因而负值 g_j 反映了该种生产活动处于边际上的不经济状态,并且如果该种生产活动收缩和资源在别处加以重新配置,国际附加值会有所增加),可以用 g_j 的中间绝对值作为资源配置有效性的粗略度量。⑨

亨德逊的结果显示了发达国家 g_j 的中间绝对值大约为 0.1,而他所计算的大多数发展中国家的 g_j 中间绝对值大于 0.3。韩国是个例外,1966 年的数字是 0.19,到 1973 年,该数字进一步下降为 0.15。遗憾的是,我们没有 20 世纪 50 年代韩国的可比的统计数据。如果在进口替代情况下该国的资源配置效率相似于亨德逊获得统计数据的某些发展中国家的水平,并且早期阶段的 g_j 的中值大于 0.3,那么这将说明在出口和进口竞争产业中资源配置的根本性改善来自于贸易战略的改变。⑩

9. 泰国

泰国在贸易类别中的投入比例方面曾经出现过高于平均值的变动。表 8.5 提供了根据不同贸易类别每百万泰铢国内附加值的劳动力投入的有关统计数据。正如我们可以看到的,每一贸易类别内部的差别范围是很大的:在受保护的进口竞争产业中,具有最高劳动力投入的产业的劳动系数比最低劳动力投入的产业高出 22 倍之多,而对于竞争性进口的竞争产业来说,这种差距也就更大。以初级产品为基础的出口产业的劳动力投入的差别范围从 8.8 到 86.5,即使是 HOS 出口产业,劳动力投入差别范围也只是从 14.4 到 80.2。所以,在泰国的实例中,至少在影响就业机会的增长方面,部门内部的巨大差异与体制的整体偏差具有同等的

表 8.5　泰国 1973 年不同贸易类别的制造业的劳动系数

（每百万泰铢国内附加值的直接劳动力投入）

贸易类别	最低	中等	最高
受保护的进口竞争产品	4.9	21.6	89.3
竞争性的进口竞争产品	5.3	41.9	118.2
非竞争性的进口产品	10.7	34.9	61.8
以初级产品为基础的 HOS 出口产品	8.8	19.0	86.5
其他 HOS 出口产品	14.4	32.2	80.2

资料来源:艾卡拉塞尼(Akrasanee,1981,tab.9.12)。

意义。这种差别也反映了在贸易类别内部和不同贸易类别之间有效保护率的巨大差异(Akrasanee,1981,tab.9.8、9.9、9.10)。显然,在出口产业和进口竞争产业内部存在着相当大的改善资源配置的余地。

10. 突尼斯

突尼斯进口替代的无差别性质促使纳布里去估计,在过去进行的实际投资水平上,如果采用一种更具选择性的出口替代战略,就业和产出的潜在收益增加的数量程度。纳布里在开始时对相对劳动密集型的进口替代产业进行了识别,在该产业中,进口产品仍然在进入突尼斯。然后,他估计了在现行价格下可能出现的用来代替进口产品的产出扩张程度并识别了一些可能收缩的资本密集型产业。尽管这将释放出一些资本,但是按国内价格计算的产值在就业增加的同时仍保持不变。然后他考察了突尼斯一些产业的额外进口替代的范围,这些产业在世界其他国家被看作为相对劳动密集型产业。当时突尼斯的这些产业具有很低的生产水平,或者甚至还不存在。纳布里研究了在资本密集型进口替代产业释放出资本的情况下,劳动密集型进口替代产业可能运行的规模。

纳布里发现,进口竞争产业的国内附加值能够增加大约40%,而这些产业的总就业水平能够增加51.5%,非熟练劳动力的就业增加幅度甚至会更大——58%。

11. 乌拉圭

乌拉圭制度的特征是事无巨细的控制,它不可避免地造成了巨大的差异。这一点在进口竞争产品(进口许可证的发放范围一般不包括那些国内能够生产的物品)以及出口产品的有效保护率很大的差异范围中得到反映。在国内市场出售的产品,如饮料、鞋类、纸张和纸制品、橡胶制品、非金属矿物产品、电力机械、运输设备和各种各样的制成品的有效保护率超过500%。与此相比的是,印刷和出版、皮鞋和皮革制品以及非电力机械的有效保护率低于100%。对于出口产品来说,有效保护率超过50%的产品有饮料、鞋类、木制品和软木产品、橡胶产品、基础金属、非电力机械和各种各样的制成品。

　　如此之大的有效保护率的差异在劳动和资本系数的巨大差异中得到反映。对于出口产业来说,每百万美元的国内附加值所使用的人数从218人(轮胎)到1 615人(毛纺织),平均为366人。使用非熟练劳动力的差异甚至更大,每百万美元国内附加值所使用的人数从轮胎业的15人到鱼类贮藏业的472人。相似地,每百万美元国内附加值所耗费的电力从469(鱼类贮藏业)到5 498(水泥行业),11个最大的HOS出口产业的平均数为1 483。资本/劳动比率(反映为每个工人的电力耗费)的范围从每个工人550千瓦(毛纺织业)到每个工人26 060千瓦(水泥行业),对11个主要出口HOS产业来说,平均值是4 060千瓦。

　　乌拉圭进口竞争产业中的差别范围也是如此。每百万美元国内附加值的劳动力从34(烟草产品)到373(金属产品),平均值为238。资本耗费从烟草产品的86到工业化学产品的5 150,相应地每个工人使用的电力的范围从药品行业的1 200千瓦到工业化学品的22 000千瓦,平均值为4 880千瓦。[11]

　　虽然平均说来,出口产品的每单位国内附加值使用的劳动力多于进口竞争产品,但是在十个出口产业中存在着两个劳动系数低于进口竞争部门平均水平的产业,同时也有一个进口竞争产业的劳动系数超过出口部门的平均水平。而且,如果我们根据最终流向(在发达国家和发展中国家之间)对乌拉圭的出口产业进行分类,那么要素比例的差异是惊人的。水泥是向其他发展中国家出口的最大项目,并且在本森和考芒特调查的20个主要产业中具有最高的资本/劳动比率。毛纺织业是向发达国家出口产品中的最大行业,该产业的资本/劳动比率最低。因此,每百万美元国内附加值的出口从发展中国家转向发达国家将意味着电力耗费下降85%,以及每百万美元的国内附加值的就业增加6倍之多。在出口竞争产业中,也存在着同样的差异。在缺少有关国内市场规模的统计资料情况下,我们是不可能确定进口竞争部门在出口替代战略情况下可能实行的资源再配置的程度。

8.2　替代的可能性

　　使用资本和劳动服务的相对成本偏离其机会成本无疑会影响技术的选择，从而造成不同于在完善的要素市场体制下所观察到的劳动系数。相对要素成本可能偏离其影子价格的数量幅度在第 7 章中被加以估计。这里，我们的目的是运用这些估计值来说明在不同的刺激机制下劳动系数可能上升的量值排列。

　　对于阿根廷、巴西和智利，国别研究者们自己估计了要素市场不完全性影响技术选择的程度。我们首先对研究者们为这些国家提供的估计值进行评论。对于其他一些要素价格一定程度上偏离机会成本的国家来说，我们将运用第 7 章中给出的有关价格差异的量值排列的估计和贝尔曼对替代弹性的估计，从而可以表明在要素市场不完全性不存在的情况下技术可能发生的变动程度。

8.2.1　阿根廷

　　诺格斯首先考虑了消除对劳动力和金融市场实行干预带来扭曲的效应，然后估计了减少贸易体制对资本货物价格的影响带来的效应。表 8.6 中列出了他的研究结果。第 1 列给出了他对消除劳动力和金融市场扭曲所产生的劳动系数增加的百分数估计值。正如我们可以看到的，对于阿根廷的制造业生产的贸易产品来说，根据诺格斯的估计，每单位附加值的劳动力投入可能会上升 19％。他提到，消除这些扭曲不会改变按要素密集度排列的产业顺序。此外，虽然诺格斯假定，资本货物的价格将会在自由贸易下按均衡汇率决定，但是估计的劳动耗费总增量仍是下降的。这是因为国内供应的（受到高度保护的）资本货物占有很高的比例，从而在自由贸易下，资本货物的价格相对说来是较低的。但是，劳动力、金融和外贸市场干预的综合效应是鼓励使用资本和抑制使用劳动密集型技术的。这一点在诺格斯的估计中得到反映。根据他的估计,若企业在接近于反映生产要素机会成本的价格下追求利润最大化,那么对于同样的国内附加值构成制造业就业可能会增加 13%。可以肯定,劳动力对阿根廷制造业部门的供给是否具有充分的弹性以至于劳动力需求 13%的增加可以在不增加实际工资的情况下得到实现,这是值得怀疑的。不过,这些估计值能够说明要素市场扭曲的效应是相当大的。

表 8.6 取消要素市场的扭曲对阿根廷制造业的劳动力/国内附加值比率所产生的潜在效应

产业类别	在以下两种贸易体制下取消劳动力市场和金融市场[a] 的扭曲引起的劳动力/国内附加值比率增加的百分比	
	受保护的体制	自由贸易体制
出口产品	25.1	18.9
进口竞争产品	18.5	10.0
与发达国家的进口竞争产品	20.8	11.4
与发展中国家的进口竞争产品	23.0	12.1
其他进口竞争产品	23.0	4.1
全部制造业产品	19.0	12.6

注:a:假定(1)贷款期限为 10 年;(2)每年偿还等量贷款额;(3)实际利率为 −9%,机会成本为 10%。

资料来源:诺格斯(Nogus, 1980, tab.3.12)。

8.2.2 巴西

根据卡瓦尔豪和哈达德的发现,甚至在 20 世纪 60 年代末期,使用劳动力和资本的相对成本在正规部门和不能获得国家经济发展银行贷款和不缴纳社会保险税的非正规部门之间大约有着 30%的差别。由于这些估计值没有考虑到部门之间解雇费规定和其他福利金或最低工资法方面的差别[12],所以这一点是显然的,即他们甚至过低估计了 60 年代后期(即在进口替代的高峰时期)过度刺激使用资本的程度。

卡瓦尔豪和哈达德利用了马赛多(Macedo, 1974)的早期工作提供的替代弹性的估计值,并且将这些估计值与资本和劳动力的供给弹性的合理估计值结合在一起,试图确定对要素比例产生的效应。表8.7汇总了他们的研究结果。第1列给出了每个主要制造业部门在1970年每百万克鲁赛罗产量的实际就业人年数。第2列和第3列列出了在社会保险税和对资本的隐含补贴可能被取消、劳动力的供给弹性可能是无限的情况下,可能产生的每百万克鲁赛罗就业增长的估计值。换句话说,第2列和第3列的估计值对应于制造业在工资不变的情况下能利用他们所需求的全部额外劳动力的情况。第4列给出了假定两种扭曲被取消情况下每百万克鲁赛罗产值所需的人一年总增加量。对于所有的制造行业来说,根据这些假定,劳动系数的非加权平均增量大约是15%。⑬

卡瓦尔豪和哈达德还提供了,在劳动力供给和资本的真实弹性如表8.7中第5列和第6列所示情况下,有关就业效应的估计值。可以肯定,作为对资本补贴和社会保险税的取消的反应,一种小于完全弹性的劳动力供给将会引起工资的上升。即使在承认这些现象之后,巴西制造业就业的增加仍是相当大的:当劳动力供给弹性为1时,资本供给弹性等于1将意味着平均劳动系数上升大约8%,而资本供给弹性等于2则意味着劳动系数上升6.4%。可以肯定,在部门之间效应的数量程度是不同的:根据估计,烟草产品的劳动系数(在完全劳动力供给弹性的情况下)上升大约30%,而药品行业每单位产出的劳动力投入上升25%。橡胶制品、运输设备和金属产品的劳动系数也上升18%以上。相比之下,纺织业的劳动系数上升11%,并且其他几个部门的劳动系数的上升低于15%。

我们还要加以注意的是,投入相对价格的变动会对劳动密集型产业的成本和资本密集型产业的成本产生某种不同的影响。如果社会保险税被取消,生产更多的劳动密集型物品所需要的相对成本将会下降。在这种情况下,一些劳动密集型物品的竞争地位会有所加强。因此,卡瓦尔豪—哈达德的估计值也许代表了扭曲对制造业就业必然产生的某种较低限度的效应,因为它一方面忽略了上面提到的劳动力和资本市场的干预,另一方面劳动系数的平均变动中没有考虑到由要素相对价格的变

表 8.7 社会保险税对巴西就业产生的效应（每百万 1970 年克鲁赛罗产值的直接和间接人·年）

部门	1970年 实际值(1)	取消以下几项措施引起的增加量			总计(1)+(4) (5)	当∈L=∈K=1 时的总计(6)	当∈L=1, ∈K=2 时的总计(7)
		社会保障(2)	资本的补贴(3)	小计(2)+(3)(4)			
非金属矿产	67.5	8.1	0.8	8.8	76.3	72.1	71.4
金属产品	29.1	3.8	1.6	5.4	34.5	32.5	32.2
机械	42.3	5.4	0.5	5.9	48.2	45.4	44.9
电力输设备	33.5	4.6	0.5	5.1	38.6	36.2	35.9
运输料	28.8	4.7	0.5	5.2	34.0	31.7	31.4
木料	89.6	11.5	0.9	12.4	102.0	95.4	94.3
家具	81.6	8.0	0.6	8.6	90.2	85.6	84.8
纸制品	35.0	4.7	0.3	5.0	40.0	37.6	37.2
橡胶制品	25.2	4.6	0.4	5.0	30.2	27.9	27.5
皮革制品	61.7	7.0	0.6	7.6	69.3	65.6	64.9
化学品	12.0	1.5	0.1	1.6	13.6	12.8	12.9
药料	16.7	3.9	0.3	4.2	20.9	19.2	18.8
香料	18.4	3.2	0.3	3.5	21.9	20.3	20.0
塑料品	18.7	3.7	0.3	4.0	22.7	21.0	20.7
纺织品	52.7	5.5	0.4	5.9	58.6	55.8	55.4
服装鞋类	89.9	11.9	0.9	12.8	102.7	96.0	94.9
食品	26.5	4.7	0.3	5.0	31.5	29.4	29.0
饮料	36.5	6.8	0.5	7.3	43.8	40.6	40.1
烟草	14.4	4.2	0.3	4.5	18.9	17.1	16.8
出版	48.5	5.3	0.4	5.7	54.2	51.0	50.4
杂品	48.5	5.4	0.4	5.7	54.3	51.4	50.9
平均值	41.8	5.6	0.5	6.1	47.9	45.0	44.5

注：由于四舍五入的缘故，总数可能不等于分项加总。
资料来源：卡瓦尔豪和哈达德(Carvalho and Haddad, 1981, tab.2.20, 2.22)。

动所引起的产出构成的变动。⑭

8.2.3 智利

科博和米勒估计了资本货物进口的隐含补贴对不同产业技术选择产生的影响。借助于他们估计的生产函数（Corbo and Meller，1982），他们模拟了汇率处在均衡水平上（即进出口产品的相对价格相对于国内产品上升30％）和资本货物进口优惠待遇被取消后（即假设进口资本货物的相对价格与其他进出口产品相比上升5％）可能发生的变化。⑮他们的估计在表8.8中被重新给出，该估计值是建立在进口资本货物价格扭曲

表 8.8　科博和米勒关于扭曲对要素比例效应的估计

（直接系数加国内物品的间接系数）

	劳动力	资本	技能	资本/劳动	技能/劳动
		出口产品			
观察到的系数					
世界	58.5	1 719	122	29.6	2.10
发达国家	98.6	1 830	84	18.6	0.85
发展中国家	49.6	1 712	131	34.6	2.65
模拟的系数					
世界	62.9	1 348	133	21.4	2.10
发达国家	105.6	1 472	90	13.9	0.86
发展中国家	53.5	1 321	142	24.7	2.65
		进口竞争产品			
观察到的系数					
世界	60.1	983	146	16.4	2.42
发达国家	60.0	910	148	15.2	2.46
发展中国家	60.7	1 339	134	22.0	2.21
模拟的系数					
世界	64.1	789	156	12.3	2.43
发达国家	64.0	731	158	11.4	2.47
发展中国家	64.9	1 072	144	16.5	2.22

注:技能表示为"技能单位"，并且在量度上与劳动系数是不可比的,劳动系数是用人—年表示的。

资料来源:科博和米勒（Corbo and Meller，1981，tab.3.15、3.19）。

被取消后贸易的商品构成不会受到影响这一假定基础之上的。因此,以上讨论的智利贸易中要素比例的逆转被假定继续存在。

根据科博和米勒的估计,如果进口资本货物的价格能够增加大约36％,出口产业(不管是向发达国家出口还是向发展中国家出口)和进口竞争产业的就业有可能增长大约 6％—7％,出口产业和进口竞争产业的资本系数会下降大约 30％。[16]

8.2.4　对其他国家的模拟

第7章中的估计值与贝尔曼关于替代弹性的估计值可以结合起来为其他国家提供有关要素市场扭曲对就业产生效应的数量程度的估计值。回想一下,贝尔曼发现,他拥有统计数据的大多数产业的替代弹性非常接近于1,并且他还发现,柯布—道格拉斯函数式能够满足于多种意图(Behrman,1981,p.186)。

使用这个成果去估计要素比例变化的幅度是可能的。这一点可以在下面看到。柯布—道格拉斯生产函数是:

$$Q = AL^{a}K^{1-a} \tag{8.1}$$

它可以写成:

$$q = Ak^{1-a} \tag{8.2}$$

其中,$q = Q/L$ 和 $k = K/L$。

用方程(8.2)解出的资本/劳动的比率如下:

$$k = q^{\frac{1}{1-a}}A^{-\frac{1}{1-a}} \tag{8.3}$$

利润最大化的一阶条件是:

$$\frac{\partial Q/\partial L}{\partial Q/\partial K} = \frac{a}{1-a}k = w \tag{8.4}$$

其中,$w = \dfrac{W}{R}$。

令 w_s ＝无扭曲的工资/租金比率，w_a ＝实际工资/租金比率，w_a 相当于 $w_s(1+d)$，其中 d 是扭曲比例。

将方程(8.3)和方程(8.4)结合在一起，并令 $w_a = w_s(1+d)$，我们得到：

$$q_d = cw_s^{1-a}(1+d)^{1-a} \qquad (8.5)$$

其中，$C = \left(\dfrac{1-\alpha}{\alpha}\right)^{1-\alpha} A$，并且：

$$q_s = cw_s^{1-a} \qquad (8.6)$$

其中，q_d 是观察到的(倒置的)劳动系数；q_s 是在扭曲不存在的情况下通常出现的劳动系数，把方程(8.5)和方程(8.6)结合起来，我们得到：

$$q_s/q_d = (1+d)1-a.^* \qquad (8.7)$$

从表7.1中可以得到 d 的估计值。所不知道的只是平均劳动份额。表8.9给出了在方程(8.7)基础上合理的劳动份额下劳动系数潜在增加的百分比范围的估计值。[17]正如我们能够看到的，若在上述假定条件下利润最大化企业面对的工资/租金比率既定，则产业的资本密集度愈高，劳动系数的成比例增长也就愈高。

由于表7.2列出的扭曲至少同等程度地涉及研究项目包括的国家的出口产业和进口替代产业，因此表8.9中所估计的劳动系数的上升为扭曲的刺激机制的结果——即所有(现代部门)贸易品制造业(包括出口和进口竞争制造业)实行资本替代劳动的程度——提供了估计。这些估计值仅仅是相关的数量程度的指示性数字。但是，在突尼斯和巴基斯坦等国家中，由于农村人口多和高速度的人口增长，表8.9中的估计值说明在制造业内部转向更合适的刺激机制，即使在现存的贸易战略下，也能够使产出和就业在既定的投资率下大幅度地增加。[18]

＊ 原文如此，实际应为 $q_s/q_d = (1+d)^{1-a}$。——译者注

表 8.9 假定要素市场扭曲消除后不同国家的劳动系数增长的估计

国　别	d 的估计值	在劳动份额为以下数字时的劳动力增长的百分比			
		0.1	0.2	0.3	0.5
科特迪瓦	0.38	33	29	25	17
巴基斯坦	3.16	360	312	271	203
韩国	0.11	10	9	8	5
突尼斯	0.87	76	65	55	37

8.3 贸易战略、贸易战略的实施和要素市场扭曲的相对重要性

我们现在可以试图估计在研究项目包括的国家中,贸易战略的选择、战略内的低效率和要素市场扭曲对劳动力需求增长所产生的综合的潜在效应。当然,这种估计是建立在几个假定基础上的,不用说还有不准确的统计数据。这些估计值最好被理解为仅仅标明了可能的数量程度。这些估计值具有两个基础:来自于单项研究的统计数据以及在一个共同模型内部的比较分析。

8.3.1 单个国家的估计值

表 8.10 包括了第一组估计值。[19] 该表的第 1 列给出了 HOS 出口产业和进口竞争产业中观察到的劳动系数(进口竞争产业的劳动系数被确定为 100)。第 2 列和第 3 列标明了在没有国内要素市场干预以及没有与降低使用资本密集型生产技术的成本相联系的贸易战略的刺激情况下,劳动系数可能出现的增长百分比(来自于表 7.2 的估计值)。第 4 列给出了在指定的贸易战略下,通过改变产出的商品构成,劳动系数可能增加幅度的最佳估计值。最后,第 5 列给出了当所有扭曲的根源被消除后可能观察到的劳动系数。

正如我们能够看到的,估计的劳动系数的增长幅度是相当大的。例如,如果基本的假定和统计数据是正确的,突尼斯可能创造的就业机会比它在进口替代战略下实际创造的就业机会高出一倍以上。总起来讲,这些估计值表明了,在进口竞争产业中比在 HOS 出口产业中存在着更大的改善资源配置效率的余地。仅仅有关智利和哥伦比亚的估计值表明,在出口产业中存在着更大比例的潜在增长的机会。这两方面例子反映了这样一个事实,在进口替代战略下的出口实际上在估计期内也许部分地构成了一种对进口替代刺激的反应。尤其在智利的情况中,正是在进口替代体制下鼓励向拉美自由贸易区出口进口替代产品的刺激,说明了出口产业在增加就业方面具有巨大的潜力。通过转向更加强调向发达国家的出口,这一点就会直接地加以实现。

表 8.11 归纳了表 8.10 中的发现,并且还提供了在不同的贸易战略下劳动系数成比例差异的估计值。例如,一些估计值说明,科特迪瓦应能使 HOS 出口产业中的就业增加 25％,而进口竞争产业中的就业可以增加 40％。此外,将 1 000 法郎的国内附加值从 HOS 进口竞争生产转移到出口生产(在现代部门中)将会引起每单位转移价值的劳动力需求增长 21％。

这些数字并非表明劳动力需求变动的幅度和可能性。特别是,如果劳动力对资本的替代受到政府取消对资本使用的刺激的鼓励,那么在贸易品生产活动中可能存在一部分额外投资;由此而产生的对劳动力需求的增加在这里不予以考虑,部分地因为这些估计值具有很强的推测成分,部分地因为同样的"资本释放"的效应终会发生,不管表 8.11 中估价的三种增加劳动力需求的方式中的哪一种付诸实践。出于后一种原因,我们有理由相信,表 8.11 中的数字已经反映了通过在现行贸易战略内工作和通过改变贸易战略而引起的劳动力需求增长的相对潜力。

根据表 8.11 中的统计数据对不同国家进行比较要小心从事。特别是,既然我们已经知道在韩国改变贸易战略以后,制造业的就业曾出现过高速增长,因此韩国的很低的潜在估计值就是一个令人误解的数字。

表 8.10 劳动系数潜在上升的来源

国 别	时 期	可观察到的直接劳动系数(1)	由于以下原因引起的劳动系数的上升(百分比)			潜在系数(5)
			没有国内要素市场的干预(2)	没有贸易战略的扭曲(3)	没有战略内的低效率(4)	
HOS 进口竞争产业						
阿根廷	1973 年	100	16	−6	0	110
巴西	1970 年	100	15	n.a.	n.a.	115
智利	1966—1968 年	100	n.a.	7	n.a.	107
哥伦比亚	1970 年	100	n.a.	n.a.	10	110
印度尼西亚	1971 年	100	n.a.	n.a.	66	166
科特迪瓦	1972 年	100	25	0	12	140
巴基斯坦	1969—1970 年	100	271	0	n.a.	371
韩国	1968 年	100	8	0	0	108
突尼斯	1972 年	100	17	38	51	243
HOS 出口产业						
阿根廷	1973 年	130	25	−6	0	149
巴西	1970 年	207	15	n.a.	n.a.	238
智利	1966—1968 年	80	n.a.	7	68	144
哥伦比亚	1970 年	170	n.a.	n.a.	24	210
印度尼西亚	1971 年	209	n.a.	n.a.	0	209
科特迪瓦	1972 年	135	25	0	0	169
巴基斯坦	1969—1970 年	142	271	0	n.a.	384
韩国	1968 年	128	8	0	0	108
突尼斯	1972 年	128	17	38	0	198

注:科特迪瓦的估计值仅仅是对现代部门而言;科博和米勒有关资本成本的估计是指直接加上国内物品的同接指向发展中国家出口而言。(Corbo and Meller, 1981, tab.8.8);这里使用的估计的劳动份额为 0.3。来自本书表 8.9;对于智利出口产业中战略内的低效率指向发展中国家出口而言。
资料来源:第 1 列来自本书表 5.1;第 2 列和第 3 列来自本书表 7.1 和表 8.9;第 4 列来自本书表 8.1 节;阿根廷的资料来自于诺格斯(Nogues, 1980, tab.3.12)。

的确,有关证据表明,韩国对出口促进的强调引起进口竞争产业和 1968 年曾被重新组合的出口产业内部出现了非常有效率的生产格局。因此,对巴西改变贸易战略来增加劳动力需求的潜力(这一点在 20 世纪 60 年代后期和 70 年代初期也许被广泛认识到)和韩国的这方面潜力加以比较是无保证的。

表 8.11　劳动力需求增加的潜在来源

(观察到的劳动系数的百分比)

国　别	时　期	按不变附加值计算的 劳动系数的增加		战略转变
		出口	进口竞争	
阿根廷	1973 年	19	10	30
巴西	1970 年	15	15	107
智利	1966—1968 年	80	7	34
哥伦比亚	1970 年	24	10	91
印度尼西亚	1971 年	n. a.	66	26
科特迪瓦	1972 年	25	40	21
巴基斯坦	1969—1970 年	271	271	41
韩国	1968 年	8	8	0
突尼斯	1972 年	55	143	23

　　具有较大意义的是,在多大程度上我们可以从这些国家内部的可比的量值中获得某些推论。对于突尼斯来说,劳动力需求增长的最大潜在来源产生于经济中的进口竞争部门的合理化。对于巴基斯坦来说,取消对过度使用资本密集型技术的刺激看来要比改变贸易战略为增加劳动力需求提供更大的保证。可以肯定,巴基斯坦通过改变贸易战略和取消对使用资本密集型技术的刺激,能够实现劳动力需求的更大的增加。也就是说,如果由放弃资本密集型技术而引起的巴基斯坦的 HOS 出口产业中的劳动/附加值比率上升 271%,并且同时巴基斯坦将资源转向出口部门,那么就业增长的幅度将是 1.41 乘以 1.71,或 3.82,因为出口产业中按新要素比例配置的国内生产要素会导致劳动/附加值比率比 HOS

进口竞争产业中以前存在的劳动/附加值比率高 2.41 倍。对于所有国家来说(也许 1968 年的韩国除外),明显存在着劳动力需求增长的很大余地。因为劳动力需求的增长是与改进资源配置相一致的,而一般的改进资源配置却不止一条途径。

8.3.2 一般均衡估计值

估计扭曲和贸易战略的综合效应的一种补充手段是,设计一个最优化模型并利用模型解的一些性质来说明偏离最优状态的数量程度。亨德逊对一些具有足够统计资料的研究项目所包括的国家以及出于比较的目的,对一些发达国家做了这方面的研究。[20] 他的分析在《发展中国家的贸易与就业:要素供给和替代》(Krueger, 1982)一书中已被阐明,并且一些成果在本书前面也曾提到。这里我们将要讨论的是,模型中适于解释他所估计的贸易战略和扭曲的代价的一些性质。

亨德逊的模型是一个有限制的最优化模型[21],它受到线性和非线性约束条件的限制。对一些具备投入—产出表和关税统计资料的国家来说,该模型是在国内物品生产(它等于基期国内消费水平加上用作进出口产品的中间投入)的约束以及劳动力与资本的全部就业的约束下来求进出口贸易产品的国际附加值的最大化。此外,该模型还具有以下约束条件,即防止产出水平处于其可观察到的水平的特定百分比的范围之外,在经验分析上,这个范围是 25%。

鉴于各种原因,这些产出约束是有用的。它们可以防止模型偏向于一种极其特殊的解法。这些约束指明了在中期的时间水平上变化的可行限度。另外,附属于生产能力约束的影子价格可以用来表明在既定生产格局下某些特定生产活动中的比较优势和比较劣势的程度。[22]

出于现在的目的,我们把重点放在扭曲代价的数量程度上。对于这个问题,亨德逊模型中的两个估计值是特别有用的和有意义的。一方面,他估计了从资源重新配置(包括生产要素,因为根据柯布—道格拉斯生产函数,模型中资本和劳动力会进行相互替代,直到所有活动中的边际替代率相等时为止)可获得的国际附加值的增加。这种测量是贸易战略和要素市场扭曲综合影响引起的实际收入损失的一个指标,虽然由于投入—产出表不同程度的加总以及由于产出约束限制了产业之间要素重新配置的可行性程度,这个指标在国家之间具有有限的可比性。由于资源重新配置只有 25% 的限度,因此该模型可能表明,两个国家在国际附加值上能够取得近似相等增长的比例;而一个无约束条件的最优化模型则表明,一个国家在大约 25% 的产出范围内接近最优状态,另一个国家可能具有更高比例的资源再配置,同时取得相应更大的国际附加值的增加。㉓我们还应注意到,产出限度限制了模型能够产生的得益大小。

另一种测量是与生产能力约束相关的平均影子价格。这个数值代表了在以上约束条件放松的情况下可能获得的国际附加值增加的估计值。在这个意义上,它为超出模型允许情况下对资源进行进一步再配置所获得的收益范围提供了一些迹象。但是,我们应该记住,不同程度的加总问题仍然存在,并且对于两组估计值来说,观察到的投入系数被用来表明在两种贸易战略中任何一种战略下存在的部门系数(受到替代可能性的限制)。事实上,人们会怀疑贸易战略的转变会影响这些系数本身,这种情况已在第 8.1 节中描述的巴西和哥伦比亚的经验中得到反映。这一点也被亨德逊的一些研究成果所证实,他的研究成果发现,在韩国和中国台湾地区(以及一些发达国家和地区)的制造业之间存在相当广泛基础的比较优势,而在一些进口替代国家则比较优势的区域相当窄。

这些估计值在表 8.12 中列出。第 1 列给出了与统计数据相关的年份,而第 2 列给出了所用的投入产出表的部门数目。第 3 列给出了产出约束的平均影子价格。这个数据代表了包括影子价格是正值的部门和影子价格是负值的部门在内的一个平均值。一些与产出约束相关的平均影子价格为正值的国家一般在扩大出口生产方面比在进口替代部门的低效率方面获得更大的潜在收益;而一些具有负值影子价格的国家却表现为相反的情况。通过考察第 4 列和第 5 列给出的所有正的和负的影子价格的平均绝对值,这一点可以被看得更清楚。这些绝对值代表了标明符号的影子价格的那些生产活动中单个生产活动系数的非加权平均值。

表 8.12 贸易战略和要素市场扭曲的代价的估计

亨德逊模型(基期价值的百分比)

国　别	年份(1)	部门数目(2)	产出约束的影子价格			进出口产品的增长	
			平均值(3)	平均绝对值		IVA(6)	DVA(7)
				正值(4)	负值(5)		
智利	1962	54	8.9	37.5	26.4	3.6	−4.9
印度尼西亚	1971	168	−3.8	12.3	37.8	3.3	0.1
科特迪瓦	1972	47	14.2	31.5	31.8	6.7	−1.0
韩国	1966	118	−3.3	16.9	21.2	3.9	0.7
	1970	118	−4.9	18.0	23.6	4.2	1.0
	1973	118	0.7	12.6	16.9	2.8	0.4
突尼斯	1972	68	−1.6	24.3	24.9	2.8	−1.4
乌拉圭	1961	20	−8.9	9.7	43.8	8.9	−4.8
比利时	1965	62	2.3	16.3	8.9	3.0	1.7
法国	1965	62	6.9	20.8	7.3	2.7	0.7
德国	1965	62	5.9	14.1	6.7	6.8	5.2
意大利	1965	62	1.3	24.4	10.5	2.8	0.4

注:IVA=国际附加值;DVA=国内附加值。
资料来源:亨德逊(Henderson, 1982, tab.1.5、1.6、1.A.1)。

例如,对于乌拉圭来说,在具有正值影子价格的部门之间,每单位生产能力约束条件被放松的情况下可以得到的国际附加值增加的非加权平均绝对值是 9.7%。与此相比,在进口替代部门的收缩超过模型所规定的限制下获得的平均收益是 43.8%。因此,对于乌拉圭来说,进口替代方面低效率的代价似乎是相当大的。智利较高的平均正值的影子价格似乎反映了在进口替代体制下各种部门中未被开发的比较优势。印度尼西亚的平均值完全与比特的发现相一致。比特的发现认为,印尼经济的出口方面看来是相当有效的,但是在进口替代方面仍存在着相当程度的低效率。

韩国的统计资料是有意义的,因为统计资料包括的三年期间部门数目已标准化了,并且在此期间出口促进努力正在进展。在 1966 年和1970 年,韩国看来是继承了进口替代产业的遗产,该产业的平均低效率仍较多。这一点在生产能力约束下的负值平均影子价格中得到反映,它说明韩国从进口替代产业超过生产能力约束的收缩中获得的国际附加值的增加将会超过它从扩大出口部门中获得的极限收益。但是,该模型表明,到 1973 年,这些收益的大部分已经实现:的确,正负影子价格平均起来已接近于零;它在低于 1% 的国际附加值的平均潜在收益中也得到了反映。

将对欧洲四个发达国家的研究结果与研究项目包括的国家的研究结果加以比较是有意义的。欧洲共同市场在 1965 年正在形成之中,并且其贸易在成员国之间正在迅速增长。这一点在欧洲的估计值中得到反映。在欧洲的估计值中,与正值生产能力约束相联系的平均影子价格虽然低于智利、科特迪瓦和突尼斯的数字,但仍然是相当高的。不过,令人惊奇的是,在其较低的界限约束下,对这些产业进行收缩所能进一步获得的潜在收益的绝对数量程度却要低得多。的确,只有意大利的估计值超过 10%。这说明发展中国家,以及至少 1973 年以前的韩国的整体资源配置效率大幅度地超过了研究项目包括的国家中进口替代部门的资源配置效率。

表 8.12 中第 6 列和第 7 列的统计数据加强了这些发现。其中第 6列给出了在国内要素可得性既定的条件下,可获得的国际附加值的估计百分比的增长,而第 7 列标明了在模型有解时进出口生产的国内附加值会出现什么变化。对于除印度尼西亚和韩国外研究项目包括的所有其他国家来说,根据模型的估计,国际附加值最大化的实现需要国内附加值的减少。这说明研究项目的国家中可观察到的资源配置会对普遍存在的刺激机制作出反应。例如,对于智利来说,在模型的解中,国际附加值中包含的 3.6% 的增长将会伴随着国内附加值 4.9% 的下降,它清楚地

表明,模型所隐含的资源转移在智利的刺激结构下对生产者来说不是利润最大化的。

相比之下,韩国和四个西欧国家的国内附加值的正方向变动说明,模型的解所隐含的低效率也在国内价格中得到反映,并且这些价格刺激了资源的流动。这一点在德国尤为明显,可得到的国际附加值估计值的大幅度增加产生于农业部门的低效率;在国内价格上,德国工业的比较优势也得到了反映。

对于亨德逊模型和国别研究所包括的国家来说,两种结果相辅相成。不管使用何种方式,所有的进口替代国家都显示出,通过提高进口替代战略和资源配置的效率可以获得很大的潜在收益。[24]其中一些国家还表明,很大的潜在收益可以通过扩大一些部门,主要是扩大出口部门来获得。包括低效率在内的现存生产格局是国内生产者面对的贸易体制和刺激机制的结果,这一点似乎是无疑义的。

相比之下,韩国的低效率程度看来比较小,并且在洪氏和亨德逊研究的时期中不断下降。到 1973 年,韩国的资源配置效率看上去与其说类似于一些进口替代发展中国家,倒不如说更类似于发达国家。

注释

① 在整个研究项目中,重点一直放在有效资源配置下贸易战略和就业之间的联系。因此,正的边际产品和与其相当的国际附加值,实行与较多地使用劳动力相一致的现行贸易战略的方式受到了人们的注意。

② 见第 3.1.2 节有关有效保护率的定义。

③ 应该注意,这些统计数据是建立在一组估计值基础上的,该估计值不同于表 8.1 中的估计值。见纳布里(Nabli, 1981)关于两组估计值之间差异的讨论。

④ 见第 5.1.2 节有关 T_i 和有效保护率之间关系的讨论。

⑤ 在巴西的情况中,这个含义甚至更强。根据 1970 年就业系数,统计数据表明,1959 年每百万克鲁赛罗的出口产品和进口竞争产品的就业系数是 11.2 和 16.3,相比之下,1968 年相应的就业系数是 16.1 和 15.9,1974 年

的相应系数是 20.5 和 14.4。因此,实际上可观察的要素密集度是"逆转"的。

⑥ 为了评价表 8.10 中的潜力,蒙森估计了发达国家低于平均保护程度的进口产品的劳动系数,该系数与所有发达国家出口产品的平均值形成对比。

⑦ 在本章的初稿上,一位读者提出了大型企业和小型企业的产出是否相同的问题。对这个问题没有一个现成的答案,但是很难相信,所有产业出现的系统格局仅仅反映每个产业内的产出构成的差异。

⑧ 也可能存在一些与贸易体制选择相关的因素,不管贸易类别如何,这些因素都会影响企业的规模。例如,卡洛斯·迪亚斯—阿里简德罗发现,在哥伦比亚,进口许可证更倾向于发给较大企业(Diaz-Alejandro,1976,p.139)。至于许可证颁发程序、获得外汇的机会和书面工作的固定费用偏向于将许可证分配给大型企业,进口替代体制可能影响企业规模的整体分布。

⑨ 见第 8.3.2 节跨国家的比较。当分解程度极为不同时,g_j 均值的比较是有些危险的。但是,例如在韩国,当部门分解仍旧不变时,g_j 作为有效资源配置的一个尺度的可靠性也就较大。

⑩ 考察与不同部门相关的 g_j 及其随时间而发生的变化也是很有意义的。例如,棉纱的 g 在 1966 年和 1970 年都是 0.37。这种商品的出口在 1966—1970 年期间有了迅速增加。到 1973 年,g 下降到 0.03,这说明该生产活动进一步扩张的盈利水平急剧地下降。大多数其他纺织活动普遍存在着同样的格局。相反,如电器和汽车这两种在 20 世纪 60 年代具有很大负值 g 的产品,到 1973 年,它们的 g 值已变得相当高,这反映了韩国比较优势的转移情况。

⑪ 统计资料来自于本森和考芒特(Bension and Caumont,1981,tab.11.10、11.11)。

⑫ 从第 7 章可以回想到,卡瓦尔豪和哈达德认为,最低工资立法到了 20 世纪 60 年代后期只对很少一部分工人有约束力。

⑬ 由于估计的替代弹性是指特定部门的以及由于对不同部门的工人征收多少不同的社会保险税的比例,因此每个部门的有比例的增长都是不同的。见卡瓦尔豪和哈达德(Carvalho and Haddad,1981)的详细讨论。

⑭ 这一点也是值得注意的,即资本密集型物品的劳动系数的平均变化比例似乎大于劳动密集型物品的这一比例。这说明扭曲有助于增加相对于出口产业来说的进口竞争产业的实际资本密集度。

⑮ 关于这个问题的详细说明见科博和米勒(Corbo and Meller,1981,app.A)。

⑯ 技能系数看来不影响非熟练劳动力的相对比例,其原因是科博和米勒在

他们的模拟中固定了熟练劳动力和非熟练劳动力的相对价格。由于大多数产业被估计时运用了柯布—道格拉斯生产函数,因此熟练劳动力和非熟练劳动力的不变比率是可以想象的。

⑰ 应该注意,q 被定义为单位工人产出。表 8.7 中的估计值是指可能增加的劳动单位中的单位附加值。所以这些估计值是 q 的倒数。

⑱ 当然,这里假定,现存的战略被稍加改进是可以消除对合格企业的资本密集型技术选择的偏向的。

⑲ 由于缺少数量估计值,表中忽略了泰国和乌拉圭。

⑳ 他还提供了有关肯尼亚、中国台湾和土耳其的模型。这些结果不在这里加以评论,因为对它们加以翻译需要有关这些国家和地区的大量背景知识。亨德森(Henderson, 1982)的书中包含了这些结果。

㉑ 有约束的最优化是指所发生的基期产值变化的范围有限度。此外,这个范围还受到通常的资源可得性和平衡的约束。

㉒ 严格说来,有关产出限度的影子价格反映了国际附加值的增加,这种增加产生于每单位生产能力约束的放松(或者上升或者下降)。虽然各种生产活动都有产出的上限和下限,但是任何解中都只有一个非零影子价格。上限产出的高正值影子价格表明额外生产能力引起国际附加值的相应增加。较低的影子价格表明较小的潜在收益。下限产出的负值影子价格反映了通过将资源转移到其他更高效率的生产活动中可能获得的收益。

㉓ 这个限制条件的效力可以通过注意这一点而有所理解,即使对于亨德森分析中包含的西欧国家,很多部门都达到了生产能力的界限。确实,上限限制或者下限限制都不起约束作用的边际部门是很少的(通常只有一个),这正是该模型的一个性质。

㉔ 在亨德森的模型中,没有办法来确定国际附加值估计增加额在多大程度上来自于要素之间的边际替代率在所有生产活动之间相等时要素的重新配置,而不是来自于在现存要素比例下产出的重新配置。与较低的要素比例重新组合的数量程度相比,对产出转移的数量程度进行考察,说明了增加的国际附加值可能更多地来自于变化的产出,更少地来自于要素比例的重新组合。但是,在没有进一步探讨的情况下,证实这个设想是不可能的。

结 论

　　在本研究项目开始时,我们的意图是确定国内要素市场条件对劳动力丰裕的发展中国家在国际贸易中实现其比较优势所产生的冲击程度。我们假定,我们能够收集到恰当的贸易统计资料,并且现存的有关发展中国家要素市场的分析可赖以成为分析贸易战略和就业之间联系的一种投入因素。

　　也许贸易战略和就业的研究项目产生的最惊人的发现是,一方面,不管要素市场条件如何,发展中国家的制成品出口趋于呈现与其就业相一致的要素密集度;而另一方面,贸易政策和国内要素市场刺激机制的重新构造所带来的劳动力需求进一步增长的余地是相当大的。

　　这样,为了回答最初提出的一些问题,在更加合理的资源配置和增加劳动力需求,特别是非熟练劳动力需求这些目标之间看来不存在任何冲突。确实,研究项目包括的国家的出口产业使用非熟练劳动力的密集程度是国别研究中的一个重要发现。

　　另一个同样惊人的发现是,我们对发展中国家要素市场的了解和理解是不完全的。贸易战略和国内要素市场之间相互作用的分析一般与其说受到缺乏贸易战略方面的统计资料和分析的限制,倒不如说更受到缺乏国内要素市场条件方面的统计资料和分析的限制。

本研究项目已经回答了它曾经提出的很多问题,但是对其中的大多数问题的回答要求对国内要素市场功能的详尽考察和深入理解。在劳动法规得到加强而又可以相当自由地获得信贷和进口许可证的经济部门和雇佣劳动力没有约束而又不能获得贷款或资本货物进口优惠的经济部门之间,资本/劳动成本的差异规模是令人吃惊的。当然,第8章中的估计值为估计这种差异的效应提供了某种基础,但是,在理解要素市场干预及其效应方面仍有大量的工作要做。可以肯定,这种差异的数量程度是非常大的,以至于至少我们有理由认为,可观察到的低产出就业弹性可以用要素市场的干预加以解释。不管这些扭曲是部分地还是全部地归结为就业机会增长的丧失,寻找消除使用资本密集型技术的刺激机制的方式不失为增加实际收入和就业机会的一种努力。

尽管存在统计资料的限制和对要素市场的不完全的理解,但是从国别研究和本研究项目中获得的证据总体上强烈地表明,向外向型贸易战略转变可以使资源配置和就业获得收益。而且,潜在收益很大程度上依赖于要素市场的适当运行。既然贸易战略转变本身可以消除使用资本密集型技术成本方面的一个扭曲根源,那么信贷配给、税收结构和劳动法规也起到了重要的作用,这一点是显而易见的。

在研究项目包括的许多国家中,对生产者来说,适当的要素市场的刺激可能在相当程度上增加现存贸易战略下非熟练劳动力的需求。同样,一种贸易战略的转变也会促使非熟练劳动力需求的大幅度增长,甚至在生产要素的相对价格不合理的情况下也是如此。然而,就业增长的最大潜力显然在下述场合出现,即在这种场合下政策转变可以重新构造国内要素市场和贸易体制两者的刺激机制。在内向型贸易战略和市场扭曲之间——两者都导致了较高的资本/产出比率和较低劳动力需求增长率——存在相互作用的程度是惊人的。

　　此外,本研究成果的某些收入分配的含义似乎是与这样一种观点完全一致,即认为内向型贸易战略和一些增加使用资本密集型技术的刺激措施也许更有助于扩大收入分配的不平等。HOS出口产业趋于相对密集地使用非熟练产业劳动力的这一事实说明,这些产业的额外就业将会加快城市部门吸收新劳动力的速度。可以肯定,虽然废除劳动力市场法规可能会降低工业工人的实际收入,但是可能会有部分的补偿;不过在大多数承担研究项目的国家中,产业工人的就业是以该产业部门存在较少就业机会和那些不能在该产业中获得就业的人只能获得较低报酬为代价的,因此,就业的产业工人是获得较高报酬的少数工人贵族。根据保罗·舒尔茨的发现,有效贸易保护有助于使雇主报酬增幅比雇员报酬的增幅高出两倍,即使在产业内部,以及对年龄变量和其他变量进行调整后,情况仍然如此。这个发现在说明实际收入、就业和收入分配目标的一致性方面也是很有意义的。[①]

　　在研究项目的许多发现中,还有一个发现作为结论也需要特别注意。这就是制成品出口供给的地区安排造成了较高的成本和明显的不经济的结果。一方面,证据当然表明,制成品地区贸易的潜在收益——如果该贸易是在共同的贸易保护墙后面进行的——即使不是负的,可能也是相当小的。另一方面,它说明实际收入、就业、经济增长率和收入分配的巨大潜在收益主要可通过外向型贸易战略来实现,这样一种贸易战略会导致制造业在相当统一的刺激机制下增加对发达国家的出口。

　　以上第一点再次强调了这样一个结论,即在进口替代体制下,特定的、专门的和很大差别的刺激机制导致的出口通常不会产生来自于统一的、全面的刺激机制下某种资源配置的收益。尽管在发展中国家之间的贸易方面无疑存在着获益的余地[②],但是,看来很清楚,区域贸易安排鼓励的那种制成品贸易型式,一般说来,与其说是一种名副其实的外向型贸易战略的刺激机制的伴随物,倒不如说是进口替代刺激型战略的结果。

　　第二个考虑——即来自外向型贸易战略的主要收益有可能在与发达

国家的贸易中获得增加,因为这些国家具有非常不同的要素禀赋——指出了进入发达国家市场的极其重要的意义,因为它可以促使发展中国家从合适的贸易政策和完善运行的国内要素市场中获得最大的收益。由于一些进口替代体制的低效率是如此明显,以至于无论怎样改变贸易战略都可以获得收益。一旦进入市场不再受到限制,而且这些市场能够迅速地发育,那么这种潜在的收益的数量就会变得更大。我们这里不对发达国家贸易保护主义压力的前景作出评价,但是我们要指出的是,尽管存在着贸易保护主义的压力,实行出口的发展中国家一直在增加他们在世界市场中的份额,过去一些出于出口悲观主义而警告人们不要实行外向型贸易战略的人已被证明是错误的。

　　显而易见,维持发展中国家进入发达国家的市场渠道是发达国家能够为发展中国家尤其是中等收入的发展中国家的经济增长前景做出的一项重要贡献。发展中国家在国内市场、贸易体制、教育等方面实行恰当的政策是加快实际收入和生活水准提高速度的一个必要条件,在一个自由贸易国际经济中这些相同的政策显然具有更大的潜在收益。

注释

① 可以肯定地说,从一种要素市场和贸易体制向另一种转变的时期中,存在着有关收入行为和就业行为的短期考虑。关于转变的问题在本研究项目中没有加以讨论。关于这些问题的讨论,见克鲁格(Krueger, 1978),特别是第 11 章和第 12 章。

② 特别是,有大量的证据表明,许多中等收入的发展中国家坚持保护它们的高劳动密集型产业,如纺织和鞋类工业,在这些产业中它们可能已失去了比较优势。蒙森关于科特迪瓦的研究成果和诺格斯关于阿根廷的结论在这方面具有特别的说服力。

参考文献

Akrasanee, Narongchai, 1981. "Trade Strategy for Employment Growth in Thailand", in Anne O. Krueger, Hal B. Lary, Terry Monson and Narongchai Akrasanee ed., *Trade and Employment in Developing Countries Vol. 1: Individual Studies*, Chicago: University of Chicago Press for National Bureau of Economic Research: 393—433.

Balassa, Bela, 1978a. "Export incentives and Export Performance in Developing Countries: A Comparative Analysis", *Weltwirtschaftliches Archiv*, 114, no.1:24—61.

Balassa, Bela, 1978b. "Exports and Economic Growth: Further Evidence", *Journal of Development Economics*, June: 181—189.

Baldwin, Robert E., 1979. "Determinants of Trade and Foreign Investment: Further Evidence", *Review of Economics and Statistics*, 61, no.1(February):40—48.

Batra, Raveendra N., 1973. *Studies in the Pure Theory of International Trade*, New York: St. Martin's.

Becker, Gary S., 1975. *Human Capital*, New York: Columbia University Press.

Behrman, Jere R., 1976. *Foreign Trade Regimes and Economic Development: Chile*, New York: Columbia University Press for National Bureau of Economic Research.

Becker, Gary S., 1982. "Country and Sector Variations in Manufacturing Elasticities of Substitution between Capital and Labor", in Anne O. Krueger ed., *Trade and Employment in Developing Countries Vol. 2: Factor supply and substitution*, Chicago: University of Chicago Press for National Bureau of Economic Research: 159—192.

Behrman, Jere R. and James A. Hanson ed., 1979. *Short-Term Macroeconomic Policy in Latin America*, Cambridge: Ballinger.

Behrman, Jere R., Paul Taubman, T. J. Wales and Z. Hrube, 1979. *Socioeconomic Success: A Study of the Effects of Genetic Endowment, Family Environment, and Schooling*, Amsterdam: North-Holland.

Bension, Alberto and Jorge Caumont, 1981. "Uruguay: Alternative Trade Strategies and Employment Implications", in Anne O. Krueger, Hal B. Lary, Terry Monson and Narongchai Akrasanee ed., *Trade and Employment in Developing Countries Vol. 1: Individual Studies*, Chicago: University of Chicago Press for National Bureau of Economic Research: 497—529.

Bhagwati, Jagdish N., 1968. "The Theory and Practice of Commercial Policy: Departures from Unified Exchange Rates", *International Finance Section: Special Papers in International Economics*, no. 8., Princeton Princeton University Press.

Bhagwati, Jagdish N., 1972. "The Heckscher Ohlin Theorem in the Multicommodity Case", *Journal of Political Economy*, 80 (September/October): 1052—1055.

Bhagwati, Jagdish N., 1978. *Foreign Trade Regimes and Economic Development: Anatomy and Consequences of Exchange Controlregimes*, Cambridge: Ballinger for National Bureau of Economic Research.

Bhagwati, Jagdish N. and Anne O. Krueger, 1973. "Exchange Control, Liberalization and Economic Growth", *American Economic Association Papers and Proceedings*, 63, no. 2 (May): 419—427.

Bhagwati, Jagdish N. and T. N. Srinivasan, 1974. "On Reanalyzing the Harris-Todaro Model", *American Economic Review*, 64, No. 3 (June): 502—508.

Bilsborrow, Richard, 1977. "The Determinants of Fixed Investment by Manufacturing Firms in a Developing Country", *International Economic Review*, 18, No. 3 (October): 697—718.

Blitzer, Charles R., Peter B. Clark and Lance Taylor ed., 1975. *Economy-Wide*

Models and Development Planning, Fair Lawn, N. J: Oxford University Press.

Branson, Willam and Nikolaos Monoyios, 1977. "Factor Inputs in U. S. Trade", *Journat of International Economics*, 7, No.2(May):111—131.

Brecher, Richard, 1974. "Minimum Wage Rates and the Pure Theory of International Trade", *Quarterly Journal of Economics*, 88(February):98—116.

Calvo, Guillermo, 1978. "Urban Unemployment and Wage Determination in LDCs: Trade Unions in the Harris-Todaro Model", *International Economic Review*, 19, no.1(February):65—81.

Carvalho, José L. and Haddad, Cláudio L.S., 1978. *Foreign Trade Strategies and Employment in Brazil*, Rio de Janeiro: Fundacao Getulio Vargas. Mimeographed.

Carvalho, José L. and Haddad, Cláudio L.S., 1981. "Foreign trade strategies and employment in Brazil", in Anne O.Krueger, Hal B.Lary, Terry Monson, and Narongchai Akransanee ed., *Trade and Employment in Developing Countries Vol.1: Individual Studies*, Chicago: University of Chicago Press for National Bureau of Economic Research: 29—82.

Chenery, Hollis B. and Michael Bruno, 1962. "Development Alternatives in An Open Economy: The Case of Israel", *Economic Journal*, 72 (March): 79—103.

Chenery, Hollis B. and Alan Strout, 1966. "Foreign Assistance and Economic Development", *American Economic Review*, September: 679—733.

Christensen, Laurits R., Dianne Cummings and Dale W Jorgenson, 1980. "Economic Growth 1947—1973: An International Comparison", in J.W. Kendrick and B.Vaccara ed., *New Developments in Productivity Measurement and Analysis*, Srudies in Income and Wealth, no.41: 595—698, Chicago: University of Chicago Press for National Bureau of Economic Research.

Corbo, Vittorio and Patricio Meller, 1981. "Alternative Trade Strategies and Employment Implications: Chile", in Anne O. Krueger, Hal B. Lary, Terry Monson and Narongchai Akrasanee ed., *Trade and Employment in Developing Countries Vol.1: Individual Studies*, Chicago: University of Chicago Press for National Bureau of Economic Research: 83—134.

Corbo, Vittorio and Patricio Meller, 1982. "Substitution of Labor, Skill, and Capital: Its Implications for Trade and Employment", in Anne O.Krueger ed., *Trade and Employment in Developing Countries Vol. 2*: *Factor Supply and Substitution*, Chicago: University of Chicago Press for National Bureau of Economic Research: 193—213.

Corden, W.M, 1974. *Trade Policy and Economic Welfare*, London: Oxford University Press.

Denison, Edward F., 1967. *Why Growth Rates Differ*, Washington, D.C.: Brookings Institution.

Diaz-Alejandro, Carlos, 1965. "On the import intensity of import substitution", *Kyklos*, fasc. 3.

Diaz-Alejandro, Carlos, 1976. *Foreign Trade Regimes and Economic Development*: *Colombia*, New York: Columbia University Press for National Bureau of Economic Research.

Eckaus, Richard S., 1955. "The Factor—Proportions Problem in Underde—Veloped Areas", *American Economic Review*, 45(September):539—565.

Edwards, Edgar O., 1974. *Employment in Developing Nations*, New York: Columbia University Press.

Fields, Gary S., 1975. "Rural—Urban Migration, Urban Unemployment and Underemployment, and Job—Search Activity in L.D.C.'s", *Journal of Development Economics*, 2, no.2(June):165—187.

Fishlow, Albert, 1975. Foreign Trade Regimes and Economic Development: Brazil, Paper presented at NBER conference, Bogotá, Colombia.

Frank, Charles R., Jr., Kwang Suk Kim and Larry Westphal, 1975. *Foreign Trude Regimes and Economic Development*: *South Korea*, New York: Columbia University Press for National Bureau of Economic Research.

Griliches, Zvi and William Mason, 1972. "Education, Income and Ability", *Journal of Political Economy*, 80, part 2, (May/June):S74—103.

Guisinger, Stephen, 1981. "Trade Policies and Employment: The Case of Pakistan", in Anne O. Krueger, Hal B. Lary, Terry Monson and Narongchai Akrasanee ed., *Trade and Employment in Developing Countries Vol. 1*: *Individual Studies*, Chicago: University of Chicago Press for National Bureau of Economic Research: 291—340.

Harris, John R. and Michael P. Todaro, 1970. "Migration, Unemployment and Development: A Two-Sector Analysis", *American Economic Review*, 60 (March):126—142.

Heller, Peter S. and Richard C. Porter, 1978. "Exports and Growth: An Empirical Reinvestigation", *Journal of Development Economics*, 5, no. 2 (June):191—193.

Henderson, James M., 1982. "Optimal Factor Allocations for Thirteen Countries", in Anne O. Krueger ed., *Trade and Employment in Developing Countries Vol. 2: Factor Supply and Substitution*, Chicago: University of Chicago Press for National Bureau of Economic Research: 1—82.

Herberg, Horst and Murray C. Kemp, 1971. "Factor Market Distortions, the Shape of the Locus of Competitive Outputs, and the relation between prices and equilibrium outputs", in Jagdish N. Bhagwati et al. ed., *Trade, Balance of Payments and Growth*, Amsterdam: North-Holland.

Hong, Wontack, 1981. "Export Promotion and Employment Growth in South Korea", in Anne O. Krueger, Hal B. Lary, Terry Monson, and Narongchai Akrasanee ed., *Trade and Employment in Developing Countries Vol. 1: Individual Studies*, Chicago: University of Chicago Press for National Bureau of Economic Research: 341—391.

Hufbauer, Cary C. and John G. Chilas, 1974. "Specialization by Industrial Countries: Extent and Consequences", in Herbert Giersch ed., *The International Division of Labour, Problems and Perspectives*, Tübingen: Mohr.

Jaffee, Dwight M. and Thomas Russell, 1976. "Imperfect Information, Uncertainty, and Credit Rationing", *Quarterly Journal of Economics*, 90, no. 4 (November):651—666.

Johnson, Harry G., 1965. "Optimal Trade Interventions in the Presence of Domestic Distortions", in Robert E. Baldwin et al. ed. *Trade, Growth and the Balance of Payments*, Amsterdam: North-Holland.

Johnson, Omotunde E. G, 1975. "Direct Credit Controls in A Development Context: The Case of African Countries", in Karl Brunner ed., *Government Credit Allocation: Where Do We Go from Here?* San Francisco: Institute for Contemporary Studies.

Jones, Ronald W., 1971a. "Distortions in Factor Markets and the General Equilibrium Model of Production", *Journal of Political Economy*, 79 (May/June):437—459.

Jones, Ronald W., 1971b. "A Three-Factor Model in Theory, Trade, and History", in Jagdish N. Bhagwati et al. ed., *Trade, Balance of Payments and Growth*, Amsterdam: North-Holland.

Jorgenson, Dale W., 1961. "The Development of A Dual Economy", *Economic*

Journal，71(June):309—334.

Katkhate，Deena and Delano P.Villanueva，1978. "Operation of Selective Credit Policies in Less Developed Countries: Certain Critical Issues"，*World Development*，6，nos.7/8(July/August):979—990.

Krueger，Anne O.，1974. "The Political Economy of the Rent-Seeking Society"，*American Economic Review*，64，no.3(June):291—303.

Krueger，Anne O.，1977. "Growth，Distortions，and Patterns of Trade among Many Countries"，*Princeton Studies in International Finance*，no.40，Princeton: Princeton University Press.

Krueger，Anne O.，1978. *Foreign Trade Regimes and Rconomic Development: Liberalization Attempts and Consequences*，Cambridge: Ballinger Press for National Bureau of Economic Research.

Krueger，Anne O.，1979. *The Developmental Role of the Foreign Sector and Aid*. Cambridge: Harvard University Press.

Krueger，Anne O. ed.，1982. *Trade and Employment in Developing Countries Vol.2: Factor Supply and Substitution*，Chicago: University of Chicago Press for National Bureau of Economic Research.

Krueger，Anne O.，Hal B.Lary，Terry Monson and Narongchai Akrasanee ed.，1981. *Trade and Employment in Developing Countries Vol.1: Individual Studies*，Chicago: University of Chicago Press for National Bureau of Economic Research.

Leamer，Edward，1980. "The Leontief Paradox，Reconsidered"，*Journal of Political Economy*，88，no.3(June):495—503.

Leontief，Wassily，1953. *Domestic Production and Foreign Trade: The American Capital Position re-examined*. Lancaster，Pa.: Lancaster Press，Reprinted in Richard E.Caves and Harry G.Johnson，eds.，*A.E.A.Readings in International; Economics*(Homewood，Ill.: Irwin，1968):503—527.

Lewis，W.Arthur，1954. "Economic Development with Unlimited Supplies of Labour"，*Manchester School*，22(May):139—191.

Lin，Tzong-biau，Victor Mok and Yin-ping Ho，1980. *Manufactured Exports and Employment in Hong Kong*，Hong Kong: Chinese University Press.

Lipsey，Robert E.，Irving B.Kravis and Romualdo A.Roldan，1982. Do Multinational Firms Adapt Factor Proportions to Relative Factor Prices? in Anne O.Krueger ed.，*Trade and Employment in Developing Countries Vol.2: Factor Supply and Substitution*，Chicago: University of Chicago Press for

National Bureau of Economic Research: 215—255.

Little, Ian, Tibor Scitovsky and Maurice Scott, 1970. *Industry and Trade in Some Developing Countries*, London: Oxford University Press.

McCabe, James and Constantine Michalopoulos, 1971. "Investment Composition and Employment in Turkey", AID discussion paper no. 22, Washington, D.C.: U.S. Agency for International Development.

Macedo, Roberto B. M., 1974. Models of the Demand for Labor and the Problem of Labor Absorption in the Brazilian Manufacturing Sector, Ph. D. diss., Harvard University.

McKinnon, Ronald, 1973. *Money and Capital in Economic Development*, Washington, D.C.: Brookings Institution.

Magee, Stephen P., 1973. "Factor Market Distortions, Production and Trade: A Survey", *Oxford Economic Papers*, 25 (March): 1—43.

Magee, Stephen P., 1976. *International Trade and Distortions in Factor Markets*, New York: Marcel Dekker.

Michaely, Michael, 1977. "Exports, and Growth: An Empirical Investigation", *Journal of Development Economics*, 4, no.2 (March): 49—53.

Michalopoulos, Constantine and Keith Jay, 1973. Growth of Exports and Income in the Developing World: A Neoclassical View, AID discussion paper no.28, Washington, D.C.: Agency for International Development.

Mirrlees, James, 1975. "A Pure Theory of Underdeveloped Economies", in Lloyd Reynolds ed., *Agriculture in Development Theory*, New Haven: Yale University Press: 84—106.

Monson, Terry, 1978. *Ivory Coast—Data Appendix*, New york: National Bureau of Economic Research, Mimeographed, available on request from NBER.

Monson, Terry, 1981. "Trade Strategies and Employment in the Lvory Coast", in Anne O. Krueger, Hal B. Lary, Terry Monson and Narongchai Akrasanee ed., *Trade and Employment in Developing Countries Vol. 1: Individual Studies*, Chicago: University of Chicago Press for National Bureau of Economic Research: 239—290.

Nabli, Mustapha K., 1981. "Alternative Trade Policies and Employment in Tunisia", in Anne O. Krueger, Hal B. Lary, Terry Monson, and Narongchai Akrasanee ed., *Trade and Employment in Developing Countries Vol. 1: Individual Studies*, Chicago: University of Chicago Press for

National Bureau of Economic Research: 435—497.

Nam, Chong, 1975. Economies to Scale and Production Functions in South Korea's Manufacturing Sector, Ph. D. diss. , University of Minnesota.

Nelson, Richard R. , T. *Colombia's Problems and Prospects*, Princeton: Princeton University Press.

Nogues, Julio, 1980. Trade, Distortions, and Employment in the Argentine Manufacturing Sector, Ph. D. diss. , University of Minnesota.

Ongut, Ibrahim, 1970. "Economic Policies, Investment Decisions, and Employment in Turkish Industry", in Duncan Miller ed. , *Labor Force and Employment in Turkey*, Ankara: U.S.Agency for International Development.

Pitt, Mark M. , 1981. "Alternative Trade Strategies and Employment in Indonesia", in Anne O.Krueger, Hal B.Lary, Terry Monson, and Narongchai Akrasanee ed. , *Trade and Employment in Developing Countries Vol. 1: Individual Studies*, Chicago: University of Chicago Press for National Bureau of Economic Research: 81—237.

Prebisch, Rauúl, 1959. "Commercial Policy in the Underdeveloped Countries", *American Economic Review*, Papers and Proceedings 49(May):251—273.

Psacharopoulos, George, 1973. *Returns to Education*. Amsterdam: Jossey-Bass/Elsevier.

Ranis, Gustav and John C.Fei, 1961. "A Theory of Economic Development", *American Economic Review*, 51(September):533—565.

Rhee, Yung W. and Larry E.Westphal, 1977. "A Micro, Econometric Investigation of Choice of Technology", *Journal of Development Economics*, 4, no.3(September):205—237.

Robinson, Sherman, 1971. "Sources of Growth in Less Developed Countries: A Cross Section Study", *Quarterly Journal of Economics*, 85(August): 391—408.

Rybczynski, T. M. , 1955. "Factor Endowment and Relative Commodity Prices", *Economica*, 35(November):336—341, Reprinted in Richard E. Caves and Harry G.Johnson, ed. , *A.E.A.Readings in International Economics*(Homewood, Ill.: Irwin, 1968):72—77.

Schultz, T.Paul, 1982. "Effective Protection and the Distribution of Personal Income by Sector in Colombia", in Anne O.Krueger ed. , *Trade and Employment in Developing Countries Vol.2: Factor Supply and Substitution*, Chicago: University of Chicago Press for National Bureau of Economic Research：83—148.

Sen，Amartya，1975. *Employment，Technology and Development*，Oxford：Clarendon Press.

Senna，José Julio，1975. Schooling，Job Experiences and Earnings in Brazil，Ph. D. diss.，Johns Hopkins University.

Srinivasan，T. N. and Jagdish N. Bhagwati，1978. "Shadow Prices for Project Selection in the Presence of Distortions：Effective Rates of Protection and Domestic Resource Costs"，*Journal of Political Economy*，86，no.1(February)：97—116.

Stiglitz，Joseph，1974. "Wage Determination and Unemployment in LDCs"，*Quarterly Journal of Economics*，87(May)：194—227.

Suh，Sang Chul，1975. "Development of A New Industry Through Exports：The Electronics Industry in Korea"，in Wontack Hong and Anne Krueger ed.，*Trade and Development in Korea*，Seoul：KDI Press.

Sung，Yun Wing，1979. Factor Proportions and Comparative Advantage in A Trade-Dependent Economy：The Case of Hong Kong，Ph. D. diss.，University of Minnesota.

Taylor，Lance and Edmar Bacha，1973. "Growth and Trade Distortions in Chile and Their Implications for Calculating the Shadow Price of Foreign Exchange". in R. S. Eckaus and P. M. Rosensteen-Rodan ed.，*Analysis of Development Problems：Studies of the Chilean Economy*，Amsterdam：North-Holland.

Thoumi，Francisco E.，1981. "International Trade Strategies, Employment, and Income Distribution in Colombia"，in Anne O. Krueger，Hal B. Lary，Terry Monson，and Narongchai Akrasanee ed.，*Trade and Employment in Developing Countries Vol. 1：Individual Studies*，Chicago：University of Chicago Press for National Bureau of Economic Research：135—179.

Todaro，Michael P.，1969. "A Model of Labor Migration and Urban Unemployment in Less Developed Countries"，*American Economic Review*，59 (March)：138—148.

Travis，W. P.，1964. *The Theory of Trade and Protection*，Cambridge：Harvard University Press.

Westphal，Larry E. and Kwang Suk Kim，1977. Industrial Policy and Development in Korea，World Bank Staff Working Paper no.263，Washington，D. C.：World Bank.

图书在版编目(CIP)数据

发展中国家的贸易与就业/(美)克鲁格著;李实,
刘小玄译.—上海:格致出版社:上海人民出版社,
2015
（当代经济学系列丛书/陈昕主编.当代经济学译
库）
ISBN 978-7-5432-2258-8

Ⅰ.①发… Ⅱ.①克… ②李… ③刘… Ⅲ.①发展中
国家-贸易政策-研究 ②发展中国家-劳动就业-研究
Ⅳ.①F731 ②F241.4

中国版本图书馆 CIP 数据核字(2015)第 024854 号

责任编辑 王韵霏
装帧设计 王晓阳

发展中国家的贸易与就业

[美]安妮·克鲁格 著
李实 刘小玄 译 尹翔硕 校

出 版		印 刷	苏州望电印刷有限公司
格致出版社·上海三联书店·上海人民出版社		开 本	710×1000 1/16
(200001 上海福建中路193号 www.ewen.co)		印 张	15
	编辑部热线 021-63914988	插 页	3
	市场部热线 021-63914081	字 数	198,000
	www.hibooks.cn	版 次	2015年4月第1版
发 行	上海世纪出版股份有限公司发行中心	印 次	2015年4月第1次印刷

ISBN 978-7-5432-2258-8/F·815   定价:42.00 元

当代经济学译库